KB275727

복 있는 사람

오직 여호와의 율법을 즐거워하여 그 율법을 주야로 묵상하는 자로다
저는 시냇가에 심은 나무가 시절을 좇아 과실을 맺으며 그 잎사귀가 마르지 아니함 같으니
그 행사가 다 형통하리로다 (시편 1:2-3)

우리 인생이 장편 연속극에 영문도 모른 채 쪽대본과 함께 투입된 단역 연기자 같
다면, 이 책은 그런 우리에게 현명한 시나리오 작가가 건네주는 친절한 시놉시스이
자 지침서다. 저자는 현대인이 기독교를 이해하는 데 걸림돌이 될 만한 문제들을 기
독교 전통에 따른 세계관의 틀을 따라 짚어가며 일상의 언어로 친근하게 말을 건네
면서도, 문제를 너무 단순화하지 않고 필요한 여운을 남겨둔다. 이 책은 기독교의
큰 그림에 가능한 부담 없이 다가서고자 하는 이들에게는 가장 좋은 입문서가 되어
줄 것이고, 이리저리 쪼개진 신학적 단상들에 휩쓸려 살아가는 나와 같은 신앙인들
에게는 한 발 뒤로 물러서서 신앙을 돌아보게 하는 각성제가 되어 줄 것이다.

조민수 | 포스텍 컴퓨터공학과 교수

CNN이 존재의 목적을 알려 줄 것 같지는 않다. 꽉 막힌 플롯들에서 우리를 이끌
어 내고 실재의 풍부함을 보게 하는 데에는 이제껏 들려진 것들 중 가장 위대한
이야기와 그 이야기를 들려줄 최고의 이야기꾼이 필요하다. 그렉 쿠클이 바로 그
런 이야기꾼이다. 『기독교는 왜』는 인류의 큰 질문들에 예리하고 매력적이고 이해
하기 쉽게 대답한다. 이 책을 읽으라. 그리고 친구에게 건네라!

마이클 호튼 | 캘리포니아 웨스트민스터 신학교 J. 그레섬메이천 석좌 신학교수

기독교 세계관을 누구나 이해할 수 있는 문체로 이렇듯 명료하게 설명해 낸 책은
본 적이 없다. 그리스도를 따르는 우리가 믿는 바와 그것을 믿는 이유, 그것이 우
리 삶에 미치는 영향, 그리고 그것을 다른 이들과 나누는 제일 나은 방법을 분명
하게 이해하는 일이 역사상 어느 때보다 필요한 시대가 되었다. 다행히, 내 친구
그렉 쿠클이 적시에 이 책을 내놓았다. 그는 실재와의 접촉을 잃어버린 문화 속에
서 우리 모두가 쓸 수 있는 단순한 도구를 훌륭하게 제공했다.

릭 워렌 | 캘리포니아 주 새들백 교회 담임목사

그렉 쿠클은 소통의 달인이다! 『기독교는 왜』는 이해하기 쉽고 매력적이고 논리
정연한 글로 기독교 세계관을 아름답게 서술하고 있다. 그리스도인들이 세상을
특정한 방식으로 보는 이유가 궁금한 사람이나 기독교를 명료하게 소개하고 싶은
신자에게 맞춤한 책이다!

리 스트로벨 | 텍사스 주 우드랜즈 교회 교육목사

그렉 쿠클은 똑똑하고 박식하며 하나님을 사랑하는 강직한 사람이다. 그를 알고 지낸 세월이 사반세기다. 그의 이전 저작들도 즐겁게 읽었지만, 『기독교는 왜』는 지금까지 나온 그의 책 중 최고이자 가장 중요한 저작이 분명하다. 책을 한번 펼치자 내려놓을 수가 없었다. 쿠클은 독자와의 대화를 이끌고 나가면서 기독교 이야기의 큰 요소들을 제시하고, 그 이야기를 믿는 근거들을 알려 주며, 적당한 시점에서 그 이야기를 다른 이야기들과 대조한다. 이 책에는 진품이 주는 멋진 느낌이 있다. 격려와 배움을 원하는 신자들에게 적극 추천하며, 마음이 열려 있는 비신자에게 건네기에도 매우 좋은 책이다.

J. P. 모어랜드 | 바이올라 대학교, 탤벗 신학대학원 철학 특훈교수

『기독교는 왜』는 유쾌하고 대담한 책이다. 그렉 쿠클이 능수능란하게 포착해 낸 기독교 이야기의 핵심을 접할 때, 신자는 믿는 바를 명확하게 깨달아 통찰력을 얻을 것이고 비신자는 눈이 열리고 생각의 자극을 받을 것이다. 『기독교는 왜』는 주의 깊게 읽고, 친구들과 토론하고, 다른 이들에게 건네줄 만한 책이다.

션 맥도웰 | 바이올라 대학교 교수

쿠클의 『기독교는 왜』를 보았을 때, 나라면 이 내용을 이렇게 말하지 않았을 거라는 생각이 들었다. 나라면 전문용어를 더 쓰고, 역사를 추가하고, 200쪽 정도 분량을 늘리고, 각주를 1,000개 정도 집어넣었을 것이다. 그러니 독자들은 명확하고 간결하게 대화하듯 이야기를 들려주는 그렉 쿠클이 이 책을 썼다는 사실을 기뻐할 수 있다. 이 책은 기독교의 핵심 개념들을 설명하고 사람들이 실제로 묻는 질문들에 답한다.

프레드 샌더스 | 바이올라 대학교 토리우등과정 교수

『순전한 기독교』 이후로 실재에 관한 이야기를 이토록 멋지게 들려준 책은 없었다. 역사상 가장 위대한 이야기는 사실이며, 그렉 쿠클은 그 이야기를 너무나 설득력 있게 들려주었다. 나는 이 책을 직접 읽어 보고 마음이 가는 모두에게 선물하라고 독자에게 권하고 싶다. 『기독교는 왜』는 단순한 기독교 이야기가 아니다. 믿든 안 믿든 당신의 이야기다.

프랭크 튜렉 | CrossExamined.org 대표

『기독교는 왜』를 처음 읽고 나는 이 책이 현대의 고전이 될 것을 알았다. 그렉 쿠클은 이전 세대의 C. S. 루이스처럼 훌륭하고 신중하고 지적이고 통찰력 있는 책을 썼다. 기독교를 이해하고 세상의 실제 모습을 설명하는 기독교의 특별한 능력을 이해하기 원하는 사람이라면 누구나 꼭 읽어야 할 책이다. 그렉은 여러 해 동안 나의 멘토로서 영감을 선사했는데 그처럼 독자의 눈도 밝히고 영감을 줄 것이다. 『기독교는 왜』는 두 번 이상 읽게 될 책이다. 그리고 당신의 서재에서 여러 기독교 고전과 나란히 자리 잡게 될 것이다.

J. 워너 월리스 | 바이올라 대학교 기독교 변증학 겸임교수

『기독교는 왜』는 새로 믿은 그리스도인, 믿은 지는 좀 됐지만 '큰 그림'을 파악하지 못하고 있는 그리스도인, 기독교 세계관이 정말 말이 되는지 궁금해 하는 비그리스도인 모두를 위한 완벽한 기독교 개론서다. 그렉 쿠클은 기독교가 무엇인지를 능수능란하게 설명하고 변호한다. 특히, 기독교는 세상이 시작해서 끝날 때까지의 실재를 정확하게 기술한 것이지, 그저 그럴듯한 세계관 중 하나가 아니라는 점을 잘 보여 준다. 그러면서도 그의 글쓰기 특징인 단순명료함이 잘 살아 있다. 이 책은 '정치적 올바름'에 경도된 이들이 퍼뜨리고 수많은 이들이 순진하게 받아들인 왜곡된 기독교상에 대한 신선한 대안을 제시한다.

마이클 리코나 | 휴스턴 침례대학교 신학 부교수

이제까지 존재했고, 지금 존재하고 있고, 앞으로 존재할 모든 것을 다루는 얇은 책을 쓰는 일은 말할 필요도 없이 벅찬 과제다. 그러나 그 일을 해낼 만한 사람이 있다면 바로 그렉 쿠클이다. 그의 『기독교는 왜』는 내가 읽은 어떤 얇은 책보다 그 일을 잘 해냈다. 대단한 철학자나 신학자들도 이 책으로 큰 유익을 얻겠지만, 이 책은 그런 전문가를 위한 것이 아니다. 이 책은 우리가 누구이고, 왜 여기에 있으며, 이 모든 것의 목적은 무엇이고, 우리는 어디로 가고 있는지 분명하게 알고 싶은 마음이 조금이라도 있는 모두를 위한 책이다. 나는 그런 질문들에 대한 간결하고 쉬우면서도 박식한 답변을 원하는 사람에게(모든 사람이 여기 해당한다고 나는 확신한다), 바로 이 책을 추천하고 싶다. 이 책은 교회를 위한 환상적인 선물이다! 교회 지도자들이 이 책의 중요성과 많은 교인의 삶을 크게 바꿔 놓을 잠재력을 알았으면 좋겠다.

크레이그 J. 헤이즌 | 바이올라 대학교 기독교 변증학 대학원과정 설립자 겸 책임자

그렉 쿠클이 쓴 이 기독교 인생관 입문서는 믿을 수 없을 만큼 다양한 사안들을 놀랄 만큼 얇은 두께로 다룬다. 나는 거듭거듭 이렇게 물었다. "이제 그렉은 전문용어를 쓰지 않고 이 질문에 어떻게 단도직입적으로 대답할까?" 그러나 질문에 뒤따르는 사려 깊고 간결하고 빠르게 제시되는 답변들은 나를 실망시키는 법이 없었고 놀랄 만큼 훌륭했다. 이 글의 접근 방식이 여러 면에서 C. S. 루이스를 연상시킨다는 말은 과장이 아니다. 이 책의 빠른 전개를 따라가다 보면 자신이 얼마나 멀리 왔는지 발견하고 깜짝 놀랄 것이다. 이 책을 적극 추천한다.

게리 하버마스 | 리버티 대학교 철학과 특훈연구교수 및 석좌교수

내 친구 그렉 쿠클은 하나님을 기쁘게 해드리겠다는 야심을 품은 사람으로 알려져 있는데, 그의 최신간 『기독교는 왜』는 정말 야심만만하다. '모든 것의 이유'를 어떻게 책 한 권으로 다룰 수 있단 말인가? 그런데 그렉은 그 도전을 담대하고 용감하게 받아들여 "나는 왜 여기에 있는가? 삶에서 중요한 것은 무엇인가?"라고 묻는 모든 사람의 진심 어린 의문을 다룬다. 그렉은 독자와 함께 삶의 큰 문제들을 사려 깊고 도발적이며 지성을 자극하는 방식으로 검토하면서, 정말 완고한 회의주의자라도 진지하게 검토해 볼 만한 답변을 제시한다.

조니 에릭슨 타다 | 조니와 친구들 국제장애센터

실재를 아는 것보다 중요한 일은 없다. 많은 이야기가 있지만 실재 자체에 대한 본질적 이야기는 하나뿐이다. 우리는 그것을 알아야 한다. 쿠클 씨는 쉽고 흥미로운 언어로 그 이야기를 진실하고 능숙하게 들려준다. 자신이 누구이고 어디로 가는지 확실히 말할 수 없는 사람이라면 누구나 그의 책을 꼼꼼히 읽어 볼 가치가 있다.

더글러스 그로타이스 | 덴버 신학교 철학 교수

그렉은 인류의 가장 오래된 질문들에 신선한 답변을 제공하여 우리 모두에게 큰 도움을 주었다. 『기독교는 왜』는 간단하지만 통찰력 있으며, 심오한 방식으로 온갖 정말 중요한 "왜"를 이해하도록 도와줄 것이다. 이해로 가는 개인적 여정을 시작하고 싶은 사람과, 시대를 초월한 호기심으로 씨름하는 이들을 더 잘 돕고 싶은 사람 모두 이 책과 함께 보람찬 시간을 보내게 될 것이다.

토드 와그너 | 댈러스 주 워터마크 교회 목사

수많은 사람이 성경의 메시지가 결코 합리적이지 않다고 생각하는 시대에, 그렉 쿠클의 『기독교는 왜』는 그 메시지가 정말 이치에 맞는다는 사실을 훌륭하게 보여 준다. 어떻게? 우선, 하나님에서부터 출발하여 인간의 창조, 인간의 문제, 하나님의 해결책으로 이어지는 메시지의 큰 흐름을 제시한다. 둘째, 실재를 바라보는 다른 어떤 방식보다 성경 이야기가 더 믿을 만하다—더 합리적이다—는 것을 탄탄한 논증으로 보여 준다. 이 책은 그 이야기를 더 잘 이해할 수 있기를 바라는 사람과 더 명료하게 설명하고 싶은 사람 모두에게 꼭 필요하다.

톰 길슨 | 「더 스트림」(stream.org) 선임 편집자

그렉 쿠클은 기독교를 대단히 명쾌하고 이해하기 쉽게 소개할 줄 안다. 그는 역사 속 하나님의 목적과 행하심이라는 큰 이야기를 들려주면서 왜 기독교만이 세상의 존재 방식과 그것의 중요성을 설명할 수 있는지 훌륭하게 제시한다. 상식과 논리적 접근, 수년에 걸쳐 자신의 삶을 통해 퍼즐 조각을 맞춘 경험으로 다져진 그렉은 실재에 대한 참된 이야기의 퍼즐을 맞춰 보기 원하는 이들을 이끌어 줄 이상적인 안내자다.

저스틴 브라이얼리 | 라디오 팟캐스트 「언빌리버블?」(Unbelievable?) 진행자

신앙과 문화에 관한 대화 중에서 새로운 것을 찾고 있다면 『기독교는 왜』를 권한다. 쿠클은 일련의 명제와 주장을 제시하는 데서 그치지 않고, 명제적 진리를 엮어서 우리가 모두 공감할 수 있는 이야기로, 그 안에서 우리를 발견할 수 있는 이야기로 들려준다. 읽기 쉽지만 제대로 지성을 자극하는 이 책은 시간을 내서 읽을 만한 가치가 있다.

압두 머리 | 래비재커라이어스국제선교회 북미 책임자

그렉 쿠클은 실재에 대해 온갖 "왜"를 묻는 당신이 대답을 들을 자격이 있다고 생각한다. 그는 당신의 질문들에 재치와 공감을 담아 대답한다. 『기독교는 왜』는 특유의 탁월한 단순함으로, 인류가 이제껏 들었던 가장 위대한 이야기를 생생하게 살려 낸다.

제프 마이어스 | 서밋선교회 회장

기독
교는
왜

THE STORY OF REALITY

: How the World Began, How It Ends,
  and Everything Important that Happens in Between

Gregory Koukl

기독교는 왜

기독교가 세계를 이해하는 방식과 다섯 가지 핵심 개념

그렉 쿠클 지음

홍종락 옮김

복 있는 사람

기독교는 왜

2018년 4월 18일 초판 1쇄 인쇄
2018년 4월 25일 초판 1쇄 발행

지은이 그렉 쿠클
옮긴이 홍종락
펴낸이 박종현

도서출판 복 있는 사람
주소 서울특별시 마포구 연남동 246-21(성미산로23길 26-6)
전화 02-723-7183, 7734(영업·마케팅)
팩스 02-723-7184
이메일 blesspjh@hanmail.net
등록 1998년 1월 19일 제1-2280호

ISBN 978-89-6360-249-3 03230

이 도서의 국립중앙도서관 출판예정도서목록(CIP)은
서지정보유통지원시스템 홈페이지(http://seoji.nl.go.kr)와 국가자료공동목록시스템
(http://www.nl.go.kr/kolisnet)에서 이용하실 수 있습니다. (CIP 제어번호: 2018011332)

The Story of Reality
by Gregory Koukl

내 작은 새벽별 에바에게

네가 실재하시고 은혜로우신 하나님과 가까운 친구로

매일 동행하기를 바라며

차례

○

낸시 피어시 서문

프란시스 쉐퍼가 남긴 인상적인 말에 따르면, 기독교는 "예수께서 당신을 당신의 죄에서 구원하신다"로 시작하지 않는다. 기독교는 "태초에 하나님이 천지를 창조하셨다"로 시작한다.

쉐퍼의 요점은 기독교가 "구원" 받는 기법 또는 그런 내용의 책자로 축소될 수 없다는 것이다. 기독교는 실재의 구조에 대한 포괄적인 설명과 우주의 역사에 대한 합리적이고 현실적인 설명, 우주의 이야기가 전개되는 방식에 대한 검증 가능한 줄거리를 제시한다.

이 책에서 독자는 그렉 쿠클이 들려주는 그 줄거리를 읽게 될 것이다. 쿠클은 구원의 메시지를 이해할 수 있게 해주는 맥락과 배경 정보를 단순하면서도 매력적인 방식으로 펼쳐 놓는다.

모든 것을 변형시키는 무질서인 "죄"에서 우리를 구원하기 위해 예수께서 오신 것은 분명한 사실이다. 그러나 다짜고짜 그 주제를 꺼내면 상대방은 영화가 시작하고 절반쯤 지났을 때 극장에 들어간 사람과 비슷한 처지가 된다. 등장인물이 누군지 알 수 없고, 줄거리도 파악할 수 없으며, 그 이전까지 벌어진 사건들을 하염없이 추측하게 된다. 무엇보다 중요한 것은, 해결해야 할 문제의 깊이와 복잡성을 제대로 헤아릴 수가 없다.

오늘날 기독교의 메시지가 많은 사람에게 이해할 수 없는 것이 되어 버린 중요한 이유를 여기서 볼 수 있다. 이제 사람들은 드라마의 전반부를 잘 모른다. 그러니 죄와 구원 같은 핵심 개념들을 이해하지 못할 수밖에 없다.

신약성경의 사도들도 같은 문제에 직면했다. 유대인을 상대로 말할 때는 성경과 이스라엘 역사라는 특정한 배경 지식에 의지할 수 있었다. 유대인 청중은 하나님이 누구신지 알았고 죄와 속죄 같은 개념도 이해했고 메시아의 오심을 간절히 기다렸다. 사도들은 청중이 기대하는 메시아의 기준에 들어맞는 분이 바로 예수라는 논증만 제시하면 되었다.

그러나 히브리 성경에 대한 배경 지식이 없던 이방인 청중을 상대로 말할 때는 그보다 훨씬 더 기초적인 수준에서 시작해야 했다. 사도행전에는 바울이 오늘날 터키에 해당하는 지역에 살았던 이방인들에게 말하는 장면이 나온다. 그는 먼저 하나님을 창조주로, "하늘과 땅과 바다와 그 안에 있는 모든 것을 만드신, 살아 계신 하나님"으로 소개하여 기초를 마련한다. 하나님은 성경도 없이 그들에게 자신을 어떻게 계시하셨을까? 창조 질서를 통해서였다. "하나님께서 자기를 드러내지 않으신 것은 아닙니다. 곧 하늘에서 비를 내려 주시고, 철을 따라 열매를 맺게 하시고, 먹을거리를 주셔서, 여러분의 마음을 기쁨으로 가득 채워 주셨습니다"(행 14:15, 17, 새번역). 하나님을 아는 지식은 창조세계를 통해서 접할 수 있다.

바울이 아테네 시의 철학자들—스토아 학파와 에피쿠로스 학파—에게 연설한 내용이 창조세계를 통해 하나님을 전한 가장 유명한 사례다. 그는 창조 질서를 통해 누구나 하나님을 알 수 있다는 내용 위에 논증을 쌓아 올린다. 사도행전 17장에서 그는 자신이 이야기하는 신이 "우주와 그 안에 있는 모든 것을 창조하신 하나님"이시고 "하늘과 땅의 주님"이시라고 먼저 선포한다.

바울은 자신이 말하는 신이 또 다른 우상, 아테네 전역에 산재한 많은 우상과 비슷한 존재가 아님을 분명히 한다. 이 하나님은 초월적인—자존하시고 자충족적이고 자율적이고 독립적인—창조주로서 "사람의 손으로 지은 신전에 거하지 않으"시고, "무슨 부족한 것이라도 있어서 사람의 손으로 섬김을 받으시는 것이 아"니다.

바울은 여기에서 출발하여 논리적으로 한 번에 한 단계씩 기독교 세계관을 쌓아 나간다. 이 창조주는 "모든 사람에게 생명과 호흡과 모든 것을 주시는 분"이다. 바로 이분이 인류를 창조하셨다. "이분이 한 사람을 통해 모든 민족을 만들고 온 땅 위에 살게 하셨"다. 그리고 자녀를 낳은 부모처럼, 자신이 창조한 사람들과 소중한 관계를 형성하고 키워가기를 원하신다. "하나님이 이렇게 하신 것은 사람들이 하나님을 더듬어 찾아 발견하게 하시려는 것입니다. 사실, 하나님은 우리 각 사람에게서 멀리 떨어져 계시지 않습니다." 바울은 그리스인들을 상대로 말을 할 때, 히브리 성경을 인용하는 대신 유명한 그리스 시인들의 글귀를 인용한다. "'우리는 그분 안에서 살고 움직이며 존재합니다.' 여러분의 시인 가운데 어떤 사람이 말한 것처럼 '우리도 그분의 자녀입니다.'"

논리적으로, 인간이 하나님의 "자녀"라면, 하나님이 우리와 같은 인격적 존재라는 말이 된다. 원인은 결과와 동등해야 한다는 것이 근본원리다. 인간 생명의 근원은 분명 인간이 가진 것과 적어도 동일한 능력을 보유하고 있을 것이다. 그러므로 창조주는 사물이나 물질일 수가 없다. "우리는 신을 금이나 은이나 돌과 같다고 생각해서는 안 됩니다." 이것은 아테네인들에게 친숙한 우상을 가리킨 말이다. 사실, 인간 생명의 기원은 인간들이 만들어 낸 것일 수가 없다. "사람의 기술로, 사람이 고안해서 만든 형상"일 수가 없다.

하나님이 누구신지에 대한 그리스인 청중의 이해가 분명해진 후에야 바울은 그 사실에 담긴 도덕적 함의를 드러낸다. 인격적 하나님이 우리를 인격적 존재로 창조하셨다면, 우리와 그분의 관계 역시 인격적이라는 결론이 논리적으로 따라온다. 사실, 우리는 하나님에 대한 도덕적 의무가 있다. 우리는 그분께 존경과 충성을 바쳐야 한다. 자녀가 자신을 세상에 낳아 준 부모를 존경할 의무가 있는 것과 같다.

그뿐만 아니라, 하나님을 존경하는 것은 도덕적 의무이기 때문에 그 의무를 다하지 못하는 것은 도덕적 잘못, 윤리 위반에 해당한다. 우리는 우주의 법을 어기는 잘못을 저질렀고, 그에 대한 올바른 반응은 잘못을 바로잡는 것이다. 성경은 이를 회개라고 부른다. "이제는 어디에서나 모든 사람에게 회개하라고 명하십니다." 그리고 하나님은 예수를 구원자와 심판자로 보내셨고 그분을 죽은 사람들 가운데서 살리심으로써 그의 정체에 대한 증거를 제시하셨다. "하나님께서는 자기가 정하신 한 사람을 시켜 온 세상을 의롭게 심판하실 날을 정하셨습니다. 하나님께서는 그를 죽은 자들 가운데서 살리심으로 모든 이에게 그 증거를 보이셨습니다."

바울은 하나님이 누구시고 우리가 누구이며 우리와 하나님이 어떤 관계인지 설명하여 기본 토대를 다지고, 그 후에 죄와 죄책, 그리고 예수와 부활을 설명한다. 여기에 주목해야 한다.

복음주의자들은 종종 이 순서를 거꾸로 뒤집는다. 죄라는 용어가 무엇을 뜻하는지도 모르는 사람들을 상대로 그들의 죄를 깨닫게 하려고 시도한다. 복음주의자들의 메시지를 들은 사람들은 흔히 이런 반응을 보인다. "날 죄인이라고 부르지 말아요! 내가 하나님에게 무슨 빚을 졌다는 겁니까? 나는 하나님이 존재하는지도 모른다고요." 당연한 반응이다.

그렉 쿠클이 쓴 이 책을 읽다 보면 당신의 시각이 천천히 재조정되는 것을 발견할 것이다. 그의 도움으로 중요한 것을 중요하게 여기게 되며, 모든 것이 얼마나 합리적이고 일관성 있게 서로 맞아 떨어지는지, 또한 제자리를 찾아가는지를 인식하게 된다. 기독교 세계관은 논리적으로 일관성이 있다. 전문가가 작곡한 교향곡이나 치밀하게 구성한 이야기의 줄거리처럼 각 원리는 그에 앞선 원리를 따른다.

쿠클의 설명이 단순하다고 만만히 보면 안 된다. 주의 깊고 뛰어난 글쓰기의 장인인 그가 구사하는 쉽고 명료한 산문을 읽다 보면 '옛날 옛적에'로 시작하는 이야기처럼 보일 정도다. 그러나 그가 노리는 것은 정반대다. 성경은 고대인들이 삶에 의미가 있음을 전달하기 위해 지어낸 동화가 아니라, 현실에 관한 이야기라는 것이다. 그가 성경을 이야기라고 부르는 이유는 오로지, 현실 자체가 놀랍게도 거대한 드라마 같은 구조를 갖추고 있기 때문이다. 현실에는 시작과 끝이 있다. 선과 악의 투쟁이 등장한다. 절정에 이른 다음 대단원의 결말로 넘어간다.

우주는 단순히 엄연한 사실들의 연속이 아니다. 하나님이 검증 가능한 역사적 사건들을 통해 들려주시는 거대한 이야기의 줄거리다.

술술 읽히는 쿠클의 문체 때문에 이 책을 빨리 읽고 싶은 유혹을 받을 수 있다. 그 유혹에 지지 마시라. 실제로 그는 신학자들과 철학자들이 거창한 용어들과 미로 같은 단락들을 통해 제시하는 것과 동일한, 무척 복잡한 개념들을 전달하고 있다. 독자는 이 책을 통해 수 세기 동안 학술 교과서들을 가득 채웠던 몹시 어려운 문제 중 일부에 대해 알게 되겠지만, 그 과정은 소설을 읽는 것처럼 편안하고 즐거울 것이다. 쿠클은 성경 역사의 줄거리가 살아 움직이게 만든다. 이 책은 천천히 음미하며 읽어야 한다.

프란시스 쉐퍼의 또 다른 말로 이 글을 마치려 한다. "복음은 신학자들과 철학자들이 그것을 가지고 두고두고 박식한 학술서를 쓰느라 바쁠 만큼 충분히 복잡하지만, 반면 아이라도 그 본질을 파악할 수 있을 정도로 단순하다." 그렉 쿠클은 누구라도 파악할 수 있는 단순하고 평이한 문체로 글을 쓰면서도 심오한 진리를 전달하는 기술에 일가견이 있다.

이제 그만 독자에게 길을 비켜주어야겠다. 『기독교는 왜』 속으로 들어가 즐겁고 변화가 일어나는 독서를 즐기기 바란다.

2016년 10월 휴스턴에서
낸시 피어시

서문

누구나 어떤 것에 대해 첫 번째로 묻는 질문은 "왜?"이다. 그리고 보통 그 질문을 아주 일찍부터 배운다.

아이들은 온갖 것들에 대해 끊임없이 왜냐고 묻는다. 그리고 우리는 대개 긴장하지 않는다. 그 질문들에 답이 있음을 알기 때문이고, 많은 경우 (더 쉬운 질문일 때는) 그 답을 알기 때문이다. 간단히 말해, 세상이 지금과 같은 모습인 데는 이유가 있고, 그 이유를 궁금해 하는 것은 더없이 자연스러운 일이다. 우리는 그것을 아주 일찍부터 배운다.

세상이 지금과 같은 모습인 데는 이유가 있다. 처음부터 이 점을 명심해 두면 좋겠다. 이유가 없다면 "왜?"를 묻는 것이 이치에 맞지 않을 것이다. 그러나 이 질문은 거의 늘 합당한 질문처럼 보인다.

나이가 들수록 "왜?"라는 질문은 상황의 본질을 더 깊이 파고든다. 우리는 개별적인 것이 아니라 전체적인 상황에 대해 묻기 시작한다. **모든 것**의 이유는 무엇일까? 나는 왜 여기 있을까? 어떤 것이 여기 존재하는 이유는 무엇일까? 왜 어떤 것은 중요하거나 선하거나 아름다울까? 왜일까?

살아갈수록 이런 질문을 더 자주 던지다가 마침내 우리는 둘 중 하나에 이른다. 우리를 만족시켜주는 답을 찾거나, 아니면 묻다 지친 나머지 답이 없으니 묻기를 중단하는 편이 낫겠다고 결정한다. 답을 포기하고 묻기를 중단하는 날, 그날은 흔히 아주 암울한 날이 된다. 여전히 그것은 분명히 합당한 질문이자 가장 중요한 질문처럼 **보이고**, 삶에는 목적 없는 활동 이상의 것이 있는 것처럼 **보이기** 때문이다. 그러니 질문을 그치고 목적 없는 활동에 안주하는 순간 영혼은 처참해진다.

하지만 인생의 가장 근본적 질문에는 답이 있고, 이 책에서 나는 그 답을 제시하고자 한다.

내가 답을 아는 것은 특별히 똑똑하여 혼자 힘으로 알아냈기 때문이 아니다. 물론, 그중에는 실마리(여기에 대해서는 나중에 더 다루겠다)를 곰곰이 따져 보면 너끈히 결론을 내릴 수 있는 것들도 있다. 그러나 어떤 이야기든지 그에 대한 정확한 통찰을 얻는 최고의 방법은 저자의 말을 들어보는 것이다. 그렇다, 삶은 일종의 이야기이고, 이 이야기에는 저자가 있다. 이 점은 여러 실마리를 통해 상당히 쉽게 알아낼 수 있다.

이 책에서 나는 그 이야기—실재에 관한 이야기—를 들려주고 싶다. 그리고 당신이 그 이야기 안에서 자신의 자리를 볼 수 있도록 돕고 싶다.

그렉 쿠클

도입

실재

기독교는 세상의 실제 모습에 관한
이야기, 묘사, 서술이다.
그것은 그저 내면에서 바라본 관점
(그리스도인의 개인적 느낌이나 종교적 신념,
또는 영적 감정, 윤리적 견해,
또는 하나님과의 "관계")만이 아니라,
바깥 세상이 그 자체로 정말
어떤 곳인지를 보는 관점이기도 하다.

혼란

세상이 어떻게 시작되었고 어떻게 끝이 나는지, 그리고 그 사이에서 일어나는 정말 중요한 모든 것에 관한 이야기를 들려주고 싶다. 많은 사람이 이미 아는 이야기지만 제대로 이해하는 사람은 별로 없다. 이 이야기를 자신의 것이라고 말하는 이들 중에서도 찾기가 힘들다. 이 이야기는 동화가 아니라 모든 동화가 실제로 다루는 본질이다.[1] 정말이지, 지금껏 쓰인 거의 모든 이야기는 우리 마음 깊숙이 박혀 있는 이 이야기의 메아리다. 하지만 이 이야기는 지어낸 것이 아니다. 이 이야기는 참이다.

이것은 실재에 관한 이야기다. 실제로 벌어졌던 일들과 벌어질 일들에 관한 이야기다. 이 이야기는 아주 오래전에 시작되었고 (아마도) 당신과 내가 죽고 나서도 오랜 후에야 끝날 것이다. 이 이야기의 어떤 부분은 마법 같다고 말할 정도로 너무나 멋지고, 어떤 부분은 너무나 무시무시해서, 참이라고 상상하기가 어렵다. 그러나 그에 대해 주의 깊게 생각해 보면, 모든 부분이 완전히 이치에 맞는다는 사실을 깊이 깨닫게 된다.

그런데 이 이야기를 하려고 할 때 문제가 하나 있다. 듣는 이가 그 수고를 오해할 소지가 크다는 점이다.

언젠가 비행기를 탔는데 주식중개인 옆자리에 앉은 적이 있다. 그는 내게 직업이 뭐냐고 물었고 나는 작가라고 대답했다. 그러자 그는 내게 무슨 글을 쓰느냐고 물었고 나는 바로 곤란해졌다. 나는 종교, 특히 기독교에 관해 쓰고 강연한다고 말하고 싶었지만, 많은 사람이 종교와 기독교에 대해 생각할 때 저지르는 오류를 그도 저지르게 하고 싶지는 않았다.

요즘 사람들 대다수는 신자들이 믿는 종교 이야기가 틀렸다고는 잘 말하지 않는다. (그렇게 말한다면 무례한 일이 되고 편협한 사람 취급을 받을 것이다.) 하지만 그들은 종교 이야기가 진정한 의미에서 참이라고 생각하지 않는다.

사람들은 종교를 일종의 영적 판타지 모임—당신에게는 참일지 몰라도 내게는 반드시 그렇지 않은—정도로 생각하고 싶어 한다. 개인의 필요를 채워주고, 훌륭하지만 너무 부담스럽지는 않은 삶의 규칙을 제공하고, 영적인 분위기로 마음을 따듯하게 해주는 좋은 모임을 찾는 것, 이것이 사람들이 생각하는 종교의 요지다. 하지만 종교 이야기를 현실과 혼동해선 안 된다. 종교 이야기는 과학이 하는 것처럼 세상에 관한 정보를 안겨 주지는 않는다. 그렇다, 신을 믿는 것이 어느 정도는 유용하지만, 종교를 너무 진지하게 받아들이면 곤란하다. 그건 어떤 면에서 산타클로스를 믿는 것과 비슷한 까닭이다. 아이라면 귀엽게 봐줄 수 있지만, 어른에게는 어울리지 않는 일이다.

나는 이것이 종교에 대한 완전히 잘못된 접근 방식이라고 확신했기 때문에, 옆자리의 주식중개인이 (이 문제에서는 그 누구라도) 내가 염두에 둔 것을 오해하지 않기를 바랐다. 내 신앙이 영적인 희망적 사고의 산물일 뿐이고 칼 마르크스가 "민중의 아편"이라고 불렸던 망상에 불과하다고 폄하되는 일이 없기를 바란 것이다. 나는 주식중개인에게 특정한 방식의 기독교 이해에 근거해 답변했는데, 그 방식에 대해서는 많은 그리스도인도 온전히 파악하지 못하고 있다.

여기서 수사적 질문을 하나 해야겠다. 답변을 기대하고 하는 질문은 아니지만(내가 대신 답할 것이다), 실제로 대답해야 하는 것처럼 이에 대해 생각해 보기 바란다. 바로 이 질문이다. '기독교란 무엇인가?'

기독교는 사람들이 따르는 종교 체계라고 말하는 이들이 있다. 보람된 삶의 지침이나 하나님과 누릴 화평을 찾는 법, 또는 삶의 기준으로 삼을 윤리적 원리의 체계라고 말하는 이들도 있다. 기독교는 종교가 아니라 하나님과의 관계 또는 예수와의 관계라고 말하는 이들도 있다. 그런 식의 표현이 어떤 이들에게는 혼란스러울 수 있으나, 나는 그렇게 말하는 이들이 무슨 말을 하려는지는 알 것 같다.

이런 답변들은 모두 어느 정도의 진실을 담고 있다. 문제는 그 정도가 충분하지 않다는 것이다. 이 답변들은 어떤 의미에서 모두 너무 얄팍하다. 각 답변은 기독교의 내부, 말하자면 개별적 신념이나 개인적 신앙에 따라 살아가는 그리스도인의 관점에서 기독교를 바라본 것이다. 이것이 기독교의 일부임은 분명하고, 그 주식중개인도 이 답변들이 충분히 타당하다고 여겼을 것이다. 그러나 여전히 빠진 것이 있다.

"기독교란 무엇인가?"에 대한 답은 위의 어느 답보다도 훨씬 크다. 기독교 내부뿐 아니라 외부에서 볼 때도 중요한 것을 담고 있기 때문이다. 예수께서는 종교를 그저 사적이고 영적인 견해나 주관적 윤리의 원천, 또는 하나님과의 개인화된 관계로 여기지 않으셨다. 예수께서는 종교를 내부가 아니라 외부에서 먼저 이해하셨다.

내가 하려는 말은 "기독교란 무엇인가?" 하는 질문에 대한 올바른 답은 **기독교가 하나의 실재상**이라는 것이다.[2] 기독교는 세상의 실제 모습에 관한 이야기, 묘사, 서술이다. 그것은 그저 내면에서 바라본 관점(그리스도인의 개인적 느낌이나 종교적 신념, 또는 영적 감정, 윤리적 견해, 또는 하나님과의 "관계")만이 아니라, 바깥 세상이 그 자체로 정말 어떤 곳인지를 보는 관점이기도 하다.

달리 표현하자면, 기독교는 하나의 세계관이다. 물론, 세상을 보는 방식에는 기독교적 관점만 있는 것이 아니다. 경쟁하는 관점들이 있다. 모든 종교와 세속 철학은 실재를 참되고 정확하게 보여 준다고 주장한다. 참으로, 모든 사람은 이와 같은 모종의 관점을 갖고 있다. 모든 사람은 머릿속에 세상의 실제 모습에 관한 이야기를 갖고 있다. 물론 그렇다고 해도 그에 대해 깊이 생각해 보거나 세부 내용까지 다 따져 보지는 않았을 수 있다.

사람들이 의미, 가치, 목적, 중요성 같은 것들에 대해 특정한 신념이 있다고 하는 것은 바로 이 머릿속 이야기를 두고 하는 말이다. 그것은 이런 식으로 표현되기도 한다. "나는 상황을 이렇게 봐.” “이것이 올바른 견해라고 생각해.” “그것에 관한 법이 있어야 해.” “이 문제에서는 정부가 방향을 잘못 잡았다고 생각합니다.” “그 상황에서는 그렇게 하는 것이 옳다고 봅니다.” 이런 온갖 진술의 근거가 되는 것이 세상의 실제 모습에 관한 믿음이다. 이것이 사람들의 신념체계다. 머릿속에 기본이 되는 이야기가 없다면, 삶에서 어떤 중요한 결정도 내리기 어려울 것이다.

이런 의미에서 무신론자와 종교인 사이에는 어떤 차이도 없다. 전혀 없다. 각자가 세상에 대한 특정한 이야기를 사실이라고 믿는다. 나는 여기서 ‘믿는다’는 단어를 어떤 사람들이 **신앙**이라는 단어를 쓸 때처럼, 즉 배후에 어떤 생각도, 근거도, 정당화도 없는 **순전한** 믿음이라는 뜻으로 사용하지 않는다. 그리고 그런 믿음은 종교인뿐 아니라 무신론자에게서도 나타난다. 그러나 지금은 그 얘기를 하려는 것이 아니다.

내가 말하는 의미에서의 한 사람의 믿음은 그가 정확하다고 생각하는, 세상의 어떤 부분을 보는 견해일 뿐이다. 그것이 전부다. 이런 믿음은 과학자와 성자 모두 가지고 있다. 여기에는 어떤 별다른 점도 없다.

물론 누군가가 세상의 어떤 것을 믿는다고 해서 그 내용이 참인지 거짓인지 **아는** 것은 아니다. 그것은 전혀 다른 문제다. 그러나 그는 자신의 믿음이 참이라고 **생각한다**. 그렇지 않다면 그 내용 대신 다른 것을 믿을 테고 그것을 사실로 여길 것이다.

종교인, 무신론자, 과학자, 회의론자 모두가 자신의 믿음을 참이라고 믿는 상황에서, 자기 견해를 옳다고 여겼다는 그 이유만으로 누군가가 비난받는 상황이 나는 항상 이상했다. 그런 그들에게는 편협하고 편견에 사로잡혔다는 꼬리표가 붙었다. 그러면 대안은 무엇일까? 그에 반대하는 사람도 자신의 견해가 옳다고 생각한다. 그래서 반대하는 것이다. 대화의 쌍방이 자신은 옳고 상대편은 틀렸다고 생각한다. 그런데 왜 종교인에게만 (흔히) 편견에 사로잡혔다는 낙인이 찍히는 것일까?

정리해 보자. 누구나 세상에 대한 일정한 믿음을 갖고 있고 그 내용이 옳다고 생각한다. 머릿속에서 형성되는 세계관의 그림이 모두에게 있다. 그것이 기초적 수준일 수도 있고, 우리가 의식적으로 인식하지 못할 수도 있다. 모든 종교는 실재에 관한 이야기를 들려준다. 모든 철학과 모든 개인의 인생관은 누군가가 생각하는 세상의 실제 모습에 대한 의견이다. 그것을 벗어날 길은 없다. 이 이야기들은 우리의 믿음에 질서를 부여하고, 크든

작든, 중요하든 사소하든 우리가 살아가면서 만나는 현실의 '조각들'을 설명해 주는 역할을 한다.

하지만 모든 세계관이 동등하지는 않다. 어떤 세계관은 다른 세계관보다 그것을 이루는 조각들이 (내적으로) 서로 잘 들어맞는 것 같고, 어떤 세계관은 다른 세계관보다 그 조각들이 현실과 (외적으로) 더 잘 들어맞는 것처럼 보인다. 그 이야기가 좋은 이야기라면, 다시 말해, 우리가 세상과 만나는 통상적인 경험에 부합하는 방식으로 많은 것을, 특히 가장 중요한 것들을 설명한다면, 우리는 그 이야기가 정확하다고 더욱 확신할 수 있다. 다시 말해 그 세계관은, 적어도 그중에서 잘 들어맞는 부분들은 참되다고 말할 수 있다.

02

퍼즐

모든 세계관은 네 가지 요소를 갖고 있다. 그 요소들은 한 사람의 세계관 이야기를 이루는 부분들이 어떻게 들어맞는지 이해하는 데 도움이 된다. 세계관의 네 요소는 창조, 타락, 구원, 회복이라 불린다.

창조는 세상이 어떻게 시작되었고, 모든 것(우리를 포함해)이 어디서 나왔으며, 우리의 기원에는 어떤 이유가 있고, 궁극적 실재가 무엇인지 들려준다. **타락**은 문제를 묘사한다(우리 모두 세상이 뭔가 잘못되었다는 것을 안다). **구원**은 잘못된 것을 바로잡을 해결책을 제시한다. **회복**은 세상이 고쳐지면 어떤 모습일지 서술한다.

개인적 관점에서 말하자면, 세계관은 근본적 질문에 답하는 데 도움을 준다. 근본적 질문이란 정말 중요한 게 무엇인지를 곰곰이 생각해 본 사람이라면 누구나 머잖아 인생에서 맞닥뜨릴 질문이다. 우리는 어디서 왔는가? 우리의 문제는 무엇인가? 해결책은 무엇인가? 우리의 삶은 어떻게 끝날 것인가?

세계관의 요소를 서술하는 네 단어가 종교적 색채를 띤다는 것을 알아챘을지도 모르겠다. 그럴 만한 이유가 있다. 그 단어들을 보다 세속적인 용어로 대체할 수 있지만 (나도 어느 정도는 그렇게 할 것이다), 세계관은 세계의 모든 중요한 것에 대한 근본적 이해를 표현하기 때문에 신, 성전, 성경, 의식 등을 포함하지 않는다 해도 누군가의 세계관은 그의 종교의 일부다. 나는 이 사실을 알아채는 것이 중요하다고 생각한다. 이런 의미에서 보면 무신론자도 종교라는 단어를 쓰지만 않을 뿐 종교를 갖고 있다고 할 수 있다.

모든 세계관은 이처럼 실재에 관한 이야기를 들려주려 한다. 세계관은 우리가 바라는 세계의 모습이 아니라 세계의 실제 모습(우리가 발견하는 그대로의 세계)을 이해하기 위한 것이다.

나는 독자가 이 세계관 그림의 다른 면도 봤으면 한다. 다들 어렸을 때 퍼즐 맞추기를 해봤을 것이다. 지금도 하고 있을지 모르겠다. 세계관에 대해 생각할 때는 직소 퍼즐을 떠올리면 좋다. 세계관도 퍼즐처럼 수많은 조각으로 이루어져 있기 때문이다. 조각들이 제대로 맞춰지면 큰 그림을 제대로 볼 수 있다.

물론, 그림을 제대로 맞춰 내려면 제대로 된 조각을 다 가지고 작업을 해야 한다. 예를 들어, 하나님과 예수, 모세, 율법, 은혜, 십자가, 믿음(그리고 그 외 다른 것들을 포함한 꾸러미 전체)은 기독교라는 직소 퍼즐의 중요한 조각들이다. 빠진 조각(알지 못하는 중요한 부분들)이 있거나 다른 세계관의 조각들이 우연히 섞여든다면 전체 그림을 정확히 파악할 수 없을 것이다. 이것은 문제가 될 수 있다.

그런데 이보나 더 큰 난점이 있다. 퍼즐 조각이 담긴 상자를 바닥에 쏟아 놓는다고 해보자. 그러면 기독교라는 퍼즐이 대부분의 신자에게 어떻게 보일지 알 수 있다. 조각들의 더미다. 그들은 퍼즐 조각들을 제대로 맞추어서 큰 그림을 본 적이 없다. 결과적으로, 그들은 중요한 조각들이 빠졌는지 아닌지 모른다. 그들의 그림에 맞지 않는 다른 퍼즐 조각들—다른 세계관의 조각들—이 우연히 섞여 들어갔는지 아닌지도 모른다. 다른 세계관이 기독교 퍼즐의 조각들 몇 개를 가져다가 자기들의 세계관 그림에 끼워 맞추려고 할 때 혼란스러워할 수도 있다.

하나의 직소 퍼즐 조각들은 보통 다른 퍼즐의 조각들과 섞으면 안 된다. 그것들은 다른 그림을 위해 만들어졌기 때문이다. 가령, 인간의 특별한 가치(성경적 세계관의 중심 조각이자 인권의 토대)를 가져다가 힌두교 세계관에 억지로 끼워 맞출 수는 없다. 그렇게는 안 될 것이다. 그 조각이 들어갈 자리가 없다. 둘은 다른 조각을 가진 다른 직소 퍼즐이다.

마찬가지로, 힌두교에서는 환생이 이치에 맞지만 기독교에서는 그렇지 않다. 성경적 관점에는 그 퍼즐 조각이 들어갈 자리가 없다. 그것은 컴퓨터 안에 자동차 엔진을 넣으려는 시도와 같다.

두 문제(빠진 조각과 엉뚱한 조각) 모두 그리스도인들이 기독교라는 직소 퍼즐을 제대로 맞추는 일을 어렵게 만든다. 올바른 조각을 다 갖추고 있다 해도, 퍼즐을 제대로 맞추어 내어 전체 그림을 이해하는 그리스도인은 거의 없다. 그 결과, 의도는 좋으나 교육받지 못한 (따라서 속기 쉬운) 그리스도인은 현실을 제대로 보지 못하고 곤란한 상황에 부닥친다.

그러면 조각들이 올바로 맞춰진 모습을 어떻게 알 수 있을까? 직소 퍼즐을 해본 사람은 요령을 안다. 부정행위라는 사람도 있지만, 여기서는 상관없다. 퍼즐 상자 뚜껑을 보는 것이다. 전체 그림을 한 번 보면 개별 조각들이 어디에 들어가야 하는지 알 수 있다. 큰 그림이 어떤 모습인지 미리 알지 못하면, 퍼즐 맞추기는 훨씬 더 어려워진다.

이제까지 나는 기독교가 무엇보다 실재의 그림, 세계의 모습을 보여 주는 관점(세계관)이라고 말했다. 그리고 세계관을 이해하기 위한 한 가지 방법을 제안했다. 그것은 그림 퍼즐과 비슷해서 엉뚱한 조각이 섞여 있어선 안 되고, 올바른 조각들을 제대로 맞춰 내야 큰 그림을 분명하게 볼 수 있다. 세계관을 이해하는 또 다른 방식으로 이야기가 있다. 세계관은 이야기와 비슷한데, 요즘 나는 이것이 세계관을 표현하는 최고의 방법이라는 생각이 든다.

좋은 이야기는 모두 네 부분을 갖추고 있다. 무대를 꾸미는 시작은 주요 등장인물이 누구고 이야기가 어떻게 진행되는지 말해 준다. 그다음 뭔가가 잘못된다. 갈등이 벌어지면서 이야기가 흥미진진해진다. 거의 모든 이야기의 주요 부분은 어떻게 갈등이 풀리고 잘못이 바로잡히는지를 다룬다. 그렇게 갈등이 풀리면서, 즉 줄거리의 여러 부분이 만족스럽게 풀려 나가 대미―작가들이 대단원이라 부르는 마지막―를 맞는다("그들은 오래오래 행복하게 살았다"). 독자는 좋은 이야기의 기본 요소가 세계관의 기본 요소와 일치한다는 사실을 눈치챘을 것이다. 시작(창조), 갈등(타락), 갈등 해소(구원), 결말(화해).

기독교의 이야기는 많은 거대한 이야기처럼 모든 사람이 씨름하는 큰 문제와 모든 사람이 묻는 큰 질문을 다룬다. 반역으로 평화가 깨어짐, 사랑과 배반, 자기 희생, 구원에 관한 이야기다. 우리의 가장 깊은 열망 전부, 우리의 모든 갈망, 우리의 모든 희망, 심지어 우리의 투쟁―모든 역사의 모든 갈등―까지도 모두 이 이야기와 결부돼 있다.

달리 표현하자면, 기독교는 세상이 어떻게 시작되었고, 왜 지금과 같은 모습이며, 우리가 그 드라마에서 어떤 역할을 맡고 있으며, 전체 줄거리가 결국 어떻게 풀리는지를 들려주는 이야기다.

실화

이제 지금까지 제시한 요점 하나를 복습해 보자. 너무나 중요한 요점이기 때문에 놓치지 않도록 다른 방향에서 다시 설명하고자 한다.

기독교의 이야기는 아주 오래전에, 예수의 출생보다 훨씬 오래전에 시작되었다. 얼마나 오래전인지는 논쟁거리지만, 그것이 지금 우리의 관심사는 아니다. 우리의 관심사는 기독교 이야기가 중요한 면에서 여타 이야기와는 다르다는 것이다. 이 이야기는 "옛날 옛적에"로 시작하지 않는다. 왜? 동화나 신화로 이해될 것이 아니기 때문이다.

맏딸이 어렸을 때 『나니아 연대기』를 읽었다. 시리즈의 첫 권을 읽은 후 아이가 물었다. "아빠, 옷장과 피터와 수잔과 루시와 에드먼드와 사자 이야기는 실화예요?"

내가 말했다. "아니, 아니란다. 어떤 이야기는 실화지만, 어떤 이야기는 그렇지 않아. 나니아 이야기는 지어낸 이야기야."

(하지만 나는 나니아 같이 지어낸 이야기들이 사실과는 거리가 멀지만 실화에 **관해** 알려 준다고 말했다.) 그리고 기독교 이야기는 나니아 이야기와 같지 않다고 신중하게 지적해 주었다. 가상의 이야기가 아니다. 실화다.

그런데 내가 이 이야기가 실화(true story)라고 말할 때는 true라는 단어를 통상적 의미로 쓴 것이다. "내게 해당한다"(true for me)는 뜻이 아니라 "현실 그대로"(true to reality)라는 뜻이다. 이야기가 서술하는 일들이 실제로 존재하고, 이야기에 나오는 사건들이 실제로 일어났다(어떤 경우에는, 일어날 것이다)는 의미다.

이것은 앞서 기독교가 실재의 그림이라고 말한 것과 같다. 기독교 이야기는 세상의 실제 모습을 보여 준다. 역사이지 허구가 아니다. 나는 옆자리의 주식중개인에게 그 점을 전달하고 싶었다. 그가 기독교 이야기를 나의 개인적인 영적 판타지나 종교적 동화, 또는 '행복감을 느끼기 위해 만들어 낸 이야기'라고 생각하지 않기를 바랐다.

이 요점이 중요한 이유가 또 하나 있다. 세상에 대한 우리의 가장 깊은 질문 중 하나는 "무엇이 잘못되었나?"이다. 우리는 세상이 망가졌음을 안다. 그래서 그 일이 어떻게 벌어졌는지 알고

자 하고, 이 세상을 고치기 원한다. 이 두 문제는 서로 이어져 있다. 첫 번째 문제의 답을 찾으면 두 번째 문제도 해결할 수 있을 것이다.

그러므로 신화나 동화는 기독교 이야기로 알맞지 않다. 가상의 이야기는 실제로는 어떤 것도 설명하지 못한다. 영리한 상상력을 동원하여 문제들을 실감 나게 보여 줄 뿐이다. 어린 아들이 아버지 얼굴의 상처가 어떻게 생긴 것인지 묻는데, 아버지가 "옛날 옛적에"라고 말을 시작한다면 아들은 아버지가 질문에 대답하고 있는 것이 아님을 금세 알아챈다. 실제 있었던 일만이 실제 상처를 남길 수 있다.

세상은 상처를 입었다, 우리가 아는 사실이다. 세상이 어떻게 상처를 입었는가 하는 질문에 대답하려면 신화 이상의 것이 필요하다. 실재에 대한 올바른 설명이 필요하다. 이것은 내가 말하는 이야기의 모든 세부 내용에 적용된다. 그 이야기 전개가 역사이며, 그렇지 않다면 아무것도 설명하지 못한다.

그래서 나는 실재에 관한 참된 이야기를 들려주려 한다. 하지만 요즘에는 이런 이야기가 설 자리가 도무지 없다면서 이런 논의 전체를 부적절하다고 생각하는 사람이 많다. 그들은 이와 같은 이야기는—어떤 큰 이야기도, 모든 것을 망라하는 그 어떤 이야기도—절대 사실일 수가 없다(또는, 결국 같은 말이지만, 적어도 사실인지 아닌지 알 수는 없다)는 말을 계속 들었다. 그리고 어떤 이들은 그 말을 믿고 싶은 유혹을 받는다.

그들은 그 이유가 우리가 "바깥" 세계에 대해—즉, 세상에 대한 개인적 **믿음**과 반대되는, 세상 **그 자체**의 모습에 대해—무엇인가를 알 수 있다고 확신하기 어려워서라고 말한다. 그늘에게는 모든 것이 믿음이고 어떤 것도 지식이 아니다. 아이러니하게도 이것은 대학—사람이 실제로 알 수 있는 것은 존재하지 않는다고 가르치는 고등교육이 이루어지는 곳—에서 만나게 되는 견해다.

이 견해가 이상하게 느껴지는가? 나는 그렇다. 실은, 완전히 틀린 것 같다. 그 이유는 간단히 말해, 우리는 아는 것이 많고, 우리가 그것을 안다는 사실을 알기 때문이다. 현실은 나름의 방식으로 우리의 시선을 끌고 그것 자체를 우리에게 알려 준다. 나는 이 사실을 아주 쉽게 보여 줄 수 있다.

몇 년 전 나는 가족과 함께 워싱턴 D.C.에 갔다. 지독히 복잡한 그 도시는 정사각형 바퀴 모양을 하고 있는데 그 안의 바퀏

살이 부서진 것처럼 얽히고설켜 각진 미로를 만들어 냈고, 그곳에서의 길 찾기는 그야말로 악몽이었다. 하지만 우리 가족은 여러 목적지에 제대로 도착했고 매일 저녁 호텔로 안전하게 돌아왔다. 길을 잃는 일은 별로 없었다. 어떻게 아무것도 모르는 세계에서 그런 일을 해냈을까? 우리는 작지만 비범한 발명품인 지도를 써서 길을 찾아냈다.

지도를 사용할 때 어떤 일이 벌어지는지 생각해 본 적 있는가? 지도는 세상의 한 조각(내 경우에는 워싱턴 D.C.)이 어떤 모습인지에 대한 믿음을 나타낸다. 그 믿음이 옳은지 확인할 간단한 방법이 있다. 지도에서 자신의 현재 위치를 찾아서 경로를 정하고 길을 떠나는 것이다. 우리의 믿음이 옳다면(지도가 정확하다면) 가려고 했던 목적지에 도착한다. 우리의 믿음이 정확하지 않다면, 그 사실을 곧 알게 될 것이다.

이 시도에서 완벽함은 요구되지 않는다는 데 주목하라. 때로는 길을 잘못 찾기도 하지만 그때도 우리의 오류를 보여 주는 새롭고 정확한 정보 때문에 우리가 틀렸음을 인지할 수 있다.

이런 작은 연습은 세상을 헤쳐가면서 만나는 수많은 일을 통해 삶 속에서 매일매일, 하루에도 수없이 반복된다. 현실에 대한 우리의 믿음은 그 지도와 같다. 우리는 자신의 믿음이 세상과 일치하는지 보려고 끊임없이 검사한다. 둘이 일치하면 우리의 믿음이 옳다는 것을 알게 된다.

우리는 지도를 사용하거나 약을 먹거나 고속도로에서 운전하거나 한밤중에 침실에서 화장실로 움직일 때마다, 현실에 관한 이야기 중 적어도 일부는 알 수 있다고 증명하는 것이다. 그렇지 않다면, 실제로 사실인 세상의 어떤 중요한 것들을 알 수 없다면, 우리는 하루 안에 죽고 말 것이다.

물론, 지도를 사용해서 D.C. 동물원으로 가는 것은 우주의 의미를 알아내는 것과 똑같지 않다. 그러나 진리가 우리 손에 닿지 않는 것이라는 우려를 잠재우기에는 충분하다. 우리가 작은 일들을 많이 알 수 있다면(실제로도 그렇다), 큰일들 중 일부를 알아낼 수 없는 이유를 나는 모르겠다.

하지만 진리가 존재하지 않는다고 생각하는 사람은 기독교 이야기를 절대 진지하게 받아들이지 않을 것이다. 적어도 기독교 이야기가 내세우는 주장을 곧이곧대로 받아들이지는 않을 것이다. 우리는 그 이유를 금세 알 수 있다. 지금까지 우리가 말해 온 중요한 진리가 실제로 존재하지 않는다면, 하나의 이야기는 다른 이야기와 차이가 없다는 의미이고, 어떤 면에서는 기독교 이야기보다 더 쉽고 매력적인 다른 선택지가 많다는 뜻이다.

정리하자면, 실재에 관한 참된 이야기가 존재할 수 없다는 우려는 과장된 것이다. 그런데 내가 경고하고 싶은, 이런 오류의 변형이 있다.

세상에 대한 기독교의 이야기는 "너의 진리"라고 거부하면서 자신의 이야기는 "나의 진리"라며 받아들이는 것이다. 이것은 아무 소용이 없다. 어떤 것을 믿는다고 해서 그것이 진짜가 되지는 않기에 (그렇지 않다면 '믿기'와 '가장하기'가 다르지 않을 것이다) 믿음과 진리가 같은 것인 양 아무 믿음이나 '진리'라고 부르는 것은 말이 되지 않는다.

혼란에 빠진 말은 혼란에 빠진 생각으로 이어진다. 사실인 믿음이 있는가 하면 그렇지 않은 믿음이 있다. 그 차이는 중요하다. 어떤 이야기가 현실에 비추어 정확하지 않다면, 그것은 아무 진리도 아니다. 따라서 그런 이야기는 **나의** 진리도 **너의** 진리도 결코 될 수 없다. 우리가 아무리 그렇게 믿어도 소용이 없다. 그것은 우리의 망상이나 오류, 또는 실수일 뿐이다. 그 어떤 이름으로 부르든 그것이 우리의 '진리'일 수는 없다. 나는 이 점을 분명히 하고 싶다.

'너의 진리, 나의 진리' 식의 대응은 전체를 아우르는 큰 이야기가 존재하지 않고, 다른 이야기보다 더 신뢰할 만한 이야기는 없으며, 개별적 이야기들의 묶음만 존재한다고 에둘러 주장하는 것에 불과하다. 그런데 우리는 이런 접근법이 통하지 않는다는 것을 이미 살펴보았다.

만약 우리의 큰 이야기가 심오한 의미에서 정말 사실이라면, 세계에 대한 온전한 그림으로서의 다른 종교 이야기들은 잘못된 것이 분명하다. 물론 다른 종교 이야기들이 모든 면에서 틀렸다는 뜻은 아니다. 그것은 어리석은 생각이다. 어떤 종교가 나름대로 매우 타당한 개별적 내용을 많이 가르칠 수 있다. 내 말은 우리 이야기가 사실이라면, 다른 이야기 모두가 **동시에** 사실일 수는 없다는 것이다. 이와 다르게 말하는 것은 어리석은 오류가 될 것이다.

어떤 사람이 내게 이렇게 말했다. "세상 사람들 90퍼센트가 종교 문제에서 틀렸다고 생각하는 네가 편협한 사람인 것 같다." 나는 90퍼센트 부분에는 동의했지만, 편협함보다는 산수와 관련이 있다고 대답했다.

한번 생각해 보라. 어떤 종교는 예수가 하나님의 아들이라고 가르치고 다른 종교들은 그 사실을 부인한다. 거기까지는 좋다. 그러나 바로 이 부분에서 누군가는 옳고 누군가는 틀린 것이 분명하지 않은가? 그 사실을 피할 길은 없다.

유일신 종교는 신을 구분되는 별개의 인격으로 이해하지만, 일부 동양 종교는 신을 모든 것을 한데 더한 비인격적 총합으로 본다. 만약 신이 존재한다면, 그분에 대한 이 두 가지 개념이 동시에 참일 수는 없다는 사실이 분명하지 않은가? 이 문제 또는 다른 문제를 놓고 수많은 사람이 잘못 생각하고 있는 것이 분명하다.[1]

누군가가 죽으면 천국에 가거나 지옥에 가거나 환생하거나, 그도 아니면 사라져서 무가 되어 버릴 것이다. 그러나 그가 동시에 이 모든 일을 할 수는 없다. 이 사실은 아이라도 알 수 있다. 많은 사람, 어쩌면 대다수 사람이 잘못 알고 있는 것이 분명하다. 다시 말하지만, 이것은 편협함이 아니다. 간단한 산수다.

내가 지금 사소한 문제를 시시콜콜 따지는 데 시간을 허비하는 게 아니라는 데 주목하길 바란다. 나는 실재에 대해 여러 종교들이 내세우는 문제의 핵심, 토대, 심층구조, 가장 근본적인 주장에 대해 말하고 있다.

요즘에는 모든 종교가 기본적으로 같다고 말하는 것이 대유행이지만, 이제 우리는 그것이 사실이 아님을 알 수 있다. 오히려 각 종교가 실제로 매우 다르다는 인상을 받아야 마땅하다. 가장 중요한 각 종교의 실재상은 서로 상당히 다르다(결국, 그래서 그 모두가 **다른** 종교인 것이다). 그리고 그 차이점들은 시각장애인들과 코끼리에 대한 단순한 이야기로 그냥 덮을 수 있는 것이 아니다. 그런 이야기는 문제의 본질을 제대로 파고들지 못한다.[2]

04

두 가지 장애물

그리스도인들이 기독교 이야기를 이해하지 못할 때 문제가 생긴다. 그리스도인의 믿음에 대해 가장 많이 제기되는 두 가지 반론에 답할 수 없게 된다. 비신자에게 이 두 장애물은 너무나 심각한 것이라서 그들은 기독교 이야기를 유니콘, 레프러콘,^{아일랜드의 녹색 요정—옮긴이} 북극 요정 등이 나오는 이야기 이상으로 믿기 어려워한다. 여기 그 장애물을 소개한다.

대부분의 사람은 이 세상이 제대로 된 상태가 아님을 분명히 인지하고 있다. 뭔가가 크게 잘못되었고, 누구나 그 사실을 안다. 이것이 첫 번째 장애물의 첫 번째 부분이다. 두 번째 부분은 만약 신이 존재하고 정말 선하고 강력하다면, 세상은 우리가 아는 것과는 다른 곳이 되었을 거라는 점이다.

강하고 선한 신이라면 지금의 난장판을 막아 줄 것이고, 적어도 해롭고 어렵거나 불쾌한 일이 우리에게 일어나지 않도록 지켜 줄 것이다. 회의론자가 이런 말을 한다면 충분히 이해할 만하다. 신이 정말 존재한다면 상황을 바로잡을 것이고, 애초에 상황이 잘못되도록 내버려 두지 않을 거라고 생각할 수 있을 것 같다.

그런데 내가 이해하기 힘든 것은 그리스도인도 같은 장애물에 걸려 넘어진다는 것이다. 그들은 하나님이 정말 선하시고 그들 자신이 좋은 그리스도인이라면, 다른 사람들이 겪는 고난으로부터 보호받을 것으로 생각한다. 설령 어려움이 닥치더라도 예수께서 험한 세상의 다리가 되셔서 해를 당하지 않게 그들을 지켜 주실 거라고 믿는다. 그러다 기대와 달리 고난의 깊은 물에 빠지는 자신의 처지를 보면서 깜짝 놀란다. 그러고는 하나님이 정말 존재하는지조차 의심한다.

두 가지 혼동(회의론자의 혼동과 그리스도인의 혼동) 모두 오해에서 생겨난 것이다. 앞으로 살펴보겠지만, 악은 사람들이 생각하듯이 기독교에 문제가 되지 않는다. 악은 기독교 이야기에 이질적인 것이 아니라, 이야기의 중심에 자리를 잡는다. 딱 들어맞는다. 어떤 의미에서는 기독교 이야기 전체가 세상이 어떻게 잘못되었고 어떻게 바로잡히는가를 다룬다고 할 수 있다.

나는 여기서 첫 번째 장애물에 걸려 넘어지는 사람이 결코 떠올리지 못하는 또 다른 오해를 지적하고 싶다. 우선, 첫 번째 장애물을 두 부분으로 나눌 수 있다는 데 주목하라. 사람들은 상황이 잘못되었다는 사실(첫 부분)을 발견하고 정말 신이 존재하는지(두 번째 부분) 의문을 품는다. 첫 부분은 문제를 드러내고, 두 번째 부분은 사람들이 그 문제에서 적절하게 추론해서 내릴 수 있는 결론이 무엇인지 알려 준다. 기차가 정시 운행한다면, 아마도 관제소 담당자가 일을 잘하고 있기 때문일 것이다. 그러나 열차 운행에 계속 문제가 생기면, 관제소에서 일을 제대로 하고 있는지 묻는 것이 합리적이다.

그런데 여기서 잘 드러나지 않는 점이 있다. 첫 번째 장애물을 만나면 대뜸 신을 여러 선택지에서 흔히들 제거하지만, 그래도 달라지는 것은 없다. 이 상황에서 신을 배제하는 게 이해는 가지만, 그런 조치가 애초에 신의 존재를 의심하게 만들었던 문제를 제거하는 데는 아무런 보탬이 되지 않는다. 신은 사라졌지만, 문제는 그대로 남아 있다. 세상은 여전히 망가진 상태다. 무신론은 이 부분에서 아무것도 해결하지 못한다.

이제 무신론자는 어떻게 해야 하는가? 실제로는 아무것도 달라지지 않았다. 세상은 여전히 제대로 된 상태가 아니기에 무신론자는 여전히 처음과 같은 문제로 괴로워한다. 그런데 신 없이 물리적 우주만 존재한다면, 세상이 제대로 된 상태가 아니라는 생각은 이치에 맞지 않는다. 애초부터 뭔가가 존재하는 올바른 방식이 따로 없었는데 어떻게 잘못될 수 있단 말인가?

그래서 내가 앞서서 회의론자와 그리스도인이 똑같이 제기하는 장애물이 악의 문제를 오해한 데서 주로 비롯한다고 말한 것이다(앞으로 펼쳐지는 기독교 이야기가 이 오해를 푸는 데 도움이 되기를 바란다). 다음으로 말한 무신론은 처음에는 장애물에 대한 합리적 반응처럼 보였다. 하지만 결국 무신론 자체의 심각한 결함을 만들어 내고 만다. 기독교 이야기가 악을 어떻게 다루는지 이해하지 못하면, 이 문제를 고려할 때 어려움을 겪을 것이다.

어려움은 이뿐이 아니다. 두 번째 장애물이 있다. 이 장애물은 "천국이 있다면 그곳에 어떻게 가는가?"라는 질문과 묶여 있다.

많은 이들에게 기독교 이야기는 오늘날의 감수성에 비춰 볼 때 너무나 편협하여 숨이 막힐 지경이다. 천국으로 가는 길이 하나뿐이다? 대부분의 사람이 진지하게 받아들이기 거의 불가능한 주장이다. 믿을 수 없을 뿐 아니라 편협하기 그지없다. 한 범퍼스티커가 이런 정서를 잘 대변한다. "신은 너무나 크시기에 한 종교에 한정될 수 없다." 이처럼 생각하지 않는 이들은 자신의 믿음을 지나치게 과대평가하는 사람들로 여겨진다. 하나님이 시시콜콜한 내용들에 정말 관심을 가지실까? 결국, 신은 사람이 무엇을 믿는가보다는 어떻게 행동하는가에 더 관심이 있지 않을까?

이 지점에서 한 가지를 지적해 두면 좋을 것 같다. 사람들은 누군가의 표현대로 "자기를 섬기는 소집단에만 관심이 있는 부족신" 개념을 가진 그리스도인을 속이 좁고 편협하다고 비난하지만, 이 "관용적이지 못하고" 편협한 신관은 그들이 만들어 낸 것이 아니었다. 이 개념은 고대 히브리 선지자들까지 거슬러 올라간다. 그것은 1,500년간 기독교 이야기의 주된 관심사였음이 틀림없고, 그 부분은 하나님이 그분의 백성에게 주신 첫 번째 계명에 잘 포착되어 있다.

기원후 그리스도인들은 예수만이 유일한 길이라는 편협한 견해를 주창하고 있다. 예수께서 친히 그런 견해를 내세우셨기 때문이다. 그분은 여러 방식으로 여러 번, 거듭 그렇게 주장하셨다. 이후의 사역을 이어가도록 예수께 개인적으로 훈련을 받은 모든 공식적인 제자들도 동일한 메시지를 전했다. 영생으로 가는 좁은 길은 찾는 이가 적지만, 멸망으로 가는 넓은 길은 많은 이들이 따른다고 했다. 사실, 원래 '그리스도인'은 예수를 따르는 이들이 자신들을 가리켜 사용한 명칭이 아니었다. 그들은 예수의 주장을 본받아 자신들의 무리를 "그 길"이라 불렀다.[1]

물론, 누군가는 예수께서 가르치신 내용이라고 해서 자동으로 진리가 되는 것은 아니라고 단박에 지적할 것이고, 그 말에는 일리가 있다. 그러나 그 말은 편협한 견해를 더 무시하기 어렵게 만드는 것 같다. 나사렛 예수는 대부분의 사람이 진지하게 받아들이게 되는 분이다. 그래서 사람들이 자신의 목적에 부합할 때 그분을 거침없이 인용하는 것이다.

하지만 다른 사람도 아닌 예수께서 왜 그런 말씀을 하셨을까? 예수의 주된 메시지는 평등, 공정함, 사회정의, 이웃 사랑— 한마디로 **배제**가 아니라 **포용**—이 아니었던가?

요즘에는 예수께서 평등, 공정함, 사회정의, 이웃 사랑을 전하셨음을 당연하게 여기는 것이 유행이지만, 예수께서는 그런 이유들 때문에 오신 것이 아니었다. 적어도 예수께서 제시하신 이유는 아니었다. 예수께서 그런 문제들에 관심을 가지셨다는 사실에는 의심의 여지가 없다. 그분의 가르침 안에는 그것과 관련된 내용이 여기저기 흩어져 있다. 그러나 그분이 말씀하신 바에 따르면, 그것들이 그분 가르침의 핵심은 아니었다.

예수께서 자신에 대해 이런 논쟁적인 주장을 하신 데는 이유가 있다. 그것은 오만, 편견, 옹졸한 배제―순전한 사람들을 영원한 지주에 가둬 비리는 잔인한 속임수―와는 아무 관련이 없다. 오히려, 기독교 드라마 자체와 관련이 있고, 아이러니하게도 첫 번째 장애물―세상의 무엇이 잘못되었는가―과 직접 연관되어 있다.

세상의 망가진 상태와 예수의 유일무이한 역할은 이어져 있다. 두 번째가 첫 번째를 해결한다. 이것이 기독교 이야기의 핵심이다. 기독교 이야기의 큰 그림을 이해하고 나면, 기독교의 가장 논쟁적인 두 측면이 온전히 이치에 맞는 것으로 드러남을 깨닫게 될 것이다. 그것이 내가 바라는 바다.

줄거리

새로운 언어를 배울 때는 사전부터 보지 않는다. 흔한 물체와 자주 쓰이는 어구로 시작한다. 기본적인 것에서 시작해서 그 위에 쌓아 나간다.

하나님에 대해 배우고 싶어 하는 사람들이 성경을 처음부터 끝까지 죽 읽어 나가기도 하는데, 그렇게 해서 주된 내용과 부차적 내용을 구분할 수 있기를 바라는 것이다. 그렇게 하면 모든 것이 분명해지리라 생각하지만, 그 방법은 대개 효과가 신통찮다. 더 나은 방법은 기본적이고 근본적인 개념들에서 출발하여 그 위에 쌓아 올리는 것이다. 우선, 이야기의 기본 줄거리를 머릿속에 넣은 다음 거기서부터 출발하도록 하자.

이제 기독교 이야기의 등뼈—줄거리—를 소개하도록 하겠다. 발생 순서대로 가장 중요한 다섯 가지를 나열하면, 하나님, 인간, 예수, 십자가, 부활(여기서 부활은 이야기의 맨 끝에 등장하는 최후의 부활을 말한다)이다. 이것이 큰 그림이다. 이것은 줄거리이

자 시간표이고, 처음(하나님)부터 끝(부활)에 해당한다.

이 다섯 요소의 논리적 순서가 눈에 들어오는가? 우리의 이야기는 하나님에서 시작한다. 하나님이 모든 것을 무에서 창조하셨는데, 이 모든 것에는 피조세계 전체에서 가장 귀중한 존재인 인간도 들어 있다. 그러나 뭔가가 끔찍하게 잘못되었고 인간들은 수많은 어려움 속으로 제 발로 걸어 들어갔다. 그래서 하나님이 구출 계획을 개시하셨다. 그분은 우리 같은 인간—예수라는 사람—이 되심으로써 친히 창조하신 세상 속으로 들어가셨다. 예수께서는 우리를 우리의 문제로부터 구해 내기 위해 유일무이한 일을 하셨는데, 그 일은 그분이 십자가에 달리시면서 절정을 이룬다. 예수께서 하신 일에 대해 사람들이 어떻게 반응하느냐에 따라 역사의 최종사건인 부활 때 그들에게 일어날 일이 결정된다.

여기에는 좋은 이야기의 요소들이 모두 있다. 시작, 갈등, 갈등 해소, 결말. 온전한 세계관의 모든 조각이 다 있다. 창조, 타락, 구원, 회복.

이 이야기를 다 하려면 몇백 몇천 쪽이 필요하다. 이제껏 나온 것 중 가장 긴 이야기가 될 것이다. 그러나 나는 이 이야기의 기본 내용을 빠르게 들려주려 한다. 직소 퍼즐 상자의 뚜껑—기독교 세계관의 큰 그림—을 보여 주어 독자가 다시는 세부 내용 안에서 길을 잃는 일이 없도록 하겠다.

나는 사람들이 기독교 이야기를 자주 오해한다고 말했다. 그러나 기본적인 내용은 그리 어렵지 않다. 무엇보다 바른 지점에서 출발해야 한다. 처음부터, 토대에서부터 시작해야 한다.

이제 그 이야기를 들려주고자 한다. 기독교의 큰 그림, 실재의 이야기를 들려주고자 한다.

1부

중심 주제는
사랑도 구원도 용서도, 심지어 관계도 아니다.
그런 것들이 이야기의 중요한 부분임은 분명하지만,
요점은 하나님이 모든 것을 소유하시고,
친히 만드신 모든 것을 다스릴
합당한 권위를 갖고 계신다는 생각이다.

태초에

모든 이야기에는 시작이 있다. 기독교 이야기의 첫 마디는 이렇게 시작된다. "태초에 하나님이 천지를 창조하시니라."[1] 나는 이것이 기독교 이야기 전체에서 두 번째로 멋진 구절이라고 생각한다. 내가 생각하는 최고의 구절이 무엇인지는 나중에 이야기하겠다.

기독교 이야기의 몇 가지 중요한 점을 처음부터 알고 갔으면 한다.

첫째, 이 이야기는 사물이 아니라 인격에서 시작한다. 하나님은 친히 무엇인가를 만드시기 전부터 존재하셨고 그분은 만들어진 적이 없기 때문이다. 다른 어떤 것이 존재하기 전에 하나님이 계셨다. 우주는 영원하지 않지만, 하나님은 영원하다. 그분은 시작도 끝도 없는 영원한 영이시다. 그분은 우리와 같은 몸을 입고 있지 않다. 기독교 이야기는 다른 일부 이야기들처럼 신이나 해나 달 같은 물체가 아니라 무한하시고 완전하신 한 분의 인격에서 출발한다.

자녀들에게(또는 누구에게라도) 기독교 이야기를 가르치려면 여기서부터 시작하는 것이 가장 좋다. 처음에서 출발하라. 토대에서 출발하라. 기독교 이야기의 토대는 하나님이다. 하나님은 존재하는 모든 것의 원인이시다. 한 오래된 신조는 이 부분을 이렇게 표현했다. "나는 하나님, 천지의 창조주를 믿습니다."

기독교의 이야기가 인격으로 시작하는 데는 또 다른 이유가 있다. 이것이 이 이야기의 두 번째 요점에 해당하고, 나는 독자가 이 부분을 주목했으면 한다. 하나님이 기독교 이야기의 첫 번째 조각이신 이유는 이야기의 핵심이 그분이기 때문이다. 하나님이 주인공이다. 이 이야기는 인간을 주목하며 시작하지 않는다. 이 야기의 중심이 인간이 아니기 때문이다. 어렸을 때 어머니는 내게 자주 이렇게 말씀하셨다. "그렉, 세상은 널 중심으로 돌아가지 않아." 그것은 어머니가 가르칠 수 있는 가장 중요한 교훈 중 하나였다. 당신의 어머니도 아마 같은 말씀을 하셨을 것이다. 어머니들이 옳았다. 우리는 기독교 이야기에서 중요한 역할을 맡고 있지만, 가장 중요한 인물은 아니다.

많은 사람이 이 부분에서 잘못 생각하고 있다. 낙심, 환멸, 패배가 찾아올 때, 그들은 깜짝 놀란다. 기독교 이야기의 핵심이 자신이라고, 자신의 행복, 위로, 번영이라고 생각했기 때문이다. 상황이 기대와 다른 방향으로 진행되면 그들은 무엇이 잘못된 것인지 의아해 한다. "하나님이 어떻게 이런 일을 내게 허락하실 수 있지?"라고 묻는다. 하나님을 삶에 모셨으니 자신이 그분 관심을 오롯이 받게 되고 만사가 더 수월해질 거로 생각했는데 일이 다르게 풀리면 깜짝 놀란다.

우리가 기독교 이야기의 중심이라고 생각하면 이런 일이 벌어진다. 사실, 그 이야기의 많은 부분은 하나님을 믿고 신뢰했으나 세상에서 엄청난 갈등과 괴로움을 겪었던 사람들에게 들려주는 내용이다. 고난은 인생에서 으레 만나게 되는 것이고 기독교 이야기를 진지하게 받아들이는 이들에게는 특히 더 그렇다.[2] 이것은 인간이 기독교 이야기를 지어내지 않았음을 알려 주는 실마리다. 사람이 지어냈다면, 아마도 다른 이야기를 썼을 것이다.

"하나님은 당신의 인생을 향한 놀라운 계획을 갖고 계신다"는 말이 있다. 여러 면에서 유용하지만 이 대목에서는 오해의 소지가 있는 말이다. 내가 이해하는 바에 따르면, 이 말은 순서가 잘못되었다. 기독교 이야기의 핵심은 당신의 인생을 향한 하나님의 계획이 아니라 하나님의 계획에 쓰임 받는 당신의 인생이다. 이것을 명심하길 바란다. 당신의 목적이 아니라 하나님의 목적이 중심이다. 이 사실을 분명하게 이해하면 많은 것이 달라질 것이다.

앞서 나는 기독교 이야기가 인격으로 시작하는데, 그 이야기의 중심이 우리가 아니라 하나님이라고 말했다. 그리고 여기, 세 번째 중요한 점이 있다. 이 이야기에서는 모든 것이 하나님의 소유라는 것이다.

이 기본 원리는 상식적이다. 무엇인가를 만들면 그것은 만든 사람의 소유다. 누군가가 노동력과 창조성을 발휘하여 가치 있는 어떤 것을 만들면 그 값진 물건은 그 사람의 것이고 그에게서 빼앗아서는 안 된다. 기독교 이야기는 그것을 이렇게 표현한다. 훔치는 것은 잘못이다. 자신의 소유가 아닌 것을 가지는 것은 잘못이다. 그래서 이 이야기에서는 사유재산 개념이 중요하다. 그렇지 않다면 도둑질하지 말라는 명령은 이치에 맞지 않을 것이다.

하나님이 무(無)로부터 모든 것을 만드셨기 때문에, 모든 것은 하나님의 소유다. 하나님은 모든 것을 다스릴 합당한 권위를 보유하신다. 하나님 없이는 그 어느 것도 존재할 수 없기 때문이다. 여기에는 당신과 나도 포함된다. 우리는 자신의 주인이 아니며 하나님이 주인이시다. 이것도 명심하자. 하나님이 궁극적인 소유권을 갖고 계시다는 이해 없이 어떤 것에 대해 절대적 소유권을 내세우는 것은 절도행위나 마찬가지다.

요즘에는 어떤 윤리적 사안이 등장하면, 이런 말을 흔히 들을 수 있다. "난 내 몸 가지고 원하는 대로 할 권리가 있어요." 인기 있는 주장이지만 썩 정확한 주장은 아니지 않은가? 이 때문에 세 번째 요점이 아주 중요하다. 우선, 누구도 자기 몸을 가지고 원하는 대로 다 할 수 없다. 적어도 문명화된 사회에서는 그렇다. 그리고 하나님이 우리를 만드셨다면 우리 몸은 엄밀히 말해 우리 것이 아니다. 물론 우리는 몸 안에서 살고 몸과 중요한 관계로 이어져 있다. 그러나 하나님이 창조주시라면, 우리는 우리 몸을 원하는 대로 사용할 완전한 자유가 없다. 결국, 토기장이가 자신의 찰흙에 대한 권리를 갖는다.

C. S. 루이스는 이렇게 말한 바 있다. "내가 내 몸과 마음의

영주냐, 아니면 진짜 영주에게 그것들을 빌린 소작인에 불과하냐에 따라 사정은 크게 달라지지 않겠습니까? 만약 어떤 존재가 자신의 목적을 위해 나를 만들었다면, 나는 내가 단순히 내 것이었을 경우에는 부과되지 않았을 많은 의무를 감당해야 할 것입니다."[3]

그러므로 기독교 이야기에 따르면, 하나님이 우리를 만드셨기 때문에 우리는 하나님의 소유다. 우리는 자신의 주인이 아니다. 그러나 여기서 설명이 필요하다. 우리는 참으로 하나님의 소유지만, 다른 물건들이 하나님의 소유인 것과는 그 방식이 다르다. 아이가 부모에게 소중하듯이 우리는 하나님께 소중한 존재다. 물론 하나님은 크고 강하신 왕이다. 이 점을 놓쳐서는 안 된다. 그분을 두려워하는 것이 지혜의 시작이다. 하지만 하나님은 아버지시기도 하다.

기독교 이야기는 하나님이 우리로 하여금 그분을 알고, 즐거워하고, 의지하고, 그 품에서 안식하게 하려고 우리를 만드셨다고 말한다. 당신은 이런 특별한 방식으로 하나님께 속했기 때문에 혼자가 아니다. 당신이 아직 찾지 못했을지라도, 당신을 위한 자리, 안전한 자리인 '집'이 있다. 누구도 고아가 아니다. 우리는 그분의 것이고 우리 마음은 하나님이 제공하시는 집, 즉 그분 안에서 안식을 찾기 전까지는 쉬지 못한다.[4]

기독교 이야기는 이슬람 이야기와 다르다. 이슬람의 신은 분명히 최고의 주권자이고 그런 면에서 두 이야기는 비슷하지만, 알라는 아버지가 아니고 인간은 그의 자녀가 아니다. 모슬렘은 그런 생각을 신성모독으로 여길 것이다. 신을 깎아내리고 신의 위신을 떨어뜨리는 생각이라고 보기 때문이다.

기독교 이야기에서 하나님은 멀리 떨어져 계시지 않고 우리와 가까이 계신다. 그분은 피난처, 방패, 요새시며 환난 중에 만날 큰 도움이시다. 그분은 우리가 경외할 크고 놀라운 분일 뿐 아니라, 우리의 뜨거운 사랑을 받기에 합당한 분이다.

넷째, 기독교 이야기에서는 하나님과 나머지 창조세계가 구별된다는 것에 주목하라. 이것은 중요한 요점이다. 자연은 하나님이 아니다. 하나님이 자연을 만드셨다. 지구는 인격체가 아니다. 지구가 인격을 갖고 있다는 것은 다른 이야기에서 하는 주장이다. 기독교 이야기에서 지구는 사물이다. 해와 달은 인간이 섬길 대상이 아니다. 그것들에 이름도 붙여 주지 않는다.^{큰 광명체(큰 빛), 작은 광}

명체(작은 빛)라고 부른다. 창 1:16—옮긴이 기능이 있을 뿐이다. 그것들은 사물이지 신이 아니다.

엄밀히 말하면, 기독교 이야기에서 인간은 자연을 존경하지 않는다. 하나님이 맡기신 것을 적절히 관리함으로써 자연을 만드신 그분을 존경할 뿐이다. 또한 그들의 세계를 불쾌하거나 위험한 곳으로 만드는 추악한 혼란을 그냥 두지 않고 자연을 관리하며 공유하는 사람들을 존경한다. 이것은 이웃 사랑의 한 가지 방법이다. 그러나 자연을 존경하지는 않는다. 사물을 인격처럼 대하는 것은 실제로 일종의 우상숭배다.

하나님이 만드신 왕국은 두 가지 다른 사물로 이루어진다. 만지고 볼 수 있는 물리적 사물과 오감으로 경험할 수는 없지만 분명히 실재하는 비물리적 사물이다.

세계는 보이지 않는 것들로 가득 차 있으며, 우리는 늘 그것들을 만난다. 하지만 우리 대부분은 그것들에 대해 생각하지 않는다. 그것들을 지각하는 방식은 추수감사절에 나오는 칠면조의 향을 맡거나 베토벤 5번 교향곡을 듣거나 애완견 슈나우저의 차가운 콧등을 느끼는 것과는 다르기 때문이다. 하지만 보이지 않는 것들은 분명히 실재하고 우리에게 친숙하다. 잠시 자기 생각에 대해 생각해 보라. 당신은 자신이 생각하고 있는 생각을 알지만, 그것을 보거나 듣거나 만지거나 맛을 보거나 냄새를 맡아서 아는 것이 아니다. 다른 '감각'이 생각에 접근하게 해준다. 우리 생각은 실재하고 우리는 그것을 인지하지만, 생각은 물리적이지 않다.[5]

그렇다면 기독교 이야기에는 물리적 세계와 비물리적 세계가 있다고 말할 수 있다. 둘 다 실재한다. 물질적인 것(새와 아기와 소행성과 원자들)과 비물질적인 것(영과 영혼과 정신과 기적)은 똑같이 우리에게 익숙하다. 그러나 하나님은 자연이 아니고 자연은 하나님이 아니다. 그렇게 보는 것은 다른 이야기다.

이어서, 나는 기독교 이야기에 주제가 있다는 점을 독자가 알았으면 한다. 이것은 상당히 중요한데, 이 주제가 우리의 삶 전반에 의미를 부여해 주기 때문이다. 이 주제는 모든 것에 최종 목적 또는 궁극적 목적지를 제공한다. 사람들이 "모든 것의 의미가 무엇인가?", "삶의 목적이 무엇인가?", "그건 그렇고, 이게 다 무슨 일이야?"라고 물을 때, 이 이야기의 주제가 답을 제공한다. 그 답이 없다면 우리 이야기에서 "오래오래 행복하게"에 해당하는 대목을 몰라 애를 먹을 것이다.

성경의 핵심 주제를 한 가지 단순한 개념으로 어떻게 요약하는지 궁금했던 적이 있는가? 성경의 가장 첫 문장에 나와 있다. "태초에 하나님이 천지를 창조하시니라." 간단히 말해, 그 이야기는 한 영역을 창조하고 자비롭게 다스리는 군주로 시작한다. 왕(King)이 있고 그의 영토(dom)가 있다. 왕국(kingdom, 나라)이 있다.

이것이 성경 이야기의 핵심이다. 중심 주제는 사랑도 구원도 용서도, 심지어 관계도 아니다. 그런 것들이 이야기의 중요한 부분임은 분명하지만, 요점은 하나님이 모든 것을 소유하시고, 친히 만드신 모든 것을 다스릴 합당한 권위를 갖고 계신다는 생각이다.

같은 내용을 이렇게 표현할 수도 있다. 우주를 관리하는 주체는 '어떤 것'이 아니라 '누군가'라고. 우리는 운명의 힘이나 자연계의 맹목적이고 냉혹한 힘에 내맡겨져 있지 않다. 우리에게는 주의 깊게 보호하시고 도우시는 강력한 왕이 계신다.

하나님은 이 이야기에서 적극적으로 일하신다. 그냥 말없이 가만히 앉아계시지 않는다. 그분은 이야기꾼인 동시에 드라마의 출연자이기도 하다. 하나님은 나타나신다. 그분이 계시므로 우리는 혼자가 아니다. 그분이 말씀하시므로 우리는 어둠 속에 있지 않다. 그분이 참여하시므로 우리는 버림받지 않는다. 그 무엇보다 중요한 것은, 하나님이 자신을 알리시므로 우리는 그분을 알 수 있다.[6]

기독교 이야기는 이 주제를 "하나님 나라"(때로는 '하늘나라, 천국(天國)'이라고도 하는데, 의미는 같다)로 표현한다. 원한다면 "하나님의 통치"라고 말할 수도 있다. 나라의 개념이 곧 통치를 뜻하기 때문이다. 인간은 하나님의 통치 아래서만 자신의 제일 되는 목적—자기 왕께 영광을 돌림—을 달성할 수 있다. 하나님의 통치 아래서만 가장 심오한 만족—그분을 영원토록 즐거워함—을 발견할 수 있다.[7]

'하나님 나라'는 이야기의 뒷부분에서 특히 두드러진다. 요한이라는 선지자가 나타나 하나님 나라를 선포한다. 그는 나사렛 예수의 길을 예비하고, 예수도 하나님 나라를 선포한다. 그를 따르는 제자들과 사도들 역시 하나님 나라를 선포한다. 그들은 하나님이 세상을 다스리시고 세상은 하나님의 것이며, 그분의 보살핌과 지도 아래로 돌아가는 것이 행복의 진정한 비밀이라고 선포한다. 그곳은 지치고 삶의 어려움에 짓눌린 사람들이 진정한 안식을 발견할 유일한 장소다.[8] 우리는 단지 군주에게로 돌아가는 것이 아니라 아버지의 보호와 보살핌이 있는 집으로 돌아가는 것이다. 이 군주의 능력에는 한계가 없고, 그분은 고결하고 명예롭고 흠 없는 훌륭한 왕이시기 때문에, 그분이 다스리시는 것은 우리에게 좋은 일이다.

그런데 하나님이 다스리신다는 생각을 많은 이들이 거북하게 여긴다. 그러나 그 대안이 무엇인가? 누군가가 책임지지 않는다는 것은 아무도 책임지지 않는 상황을 의미하고, 그것은 애초에 세상에 대한 우리 불평의 큰 부분이었다. 물론, 누군가가 다스리고 있는데 왜 세상이 엉망진창이냐는 의문을 제기하는 것은 전적으로 타당한 일이다. 이 문제에 대해서는 나중에 다룰 것이다. 앞에서 말한 대로, 기독교 이야기 전체는 하나님이 어떻게 세상을 다시 바로잡으시는지를 다룬다고 할 수 있다.

고집 센 아이 하나가 집안에서 제멋대로 행동하는 경우를 생각해 보라. 그런 아이가 여럿 있는 집도 있다. 아이들은 자신에게 가장 좋은 일이 무엇인지 모르므로 집안은 혼돈의 도가니가 된다. 그 아이들이 자기 마음대로 행동하도록 계속 허용하면

못된 장난들이 나날이 늘어 간다. 대체로 이런 집은 많은 시간을 보내고 싶지 않은 곳이 된다.

하지만 대부분 문제는 고집 센 아이들이 아니라 심약한 부모에게 있다. 사려 깊은 어른들은 다 알다시피, 그와 같은 가정에서는 어떤 아이도 잘 지내지 못한다. 그 아이들이 당장에는 그지없이 좋다고 생각할지 몰라도, 그런 상태로 계속 살 수는 없다. 내 친구는 아이들에 대해 이렇게 말하곤 했다. "지금 아픔이 없으면, 나중에 큰 아픔이 찾아온다."

제멋대로 하는 아이들이 세상을 다스리면, 추악한 일들이 벌어진다. 이것이 우리가 불평하는 내용이다. 솔직히 말하면, 문제의 주된 원천은 제멋대로 구는 아이들 경우처럼 우리라는 사실을 인정해야 할 것이다. 하지만 우리도 말썽꾸러기 아이들처럼 마음 깊은 곳에서는 상황이 다르기를, 더 크고 믿을 만한 누군가가 상황을 장악하여 선이 득세하기를 갈망한다. 상황이 조금이라도 달라지려면 누군가가 우리를 다스려야 한다.

기독교 이야기에는 이렇게 말하는 등장인물이 있다. "나라가 임하시오며, 뜻이 하늘에서 이루어진 것 같이 땅에서도 이루어지이다." 이 간구가 지혜로운 이유는 우리 각 사람이 마음 깊은 곳에서 바라는 바를—선함과 정의가 없는 세상에서 선함과 정의가 승리하기를—구하고 있기 때문이다. 우리는 우리가 있어야 할 곳을 갈망한다. 우리는 하나님 나라를 갈망한다.

끝으로 하나만 더. 세상이 언제나 망가진 상태는 아니었다. 처음에는 그렇지 않았다. 만약 그랬다면, 지금의 세상이 처음부터 이런 모습이었다면, 세상이 어떻게 달라질 수 있을지 상상하기 어려울 것이다.

하지만 기독교 이야기에 따르면, 하나님이 모든 것을 만드셨을 때, 세상을 처음 만드시고 그분의 나라를 세우셨을 때는 모든 것이 그분의 고귀한 마음이 의도한 그대로였다. 모든 것이 적절한 위치에 자리 잡고 있었다. 모든 것이 정해진 목적을 성취하고 있었다. 이것이 행복의 핵심이다. 모든 세계와 그 안에 있는 모든 것과 모든 사람이 하나님이 원하신 방식 그대로 완벽한 조화를 이루며 협력하는 것.

그러나 그 어떤 것도 그 상태를 망가뜨리고, 엉망으로 만들고, 고장 낼 수 없었다는 말은 아니다. 그 행복은 불변의 것이 아니었다. 달라질 수 있었다. 상황은 잘못될 수 있었다. 그러나 처음에는 그렇지 않았다. 처음에는 제대로 시작했다. 모든 것이 마땅히 있어야 할 모습을 갖추고 있었다. 달리 말하면, 하나님이 만드신 모든 것이 선한 상태였다.

두 가지 반론

이 지점에서 잠시 논의를 멈추고 자주 제기되는 두 가지 반론을 다루는 것이 도움이 될 것 같다. 첫 번째 반론이다. 요즘에는 "하나님은 누가 만들었나요?"라고 묻는 사람이 아주 흔하다. 하지만 나는 이상한 질문이라고 생각한다. 아이들도 이 질문을 자주 하는데 아이들이야 으레 그런 식으로 질문한다. 아이들이 접하는 거의 모든 것이 다른 어딘가에서 왔으니, 하나님이 어디에서 왔느냐고 묻는 것은 자연스러운 일이다.

하지만 어른은 이것이 제대로 된 질문이 아님을 깨달아야 한다. 내가 만난 사람 중에 (신자든 비신자든) 하나님—적어도 우리가 말하는 그런 하나님—이 존재한다면 누군가 창조한 존재일 거라고 생각하는 이는 없었다. 그래서 바로 그 사람들이 "하나님은 누가 만들었나요?"라고 묻는 게 이상하게 느껴진다. 그 질문은 하나님이 창조되었음을 전제하고 있지만, 누구도 그렇게 믿지 않고 그리스도인은 더더욱 그렇게 믿지 않기에 이것은 유신론자라면 대답할 필요가 없는 질문이다.

영원하고 자존하는 존재에게는 시작이 없다. 그러므로 창조자가 필요하지 않다. 물론 이것이 그런 존재가 있다는 사실을 증명하지는 않는다. 하나님을 믿는 사람들이 그분의 기원에 대한 부적절한 질문들에 답할 필요가 없다는 것을 보여 줄 뿐이다.

이와 관련된 질문이 있다. "하나님을 생겨나게 한 **원인**은 무엇인가?" 이것은 첫 번째 질문과 상당히 비슷하고, 비슷한 오해에 근거하고 있기에 비슷한 방식으로 비틀댄다.

상식에 따르면, **발생하는** 모든 것은 그것을 발생시킨 다른 무엇의 결과물이다. 과학자들은 우주가 갑자기 생겨났다고 생각하는데, 하나님도 같은 방식으로 생겨났다고 믿을 만한 이유가 있다면, "하나님을 생겨나게 한 원인은 무엇인가?"는 적절한 질문일 것이다.

하지만 기독교 이야기는 그렇게 가르치지 않는다. 하나님은 그런 의미에서 '발생'하지 않았다. 그분은 다른 무엇의 결과물이 아니다. 애초에 **생겨난** 적이 없기 때문이다. 기독교 이야기는 하나님이 (우주와 달리) 시작이 없고 언제나 계셨다고 가르친다. 그러므로 그와 같은 질문들에는 답할 필요가 없다. 그 질문은 오해에 근거한 것이다. 물론 이 답변 역시 시작이 없는 하나님에 관한 기독교 이야기가 옳다는 것을 증명하지는 못한다. 하지만 기독교 이야기에서는 하나님의 기원이 문제가 되지 않는다는 점은 분명히 보여 준다. 하지만 다른 이야기들에 나오는 신들에 대해서는 괜찮은 질문이 될 수 있다.

두 번째 반론은 기적에 대한 우려다. 기독교 이야기의 첫 문장("태초에 하나님이 천지를 창조하시니라")을 어떤 이들은 믿지 못하겠지만, 그와 같은 일이 실제로 벌어졌다고 믿을 만한 정당한 근거가 있다. 이 이야기의 첫 문장은 아주 아주 오래전에 실제로 벌어진 일을 묘사하는데, 지켜보는 누군가가 나타나기도 전에 일어난 일이다. 이를 지지하는, 내가 생각할 수 있는 최고의 근거를 대보겠다.

곰곰이 따져 보길 바란다. 이 문제에 대해 생각해 본 사람들—특히 평생 그런 것들을 생각한 천체물리학자 같은 사람들—중에 우주가 언제나 존재했다고 믿는 사람은 거의 없다. 과학자라면 우주의 모든 것에는 시작이 있다는 데 대체로 동의한다. 모든 물리적 실체는 오래전에 소위 '대폭발'에 의해 아주 짧은 순간에 생겨났다. '대폭발'이라는 용어가 처음에는 일종의 농담이었지만 증거와 너무 잘 들어맞았기 때문에 받아들여졌다.

대폭발 개념에 이의를 제기하는 일부 그리스도인이 있는 줄 아는데, 내가 생각할 때는 그 개념이 기독교 이야기와 얼마나 잘 들어맞는지 아직 깨닫지 못했기 때문인 것 같다. 둘은 기본적으로 같은 것을 말하고 있다. 기독교 이야기는 모든 것이 무(無)에서 나왔다고 말하지 않는다. 모든 것이 무에서 나왔다는 말을 믿기가 하나님 믿기보다 더 어려워 보인다. 상식을 포함하여 우리가 공통으로 경험하는 바에 따르면, 발생하는 모든 것은 언제나 그것을 야기한 무엇인가의 결과이고, 무는 그 무엇도 생겨나게 만들 수 없기 때문이다. 그에 반해, 기독교 이야기가 제시하는 것은 완벽하게 이치에 맞다. 그 이야기는 모든 것이 어떤 '분'에게서 나왔다고 말한다.

이어서 내가 하려는 말은, 이 내용을 이상하게 표현한 것일지도 모르지만 핵심을 바로 건드린다. 대폭발(big bang)이 있으려면 '대폭발을 일으키는 존재'(big banger)가 있어야 한다. 대부분의 사람은 이 말을 이해하는 순간 옳다고 판단한다. 이 진술이 얼마나 자명한 것인지 일단 깨달으면, 우주를 생겨나게 만든 어떤 '것'(thing)이 실제로는 어떤 '분'(One)이라는 생각이 훨씬 설득력 있게 다가온다. 그리고 이 지점에서 논리적으로 한 단계만 넘어가면 시간-공간-물리적 세계가 창조되기 전부터 있었을 이'분'이 그 세계 안에 매이지 않고 지배를 받지도 않는다는 결론에 이르게 된다.

몇몇 다른 이야기의 신들이 이미 존재하던 재료로 사물을 만들어 낸 것과 달리, 하나님이 모든 것을 무에서 만드셨다면 그분이 대단히 강력하고 지혜롭다는 뜻이다. 그렇다면 이상한 일처럼 들릴 수도 있지만, 물이 포도주로 변하거나 눈먼 사람이 앞을 보거나 해가 하루 동안 멈출 가능성이 얼마나 될까? 만약 그가 원한다면 말이다.

여기서 작동하는 원리는 단순하다. 올림픽에서 역도 금메달을 딴 사람에게 상자를 위층으로 올려 달라고 부탁하면 너끈히 해낼 것이다. 내가 지금 무슨 말을 하려는지 당신은 알아챘을 것이다. 하나님이 온 우주를 순식간에 창조하셨다면(이제 우리는 그 일이 실제로 일어난 일일 수 있음을 안다), 다른 어떤 범상한 일도 그에 비하면 상당히 쉬울 것이다.

그래서 기독교 이야기에서는 다른 세계에서는 이치에 맞지 않지만 이 이야기에는 잘 들어맞는 일들(즉각적인 치유, 명령을 받고 갈라지는 바닷물, 기적적으로 양이 늘어난 떡과 물고기, 심지어 죽었다가 살아난 사람들)이 등장한다. 이 이야기에서는 세상의 체계가 그 주인에게 복종한다. 창조주가 물질을 통제하는 것이지 그 반대가 아니다.

08

물질-주의 Matter-Ism

기독교적 견해에 따르면, 하나님과 세계—정신과 물질—는 서로 다른 종류의 실체다. 둘 다 실재한다. 1번(하나님)이 2번(다른 모든 것)을 만들었고 다스린다. 이제부터 만나게 될, 기독교와 경쟁하는 두 가지 이야기에 비추어 이 부분을 분명히 하는 것이 중요하다.

첫 번째 이야기에 따르면, 물질이 존재하는 전부다. 자연법칙의 지배를 받아 움직이는 물리적 사물만이 실재하는 유일한 것이다. 이 견해가 대단히 현대적이고 신식으로 들리지만, 실제로는 아주 오래되었다. 그런 것들에 대해 궁금해 했던 최초의 사람들이 수천 년 전부터 하던 주장이다.

'모든 것이 물질'이라는 이야기는 이렇게 시작된다. "태초에 입자들이 있었다." 한 유명인은 이것을 이렇게 묘사했다. "우주는 존재하거나 존재했거나 앞으로 존재할 전부다."[1] 이 이야기는 여기서 시작하고 여기서 끝난다. 그 이상의 다른 것이 없기 때문이다. 하나님은 없다. 영혼도 없다. 천국도 지옥도 없다. 기적도 없다. 초월적 도덕도 없다. 오직 자연법칙의 패턴에 따라 움직이는 입자들이 있을 뿐이다.

이런 견해를 '물질-주의'(matter-ism)라고 부를 수 있는데, 대개는 '유물론'(materialism)이라고 말한다. 물리주의나 자연주의라고도 하는데, 자연법칙에 따라 이리저리 밀리고 당겨지는 물리적 대상을 포함하기 때문이다. 엄밀히 말해서 이 세 용어는 동의어가 아니지만, 우리 논의에서는 같은 의미로 사용해도 무방하다.

물론 물질-주의 이야기는 기독교 이야기와 다르다. 실재에 관한 또 다른 이야기다. 기독교 이야기와 같은 조각도 일부 갖고 있지만, 그 밖의 다른 여러 조각을 배제하기 때문에 최종 그림은 전혀 다르다. 대부분의 무신론자, 대부분의 '회의론자', 대부분의 인본주의자, 대부분의 마르크스주의자는 물질-주의를 사실로 믿는다. 많은 비-무신론자 또한 입으로는 다른 것을 믿는다고 말하면서도 이 이야기가 사실인 것처럼 행동한다.

많은 이들이 물질-주의를 믿는 것이 합리적이라고 생각한다. 우리가 인식하는 수많은 것들이 물리적이기 때문이다. 우리가 볼 수 있는 것, 만질 수 있는 것, 듣거나 맛보거나 냄새 맡을 수 있는 모든 것이 그렇다. 이것이 세상의 모습에 대해 우리가 받는 일차적이고 가장 강력한 인상이다.

하지만 뭔가 빠진 게 있지 않은가?

내가 물질-주의 이야기에는 물질 이상의 것이 없고 여기서 이야기가 끝난다고 말한 것은 이 설명을 믿는 이들이 중요하게 여기는 세부 내용이 없다는 의미가 아니다. 그로부터 심오하고 의미심장한 것이 나오기가 어렵다는 뜻이다. 결국, 세상이 정신이 없는 물질의 움직임에 불과하다면, 우리는 어떤 결론에 이르게 될까?[2]

물질-주의 견해를 신봉하는 일부 사상가는 이 점에 대해 상당히 솔직했다. 누군가는 그런 표현을 했다. "생명 역사의 모든 객관적 현상들은 순전히 자연주의적 또는 유물론적 요인들로 설명될 수 있다는 것이 이미 밝혀졌다.……그러므로 인류는 그를 염두에 두지 않았던 목적 없는 자연적 과정의 결과물이다."[3]

그다음 표현은 물질-주의를 유려하게 옹호하는 리처드 도킨스의 표현답게 좀 더 유려하지만 주장하는 내용은 정확히 똑같다.

맹목적인 물리적 힘들과 유전자 복제가 지배하는 우주에서, 상처를 받는 사람들도 있을 것이고 운이 좋은 사람들도 있을 것이다. 그러나 거기에서 어떤 까닭도 이유도, 정의도 발견하지 못할 것이다. 우리가 목격하는 우주는 근본적으로 어떤 설계도, 목적도, 선악도 없는 곳에서 기대할 만한 특성들을 정확히 갖추고 있다. 오로지 맹목적이고 무자비한 무관심뿐이다.[4]

17세기의 철학자 토마스 홉스는 이 견해를 거칠게 요약한 것으로 유명하다. 그는 규제받지 않은 자연 상태의 삶이 "고독하고 가난하고 험악하고 잔인하고 짧다"고 했다. 이빨과 발톱이 피로 물든 자연을 생각하면 되겠다. 어느 재치 있는 사람의 이 말은 어떤가. "자연에는 십계명이 아니라 하나의 계명만 존재한다. 먹어라, 아니면 먹히리라."[5]

만약 물질-주의가 사실이라면 그들의 말도 옳을 것이다. 하지만 이 견해를 내세우는 많은 이들—대부분, 이라고 감히 말하련다—은 그 온전한 파괴력을 느껴 보지 못했다. 이제 물질-주의의 여러 난점 중 하나를 소개하겠다.

우리 모두 세상이 뭔가 끔찍하게 잘못되었음을 안다. 우리는 그것을 '악의 문제'라고 부른다. 그러나 그 말이 성립하려면 세상이 존재하는 올바른 방식이 있어야만 한다. 그리고 그런 올바른 존재 방식이 있으려면 세상이 어떤 목적을 위해 만들어졌으나 어떤 이유에서든 그 목적이 달성되지 않고 있어야만 한다. 그러나 우리가 "[우리를] 염두에 두지 않은, 목적 없고 자연적인 과정"에 의해서만 움직인다면, "계획도, 목적도, 선악도 존재하지 않는"다면, 결국 삶이란 "고독하고 가난하고 험악하고 잔인하고 짧은" 것에 불과하다면, "목적"과 "잘못된 상황"을 이해하기 어렵다.

분명히, 물질-주의에는 정신도, 우주적 힘도, 계획도, '목적'도 없다. 내가 여기서 '목적'을 따옴표로 강조한 이유는 궁극적 목적, 장엄한 목적, 다시 말해 단순한 개인적 계획을 넘어서는 목적이기 때문이다.

물론, 누구나 스스로 거창하다고 생각하는, 사적이고 개인적인 목적을 내세울 수 있다. 그러나 아무리 그래 봐야, 그 목적은 자신의 이익을 결코 넘어서지 못한다(그들의 개인적 목적이 아무리 고상하게 들린다 해도). 물질-주의에서는 궁극적 목적이 존재하지 않기 때문이다.

사람들이 자기 나름의 목적을 만들어 내면, 어떤 개별 목적이 다른 어떤 개별 목적보다 낫다고 말할 수 없는, 무한한 다양성으로 가는 문이 열리게 된다. 그렇게 되면, 사회복지사 메건이 주식중개인 로버트나 (끔찍한 말이지만) 성노예 무역상 드레이크보다 나은 목적을 가지고 있다고 말할 수 없을 것이다. 누군가의 목적이 다른 이의 목적보다 낫다고 말하려면 여러 목적을 측정하는 기준이 될 만한 궁극적 목적이 있어야 한다. 그러나 물질-주의에서는 그런 기준이 존재하지 않는다.

그렇다면 이 견해를 진지하게 받아들이는 사람들이—그들이 가혹할 만큼 정직할 경우에—결국 허무감에 사로잡혀 괴롭더라도 놀라서는 안 된다. 이 견해를 논리적이고 합당한 결론까지 밀어붙이면 결국 삶은 궁극적으로 텅 비어 있고 무의미하고 목적도 없고 차갑고 공허한 것이 된다. 철학자들은 이것을 '니힐리즘'(nihilism)이라고 부르는데, '무(無)-주의'(nothing-ism)라는 뜻이다. 누군가가 자신과 타인에 대해서 '무-주의'를 진심으로 믿기 시작하면, 나쁜 일들이 일어나게 된다.

이상의 몇 가지 이유로 나는 물질-주의가 (그것을 통째로 받아들이면) 실재를 제대로 보여 주는 그림이 될 수 없다고 생각한다.

09

정신-주의 Mind-Ism

지난 장에서는 서로 대립하는 이야기 중 첫 번째인 '물질-주의'를 살펴보았다. 두 번째도 오래된 이야기다. 이 견해에서는 물질이 아닌 정신—신적 정신(또는 '신적 존재'라고 말할 사람도 있겠다)—만이 존재한다. 이 이야기는 "태초에 정신이 있었다"로 시작하고, 그 이상은 아무것도 없기에 거기서 끝난다. "그 이상은 아무것도 없다"는 말은 문자적으로 그렇다는 말이다.

이 이야기에 따르면 '신'(神)은 실재하는 유일하고 단일한 것이며, 정신으로서의 신은 완전하고 나뉘지 않는 단일체로 존재한다. 여기서 말하는 신은 기독교 이야기에 등장하는 인격적 하나님이 아니다(그래서 나는 그것을 '것'이라고 부른다). 우주적 정신이 유일한 것이기에 그 정신이 모든 것에 스며 있다는 뜻이다. 이 이야기 속의 신은 모든 것—사람, 동물, 자연, 우주—**안에** 있다. 그는 모든 **것이기** 때문이다.

누군가가 이 견해를 "범-만물주의"라고 불렀는데, 이 견해를 가리키는 대중적 단어인 "범신론"에 대한 풍자다.[1] 공식적으로는 '일원론'(monism)—'하나-주의'라는 뜻이다—이라고 하지만, 이 책에서는 '정신-주의'라고 부를 것이다. 유일하게 존재하는 한 가지가 정신이라는 점을 기억하기 위해서다.

이 견해에는 여러 변형이 있다. 힌두교 일부 학파와 또 다른 동양 종교들은 세상에 대한 이런 식의 일반적 그림을 옹호한다. 독자가 그 종교들에 관심이 많다면, "만물은 하나다" 또는 "브라흐만(신)이 아트만(자아)이고, 아트만이 브라흐만이다" 같은 어구로 표현된 '만물이 신'이라는 견해를 들어 보았을 것이다.

이 실재상은 '뉴에이지'(New Age, 실제로는 전혀 새롭지 않다)로 알려진 사상의 중심이기도 하다. 환경주의(environmentalism)는 암묵적으로 '만물이 신'이라는 견해를 표방하는데, 범신론은 자연을 신성시하는 경향이 있기 때문이다.[2]

이 이야기는 매우 인기가 있어서(할리우드 사람들이 특히 매력을 느끼는 듯하다), 정확히 무엇을 말하는지를 분명히 알아 둘 필요가 있다.

첫째, 이미 살펴본 대로 이 이야기는 인간을 포함한 모든 것을 신이라고 말한다. 처음에는 이 생각이 우리가 상당히 중요한 존재라는 느낌을 주기 때문에 강한 호소력을 발휘한다. 이 견해의 뉴에이지 버전으로 성공한 책 『시크릿』에서 가져온 다음 같은 극적인 진술을 보라.

> 당신은 신체를 입은 신이다. 육체를 덧입은 영이다. 영생의 자기 표현이다. 당신은 우주적 존재다. 충만한 능력이다. 충만한 지혜다. 충만한 지성이다. 당신은 완전함이다. 위엄이다. 당신은 창조자이며, 이 행성에서 당신의 세계를 창조하고 있다.[3]

대단하다. 당신은 자신이 인간의 형상을 한 신인 줄 몰랐을 것이다. 그러나 '정신-주의'에 따르면 당신은 어느 정도('어느 정도'에 해당하는 부분은 조금 후에 설명하겠다) 그런 존재다. 자신이 신이라는 사실을 당신이 깨닫지 못하는 이유는 잊어버렸기 때문이다. 그래서 『시크릿』 같은 책들을 읽어서 그 사실을 상기할 필요가 있다는 것이다. 인간은 신이며, 일시적으로 자신의 존재를 잊어버렸지만 적절한 가르침을 받으면 신성을 온전히 경험하는 상태로 회복될 수 있다.

둘째, 깨달음으로 가는 많은 길 중에서 하나를 선택하여 깨달음의 상태로 돌아갈 수 있다. 각 개인은 자신만의 길을 선택할 자유가 있고, 어떤 영적 길이라도 제대로 추구하기만 하면 결국 궁극적 목적지—'당신'(아트만[我])을 해방시켜 우주적 신(브라흐만[梵]) 안에 잠기는 상태—에 이르게 된다.

내가 "결국"이라고 말한 이유는 이 과제를 단 한 번의 일생으로 성취할 것을 기대할 수 있는 사람은 없기 때문이다. 깨달음에 이르려면 많은 생애가 필요하다. 깨달음은 정신-주의가 말하는 일종의 천국이다. 그것은 궁극적 지복(至福)의 최종 목적지이기 때문이다. 하지만 천국이라는 용어를 사용하지는 않을 것이다. 깨달음의 상태는 기독교에서 말하는 천국과 완전히 달라서 둘을 같은 이름으로 부르면 오해의 소지가 생기기 때문이다.

정신-주의에서 모든 출생은 재탄생이기 때문에 어떤 의미에서는 모두가 수없이 "다시 태어난다." 자아(어떤 형태의)가 수천수만 번의 전생(정확히 말하면 '환생')을 통해 거듭거듭 새 몸을 입는다. 마침내 아트만이 카르마(Karma, 업[業], 과거 행동들의 결과들)를 떨치고 한 방울의 물이 대양 속으로 사라지듯 신에게로 사라질 때까지.[4]

여러 다른 길이 결국 사람을 산의 정상으로 이끌어 준다는 정신-주의의 본질적 유연성은 '편협한' 종교들, 특히 기독교에 불쾌감을 느끼는 사람들에게 호소력을 발휘한다. 정신-주의는 처음 대할 때 상쾌한 느낌을 받을 만큼 품이 넓은 것 같다.

하지만 겉모습에 말려들면 안 된다. 정신-주의를 포함해서 현실을 바라보는 모든 시각은 근본적인 차원에서 편협하다. 여기에서 벗어날 길은 없다. '모든 것이 신'이라는 견해도 다른 모든 종교와 마찬가지로 모든 경쟁적 입장을 배제하는 실재상을 큰 틀로 제시하기 때문이다. 세계의 모습에 대한 정신-주의의 주장이 옳다면, 다른 이들의 주장은 틀렸다는 말이 된다. 예를 들어, 정신-주의가 사실이라면, 예수가 제시한 모든 가르침은 틀렸다는 말이 된다. 모하메드도 그렇고, 모세도 마찬가지다. 다시 말하지만, 여기에는 어떤 편견도 없고 간단한 산수만 있을 뿐이다.

그러나 이제 우리는 갈림길에 이르렀다. 모든 것이 신이라는 견해는 살짝 다른 두 방향으로 나뉘기 때문이다. 고전적 힌두교가 한쪽 길로 이어지고, 뉴에이지가 다른 길로 이끈다.

일부 형태의 힌두교에서 당신은 정말 신이다. 그런데 아주 실질적인 의미에서 당신은 더 이상 **당신**이 아니다. 그래서 좀 전에 나는 당신이 "인간의 형상을 입은 신이다……어느 정도는"이라고 말한 것이다. 사물은 겉보기와 다르다. 좀 더 정확히 말하면, 눈에 보이는 사물은 사실 사물이라고 할 수도 없다. **단 한 가지**, 비인격적 신만이 실재한다. 다른 모든 것은 '마야'라 불리는 환상이다.

이 부분을 이해하기 어렵다면, 이렇게 생각해 보라. 밤에 까무룩 잠이 들 때 머릿속에서 춤추는 개별 이미지들─꿈에 나오는 사람, 장소, 물체, 사건─은 당신 **바깥** 세계에 존재하는 구별된 파편이나 조각이 아니라 당신 마음 **안에** 머물러 있는 상상력이 투사된 것이다. 꿈속에서는 그것이 진짜처럼 보일 수 있지만, 깨어나면 그렇지 않다는 것을 알게 된다.

정신-주의에서는 세상이 이와 같다─신의 마음속에 있는 일종의 꿈이다. 이것이 완벽한 비유가 아니라도, 일반적 개념을 파악하는 데는 도움이 될 것이다. 신만이 실재하고 나머지는 상상에 불과하다. 정신-주의는 우리가 "꿈에서 깨어나" 깨달음을 얻으면 이 사실을 알게 된다고 말한다. 신과 구별되는 개별적이고 독자적인 상태라는 일체의 겉모습은 기만적 환상이다.

이 지점에서 당신은 약간 속은 느낌을 받을 수 있는데, 나는 그 이유를 알 것 같다. 우리 각 사람이 신이라는 말이 처음에는 매력적으로 들렸는데, 이제 좀 공허해 보이기 시작한 탓이다.

모든 것이 신이기 때문에 당신도 신이다. 그러나 온갖 종류의 짐승도 신으로 존중이나 숭배를 받는다. 인도에서는 소가 그렇고, 뱀, 심지어 곤충들까지 숭배의 대상이다. 모든 것이 하나고, 하나가 모든 것이다. 모든 것이 **똑같이** 신이고 신일 **따름**이다. (아주 이상하게 들리겠지만) 어떤 것도 눈에 보이는 그 자체가 아니기 때문이다. 그것은 환상이다. 더 노골적으로, 그리고 더 고통스럽게 말하면, **당신**은 환상이다.

기억하자. 정신-주의에서 신은 나뉘지 않는 **단일체**―하나됨―다. 결국 개별적 **사물**은 존재하지 않는다. 그리고 이것이 사실이라면, 특수하고 개별적으로 보이는 모든 것은, 심지어 당신까지도 환상(maya)에 불과하다. 사정이 이렇다 보니, 처음에 의미심장하게 다가왔던 내용이 빛을 잃고 만다.

하지만 보다 낙관적이고 따라서 더 호소력 있는 선택지가 있다. 뉴에이지 사상에서 개인은 무(無)가 아니다. 그는 전부다.[5] 『시크릿』의 저자가 책의 끝부분에서 우리의 공통된 신성에 보내는 찬사를 들어 보라.

지구는 당신을 위해 궤도를 돈다. 대양은 당신을 위해 밀려왔다 밀려간다. 새들은 당신을 위해 노래한다. 해는 당신을 위해 뜨고 진다. 별들은 당신을 위해 모습을 드러낸다. 당신이 보는 모든 아름다운 것, 당신이 경험하는 모든 놀라운 것은 전부 당신을 위해 거기 있다. 주위를 둘러보라. 당신 없이는 그 어떤 것도 존재할 수 없다. 그동안 당신이 자신을 누구라고 생각했건, 이제는 자신이 정말 누구인지 진실을 안다. 당신은 우주의 주인이다. 신의 나라의 상속자다. 생명의 완성이다. 그리고 이제 당신은 비밀을 안다.[6]

우주의 주인? 신의 나라의 상속자? 생명의 완성? 그렇다. 이쪽이 훨씬 낫다. 고전적 힌두교가 말하는 망상으로의 추락보다 개선되었다. 왜 수많은 미국인이 이 선택지를 선호하는지 분명해진다. 개인의 자유와 인격적 자긍심을 한껏 키워주기 때문이다(다시 말하지만 결국 당신이 신이다). 신(당신 말이다)은 누구에게도 설명할 의무가 없고 개인적 책임의 부담도 없다. 이보다 더 큰 자유가 어디 있겠는가?

뉴에이지 정신-주의는 "영적이지만 종교와는 거리를 두는"

선택지의 궁극적 형태다. 일종의 신비적 영성을 헐값에 약속하고, 어깨너머로 당신을 지켜보며 잔치를 망치는 거북한 신적 존재의 부담은 덜어 준다. C. S. 루이스는 이런 입장을 "종교의 감동은 전부 누리면서 그 대가는 하나도 치르지 않으려 한다"는 말로 표현했다.[7]

그러나 예상을 못 했을 수도 있지만, 신성에는 대가가 따른다. 뉴에이지 정신-주의에 따르면, 당신은 자기 운명의 주인이기 때문에, 당신에게 닥치는 어떤 불행도—어떤 고뇌, 어떤 재난, 어떤 종류의 비극도—오롯이 당신 탓이다. 당신은 자기 현실에 책임이 있다(결국, 당신이 신이니까). 당신을 문책할 수 있는 더 높은 존재가 없다는 것은 좋다. 그러나 삶이 어려워질 때 도움을 청할 더 높은 존재도 없다는 뜻이다. 당신이 도움을 호소할 더 큰 존재가 없다. 당신 외에는 누구도 없기 때문이다. 당신이 책임자이지만, 혼자이고 철저히 홀로서기를 해야 한다. 이것이 신이 됨으로써 지불해야 할 대가다.

뉴에이지 버전의 정신-주의에는 이 외에도 교묘한 부분이 있는데, 많은 이들이 이것을 놓치고 있다. 이것을 발견했을 때 나는 너무 놀랐고 마음이 좋지 않았다. 그래서 독자에게도 이에 대해 사전에 경고하고자 한다.

이 견해를 가르치는 이들의 말과 글을 듣고 읽다 보면 그리스도인에게 친숙한 단어와 표현을 많이 접하게 된다. 이들은 툭 하면 "그리스도", "당신 안에 있는 하나님 나라", "영생", "길과 진리와 생명", "스스로 있는 자" 같은 말을 한다. 예수라는 이름도 많이 등장하고 성경의 인용문도 많이 접하게 될 것이다.

어떤 이들은 기독교 이야기가 정말 가리키는 바가 바로 뉴에이지 이야기인데 그리스도인들이 그것을 오해했다고 말한다. 참으로 놀라운 대목이다. 그들은 예수 본인이 뉴에이지 구루였으며, 우리가 예수를 율법을 지키는 히브리 선지자로 오해했다고 말한다. 예수는 줄곧 힌두교도였건만, 우리가 몰라봤다는 것이다.

이제 경고 들어간다. 뉴에이지 이야기는 기독교 이야기와 다르다. 뉴에이지 이야기는 기독교 이야기의 조각들을 억지로 끼워 넣어 거기가 원래 자리인 것처럼 보이게 만들었지만, 사실은 전혀 다른 실재상이다. 그 결과, 그리스도인으로 자처하는 많은 이들이 자신도 모르게 뉴에이지 이야기 안에 머무는 사고가 발생한다. 그들이 기독교 이야기를 온전히 이해하지 못하기 때문에 벌어지는 일이다.

이 부분에 대한 일체의 혼란을 제거하기 위해 짤막한 퀴즈를 내보겠다. 기독교 이야기에서, 우주의 창조주와 보존자는 누구인가? 누가 우주의 주, 주인인가? 누가 전능한가? 누가 우주의 중심인가? 이 모든 질문의 답은 물론 하나님이다. 피조세계와 완전히 구분되는 하나님이다.

그에 반해, 뉴에이지의 이야기에서는 누가 우주의 창조자이자 보존자인가? 누가 우주의 주, 주인인가? 누가 전능한 존재인가? 뉴에이지가 제시하는 답은 당신이다. 그래서 당신은 우주의 중심이기도 하다.

뉴에이지 이야기와 기독교 이야기의 극적인 차이를 알겠는가? 둘은 전혀 다른 이야기다. 둘은 결정적인 대목에서 정반대다. 그렇다, 뉴에이지 이야기는 기독교라는 직소 퍼즐의 조각들을 사용한다. 그러나 여기에는 오해의 소지가 있다. 뉴에이지 정신-주의가 그리는 현실—그것이 들려주는 최후의 이야기—은 기독교와 전혀 다르다.

기독교 이야기에서 하나님은 세상을 만드셨고 우리는 그분의 백성이다. 어떤 사람들은 이것 때문에 불편해 한다. 그들의 심정이 이해가 된다. 그래서 정신-주의 이야기가 매력적으로 보이기도 한다. 그 이야기에서는 신과 세계가 동일—당신이 신의 일부라는 뜻이다—하고, 이 견해의 한 형태에 따르면 당신이 바로 당신의 세계를 계속 만들어 가는 '신'이기 때문이다. 그러나 어떤 이야기가 매력적이라는 것과 그 이야기가 사실이라는 것은 전혀 다른 문제다. 이 점을 절대 잊어선 안 된다.

정신-주의를 한마디로 요약하면 자아는 무 아니면 전부(신)라는 것이다.

그러면 당신은 정신-주의 견해를 어떻게 생각하는가? 그것이 마음에 드는지 아닌지를 묻는 것이 아니다. 우리의 호불호와 상관없이 장기적으로 보면 선하지도 참되지도 않은 것들이 많기 때문이다. 외식을 하거나 집을 꾸미거나 애완견의 이름을 짓는 상황이라면, 어떤 것이 좋으냐고 묻는 것이 타당할 것이다. 하지만 참된 실재의 이야기를 찾아내는 데 있어서는 우리의 호불호를 접어 두고 다른 질문을 해야 한다.

분명히 해두고 싶은 것이 있다. 나는 지금 당신이 어떻게 **느끼는지**가 아니라 당신이 어떻게 **생각하는지**를 묻고 있다. 이 질문에 답하기 위해서는 잠시 머리를 쓰고 생각을 좀 해야 한다.

진짜 세계가 정신으로 시작해 정신으로 끝난다면, 그 외의 다른 것은 실제로 존재하지 않는다면, 정신—아니면 존재—이 완전한 단일체고 그와 구별되는 다른 어떤 것도 없다면, 어떤 결론이 따라올까? 이 부분을 신중하게 생각해서 내릴 수 있는 결론은 하나밖에 없다.

그 결론은 악의 문제가 있을 수 없다는 것이다. 심지어 원칙적으로도 말이다. 이 말이 이상하게 들리겠지만, 지금 세상의 모습은 전혀 잘못된 것이 아니다. 모든 것은 그냥 존재할 뿐이다. 존재하는 모든 것은 모든 순간에 완벽하다. 이 견해를 지지하는 유명인물의 표현을 빌리면 "모든 것이 제대로 된 상태다."[8]

그럴 수밖에 없지 않은가? 세상이 끔찍하게 잘못될 수 있으려면 애초에 끔찍하게 잘못된 것과 완벽하게 올바른 것 사이에 차이가 있어야 한다. 하지만 정신-주의에서는 도덕이 마야, 곧 환상이다.

선과 악이 환상이라면, 용서나 자비나 은혜나 심지어 사랑은 어떻게 되는 것일까? 그 모두는 설 자리가 없어진다. 카르마의 요구는 완강하고 바꿀 수 없다. 모든 생명체는 응분의 몫을 받아야 한다. 모든 '죄'는 그 대가를 치러야 하고, 우리가 경험하는 고통은 받아 마땅한 고통이다. 그리고 그것조차도 결국은 마야다.

이것이 옳은 주장 같은가? 세상이 언제나 제대로 된 상태 같은가? 아니면 뭔가 끔찍하게 잘못되었고 세상—그리고 세상 속 사람들, 당신과 나—이 아주 심오한 방식으로 제대로 망가진 것처럼 보이는가?

나는 이것이 정신-주의를 진지하게 받아들이기 어렵게 만드는 가장 큰 문제라고 생각한다. 물질-주의를 진지하게 받아들이기 어려운 이유도 이와 같다. 둘 다 인류의 가장 긴급한 문제인 악의 존재를 이해할 수 없게 만든다.

이제 내가 정신-주의 이야기가 형태를 막론하고 적절하지 않다고 생각하는 이유를 이해했을 것이다. 간단히 말해, 나는 정신-주의가 틀렸다고 생각할 만한 정당한 근거가 있다. 그것은 세상의 실제 모습(망가지고 괴로움에 처한)과 맞지 않는 것처럼 보인다. 반면, 정신-주의가 사실이라고 생각할 만한 근거는 없다. 두 가지 모두 정신-주의에 불리한 강력한 특징이다.

선택지

"우리는 왜 여기에 있는가?" 하는 질문에 세 가지 주요 답변이 있다. 우리의 선택지를 이렇게 정리하면 가장 쉬울 것 같다. 첫째, 이 모든 것 배후에 **누군가**가 있다(하나님-주의). 인격적 절대 정신인 그는 다른 정신들을 포함한 비물질적인 것들과 물질적인 것들로 이루어진 세계를 창조했고 정당하게 다스린다. 둘째, 이 모든 것 배후에 그 **무엇**이 존재하며(정신-주의) 그 안에서는 다른 정신들을 포함한 비물질적인 것들과 물질적인 것들이 모두 환상이다. 셋째, 이 모든 것 배후에는 **누구**도 **무엇**도 없다(물질-주의). 물리적인 것들로 이루어진 물질적 우주만 있을 뿐, 상황을 복잡하게 만드는 다른 어떤 정신도, 보이지 않는 비물질적인 것들도 없다.

어떤 이야기가 가장 이치에 맞는다고 생각하는가? 당신이 놓치지 말았으면 하는, 앞서 언급한 중요한 실마리가 여기 있다.

앞에서 나는 세상이 제대로 된 상태가 아니라는 데 거의 모두가 동의한다고 말했다. 세상은 지금보다 훨씬 더 좋아져야 마땅하다. 그러나 곰곰이 생각해 보면, 물질-주의를 믿을 경우 세상이 더 좋아져야 한다고 생각하는 것은 아주 이상한 일이 된다. 그런 생각이 가능하려면 아직 실현되지 않고 있는 목적이 있다고 전제해야 하기 때문이다. 하지만 물질로만 채워진 세계에서 그런 목적은 존재할 수 없다. 물질-주의는 사실을 말하는 것 같지 않다.

또, 하나의 정신만으로 채워진 세계에서 악은 도저히 끼워 맞출 수 없는 퍼즐 조각이다. 정신은 중심 무대인 동시에 무대 전체이기 때문이다. 정신-주의에서는 단일하고 완전하며 나뉘지 않는 단일체만 존재하기에, 모든 궁극적 구분─선악의 구분조차─은 결국 환상이 되어 버린다. 세상이 올바르지 않은 것이 아니다. 정신-주의에서는 모든 것이 이미 제대로 된 모습을 고스란히 갖추고 있고 언제나 그럴 것이다. 그러나 이것 또한 사실을 말하는 것 같지 않다.

물질-주의도 정신-주의도 세상이 올바른 상태가 아니라는 우리의 깊은 우려에 답을 제시하지 않는다. 설상가상으로, 두 이야기에서는 그 질문을 던지는 것 자체가 이치에 맞지 않는다. 두 이야기의 원리를 일관성 있게 따르려면 그 문제는 제기할 수조차 없다. 그러나 우리의 실생활에서는 그 문제가 늘 제기된다. 무시할 수 없는 난점이다.

자, 우리 직소 퍼즐의 첫 번째 조각은 하나님이다. 기독교 이야기는 아무것도 없는 데서 모든 것을 창조하신 그분에 관한 이야기다. 그분은 자신이 만든 모든 것—그분의 왕국—을 다스리는 적법한 통치자시다. 당신과 나는 그분의 적법한 백성이다. 우리는 그분과 친구가 되도록 만들어진 그분의 귀한 소유다.

하나님은 고귀한 의도를 가지고 창조하시기 때문에, 모든 것과 모든 사람에게는 목적—합당한 목표—이 있다. 하나님이 만드신 모든 것, 하나님이 그것을 만드신 모든 방식은 원래 있어야 할 바로 그 모습이었다. 그분은 선한 것, 참된 것, 아름다운 것들을 창조하셨고 우리가 상상할 수 있는 가장 놀라운 존재시다. 그분보다 더 크거나 고결하거나 더 덕이 많거나 더 경이로운 존재는 없다.

그러나 그분은 선하시지만 안전하지 않다.[1] 이 사실을 결코 잊어서는 안 된다. 하나님이 절대적으로 선한 분이라면 동시에 절대적으로 위험한 분이 되고 만다. 그분 앞에서 안전한 존재는 그분처럼 선한 사람뿐이기 때문이다.

하나님
인간
예수
십자가
부활

2부

인간의 가치는 그 자체에 있다.
우리는 살아가면서
이 가치를 획득하는 것이 아니고,
살아가다 그것을 잃어버릴 수도 없다.
당신과 내가 가진 가치는 우리 안에
내장되어 있다.
그것은 우리가 존재하기 시작할 때부터
우리와 함께 있고, 우리가 어디를 가든지,
어떤 "모양"을 하든지 늘 따라다닌다.

아름다운

이제 기독교 이야기의 또 다른 등장인물을 소개할 때가 되었다. 그를 하나님 다음으로 소개하는 이유는 하나님 다음으로 중요한 인격이기 때문이다. 기독교 이야기는 인간의 창조를 소개하는 데 한 장을 통째로 할애한다.

인간에 대해 생각할 때 두 가지를 꼭 기억해야 한다. 인간과 인간을 둘러싼 상황을 생각해 보면, 그 두 가지가 무엇인지는 금세 드러난다. 어떤 면에서 인간은 창조된 세계의 다른 모든 것과 아주 비슷하며, 또 어떤 면에서는 창조된 세계의 다른 모든 것과 완전히 다르다.[1]

인간은 보이는 우주 안에 있는 다른 모든 것과 마찬가지로 물리적 재료로 만들어졌다. 인간은 육체를 가지고 있는, 다시 말해 한계를 가진 피조물이다. 철학자들은 인간을 '우연적이며 의존적인' 존재라고 말하는데, 그 말의 의미가 바로 이것이다. 인간은 존재와 생존과 행복을 위해 다른 것들에 의존해야 한다.

달리 표현하면, 인간은 작은 신이 아니다. 나는 이 점을 강하게 지적하고 싶다. 이 점에 대해 누구도 헷갈리는 일이 없었으면 하기 때문이다. 기독교 이야기에서 인간은 초자연적 존재로 출발하지 않았고, 초자연적 존재로 끝나지도 않을 것이다. 인간과 인간의 능력에는 마법적이거나 기적적인 요소가 전혀 없다. 우리는 처음부터 피조물이었고 언제나 피조물일 것이다. 우리는 우주의 중심이 아니다. 육체를 입은 신이 아니다. 우리는 충만한 능력이나 충만한 지혜나 충만한 지성이 아니다. 오히려 정반대로, 하나님에게 우리의 존재를 의존하고 빚지고 있다. 그분은 티끌로 우리를 만드셨고, 매 순간 우리를 붙드시고, 우리가 마지막 숨을 내쉴 때 우리의 육체를 티끌로 돌아가게 하신다. 우리가 피조물이라는 사실을 절대 잊지 말자.

그렇다고 우리가 특별하지 않다는 의미는 아니다. 하나님과 비교할 수는 없지만 사실 우리는 세상에서 가장 놀라운 피조물이다. 따라서 우리는 기독교 이야기가 말하는 대로 "창조주 대신에 피조물을 숭배하고 섬"기지 않도록 주의해야 한다.[2] 우리 자신을 신으로 여기는 것은 우리를 기독교 이야기의 중심으로 만드는 한 가지 방법이다. 그러나 하나님이 계시고, 우리는 하나님이 아니다. 그러니 그분을 왕좌에서 몰아내고 우리가 그 자리를 차지하는 것은 어리석고 위험한 일이다.

인간은 작은 신이 아니지만, 그렇다고 쓰레기도 아니다. 자신을 쓰레기로 생각하는 것은 사람들이 저지르는 또 다른 실수다. 그들은 한 가지 극단에서 또 다른 극단으로 치우친다. 우리가 신이 아니라면 아무것도 아닌 것이 분명하다고 생각한다. 톱니바퀴의 톱니, 우주라는 기계의 조각들에 불과하다는 것이다.

그러나 그것이 전부는 아니다. 피조물로서 우리가 갖는 또 다른 특징이 있다. 그 자체로는 특별히 놀라울 것이 없지만, 그것으로 인해 우리는 피조계의 다른 어떤 것과도 완전히 다른 존재가 된다.

인간에게는 육체 이상의 것이 있다. 물론 인간은 물리적 재료로 이루어져 있다. 그러나 비물리적 재료로도 이루어져 있다. 보이지 않는 자아, 영혼이다. 내가 볼 때 이것은 명백하고, 이 문제를 깊이 생각해 본 대부분의 사람에게도 명백한 사실이지 싶다. 그러나 특히 물질-주의를 받아들인 많은 이들은 영혼이 실재한다는 사실을 부인한다. 이 견해는 인간이 육체 이상의 존재라는 사실을 부인하며, 앞서 언급한 니힐리즘, '무(無)-주의'로 이어지기도 한다. 인간이 아무 목적 없이 그냥 존재하기만 하는 거대한 기계의 부품일 뿐이라면, 그들의 주장에 일리가 있을 것이다. 하지만 기독교 이야기에서 인간은 기계가 아니라 인간의 영혼과 연합한 인간의 몸이다. 인간의 영혼은 물리적 육체에 생명과 움직임과 방향을 제공한다.

하지만 영혼 자체가 다른 피조물과 인간을 다른 존재로 만들어 주는 것은 아니다. 모든 지각 있는 생물(sentient creature, 의식이 있거나 인식이 있거나 생각하거나 느끼는 모든 것)도 영혼을 갖고 있다. 이 말이 놀랍게 들릴지 모르겠지만, 이것은 기독교 이야기가 가르치는 바이며,[3] 기독교 이야기를 믿는 이들이 수천 년 동안 믿어 온 내용이다. 인간이 동물과 다른 것은 영혼을 **가졌기** 때문이 아니다. 인간이 특별한 이유는 인간에게 있는 영혼의 **종류** 때문이다.

凵

이쯤에서 어떻게 논의를 진행할지 설명이 필요할 것 같다. 우선,

나는 인간에 대해 당신이 이미 알고 있지만 많이 생각해 보지 않았을 내용을 말하고 싶다. 너무 뻔한 것일수록 놓치기가 쉬운 데 이것도 마찬가지다. 이것이 우리 이야기의 중심이다. 인간됨의 기본이 되는 내용이기 때문에 자신의 이야기가 실재를 정확하게 보여 준다고 주장하려면 이것을 설명해야만 한다. 그 내용은 인간으로서의 인간, 다시 말해 처음부터 존재해 온 인간, 인간 안에 있는 인간, 본질적 본성을 가진 인간이 경이롭다는 점이다. 인간됨에는 다른 모든 것과 인간을 구분해 주는 어떤 아름다움이 있다.

아름다움은 내가 전하려는 바를 묘사하기에 좋은 단어라고 생각하지만, 이 단어도 오해를 불러일으킬 수 있다. 내가 말하는 아름다움은 석양이 아름답다거나, 예술 작품이나 미스 아메리카가 아름답다고 할 때의 의미가 아니다. 나는 미학이나 매력, "준수한 외모"나 눈으로 볼 수 있는 외부의 어떤 것을 말하는 것이 아니다. 그리고 내면이라는 말이 "내면의 아름다움이 외면의 아름다움보다 더 중요하다"거나 그 비슷한 말을 할 때의 의미라면, 나는 지금 **내면**의 어떤 것에 대해 말하는 것도 아니다.

나는 모델이나 영화배우나 마더 테레사는 가졌고 다른 이들은 가지지 못한 것, 물리적인 어떤 것이나 특정인이 하는 어떤 일, 또는 개인이 보유한 개별적 미덕에 대해 말하는 것이 아니다. 내가 말하는 것은 인간의 외모와 하는 일, 좋거나 나쁜 특성과는 별도로 인간의 핵심에 해당하는 그 무엇이다. 다른 이유 없이 오로지 인간이라는 이유만으로 지금까지 살아온 모든 사람에게 적용되는 진실이다. 그들이 선하든 악하든, 매력적이든 기형이든, 작든 똑똑하든, 어리든 늙었든 상관없다. 어리거나 나이가 들거나 약하거나 망가져서 다른 사람은 물론이고 본인에게조차 아무 쓸모가 없어도 예외는 없다. 내가 지금 말하는 것은 소위 인간적 '그릇'의 외부에 해당하거나 내부에 들어 있는 것이 아니라, 그릇 자체의 일부에 해당하는 것이다. 거기에 덧붙은 그 무엇이 아니라 내장된 것이다.

조악한 비유를 하나 들어 보겠다. (조악하다고 말한 이유는 인간의 가치가 그 어떤 물리적 사물의 가치와 비길 수 없는 것이기 때문이다.) 황금은 어디를 가나 따라다니는 특정한 가치를 갖고 있다. 금의 가치는 그 자체에 있다고 말할 수 있다. 그것은 황금에 깃들어 있는 본질적인 것이고, 황금이 어떤 모양을 취해도 사라지지 않는 황금 됨의 일부다.

인간에게 있는 가치가 이와 같다. 인간의 가치는 그 자체에 있다(더 좋은 표현으로는, 그 자아 안에 있다). 우리는 살아가면서 이 가치를 획득하는 것이 아니고, 살아가다 그것을 잃어버릴 수도 없다. 당신과 내가 가진 가치는 우리 안에 내장되어 있다. 그것은 우리가 존재하기 시작할 때부터 우리와 함께 있고, 우리가 어디를 가든지, 어떤 "모양"을 하든지 늘 따라다닌다. 그것은 언제나 우리의 소유일 것이다. 당신과 나의 본질적인 어떤 부분은 언제나 경이롭고 아름다울 것이고, 그 무엇도 그 누구도 그것을 빼앗을 수 없다.

여기서 내가 인간이 구체적으로 어떻게 특별한지 분명히 하려고 노력하는 데는 두 가지 이유가 있다. 첫째, 오로지 우리의 내재적이고 내장된 인간으로서의 가치 때문에 우리는 다른 어떤 사물에 대해서도 갖지 않는 구속력 있는 의무와 책임을 서로에 대해 갖는다. 물론, 개인이나 사회가 자신들의 '목적'을 그냥 만들어 낼 수 있는 것처럼 모종의 '의무'나 '책임'을 만들어 낼 수는 있지만, 내가 지금 말하고 있는 것은 그것이 아니다. 나는 변할 수 없기 때문에 변하지 않는, 인간의 단순한 선택을 넘어서는 어떤 것을 나는 지금 말하고 있다.

인간이 스스로 만들어 내는 규칙은 최종적이거나 궁극적 의미에서 구속력을 가질 수 없다. 규칙을 만드는 사람의 마음이 변하거나 기존 규칙이 성가실 때마다 규칙을 그냥 바꿀 수 있기 때문이다. 그러나 인간 안에 있는 가치 같은 변하지 않는 것에 토대를 둔 의무가 있다면, 사람을 향한 우리의 의무도 바꿀 수 없는 것이 된다. 서로에 대한 우리의 의무는 인간의 단순한 선택 너머에 존재한다. 그 의무들이 우리의 선택을 지배한다.

둘째, 인간의 특별한 가치는 양도할 수 없는 인권의 유일한 근거다. 양도할 수 없는 권리는 절대 빼앗길 수 없다. 우리 권리의 근거―인간의 특별한 아름다움―는 언제나 우리 각 사람의 일부이기 때문이다. 그 권리는 우리의 자아와 분리될 수 없기 때문에 절대 빼앗길 수도 내버릴 수도 없다.

여기서 간단한 산수를 놓치지 않았으면 한다. 인간의 특별한 가치가 추락하면, 양도할 수 없는 인권도 추락한다. 인간이 특별하지 않고 다른 피조물과 심오하게 다르지 않다면, 인간을 다른 여느 것과 똑같이 취급하는 것이 편리할 때 그렇게 하지 않을 합당한 이유가 없어진다. 만약 물질-주의가 말하는 대로 인간이 "우리를 염두에 두지 않았던 목적 없고 자연적인 과정의 결과물"에 불과하다면, 인간이 기계 속 톱니바퀴에 불과하다면, 우주적 정신의 환상에 불과하다면, 특별하고 양도할 수 없는 인권의 충실한 근거는 존재하지 않는 것이다.

그렇다면, 인간됨에 어떤 특별한 것도 없다고 사회가 일관되게 믿을 때, 그 사회가 궁극적인 도덕적 책임과 양도할 수 없는 인권을 거부하더라도 놀라서는 안 될 것이다. 인간을 한낱 동물로 환원할 때, 즉 누군가가 그의 세계관에 담긴 논리의 힘으로 인간을 단지 생물학적 기계로 강등시킬 때, 도덕과 인권은 죽고 오로지 힘의 관계만 남게 된다. 이런 일은 모든 공산주의 정권에서 벌어졌고, 점차 세속화되어가는 모든 정부에서 지금 벌어지고 있다. 그럴 수밖에 없다.

앞에서 나는 우리 모두가 인간의 특별함을 안다고 말했다. 그렇다, 인간의 아름다움은 우리에게 내장되어 있고, 그 아름다움에 대한 지식도 함께 내장되어 있다. 그것은 "자명한" 진리이며, 이성적인 사람들이 그에 대해 깊이 숙고할 때 분명히 알게 되는 진리다.

우리 모두가 이것을 안다는 사실은 우리가 주어진 상황에 관해 이야기하는 방식을 보면 알 수 있다. 우리는 자녀에게 짐승처럼 행동하지 말라고 말한다. 그리고 사람들이 동물처럼 취급될 때 소스라치게 놀란다. 왜 그럴까? 흰개미를 독가스로 공격하는 것은 괜찮지만, 유대인을 그렇게 대해서는 안 되는 데는 근거가 있다. 인간은 다른 피조물과 중요하고 놀라운 방식으로 다르다는 것을 우리가 알기 때문이다.[4]

그렇기 때문에 일부 의심스러운 행동이 특정한 사람들에게는 "자연스러운" 것이라고 주장하는 정도로는 도덕적 책임을 벗기에 충분하지 않다. 그런 식의 판단이 규칙이 된다면 그 어떤 부도덕한 행위도 무방한 것이 되어 버릴 테니 말이다. 식욕이 인간의 자연스러운 본능이면 식료품점 절도도 정당한 것이 되는가? 성욕이 자연스러우면 정욕을 절제할 필요가 없는가? 자연적인 폭력적 성향(그렇다, 이런 것을 주장한 이들도 있다)을 갖고 있으면 짜증 나는 사람을 공격해도 정당화되는가? 인간은 자연법칙보다 상위에 있는 법을 따를 의무가 있지 않은가? 동물은 본성에 따라 내키는 대로 행동하지만, 인간은 그래서는 안 된다.

기독교 이야기는 우리가 한낱 짐승이 아니라고 말한다. 물론 우리는 동물이지만 동시에 동물 이상의 존재다. 우리는 동물적 욕구를 가진 인간이고, 상위법으로 제어하지 않으면 동물적 욕구가 우리를 지배할 것이다. "본성에 따라 내키는 대로 행동하는 것"과 원칙에 따른 자제의 차이를 문명이라고 한다.

그러므로 인간의 가치는 모종의 방식으로 덧붙여진 것이 아니라 내장된 것이고, 말하자면 인간됨에 본질적 요소다. 그리고 이것은 우리가 이미 아는 내용이다. 우리의 가치에 대한 지식도 내장되어 있기 때문이다. 여기서 우리는 인간의 천부적 존엄에 대한 핵심 질문에 이른다. 왜 모든 피조물 중에서 인간만 이런 식일까? 왜 인간은 다른 모든 것과 그토록 다를까? 자신이 특별하다고 믿는 것은 좋은 일이지만, 그렇게 생각할 합당한 근거가 없다면 사람들은 결국 자신이 실제로는 동물에 불과하다고 믿고 싶은 유혹을 받을 것이고, 그렇게 되면 문제가 일어날 것이다.

이것이 기독교 이야기가 다른 모든 이야기 가운데서 극적으로 두드러지는 이유다.[5] 이 이야기는 "왜?"라는 질문에 답을 준다. 인간이 왜 다른지, 인간이 왜 특별한지, 당신과 나는 왜 변할 수 없는 방식으로 놀라운 존재인지 알려 준다. 기독교 이야기는 하나님이 아주 특별하고 중요하고 형언할 수 없는 방식으로, 하나님과 같고 하나님과 닮았고 하나님의 형상이 새겨진 영혼을 가진 단 하나의 피조물을 창조하셨다고 알려 준다.

혹시 "나는 누구인가?"라고 자문해 본 적이 있다면, 이제 답이 나왔다. 기독교 이야기는 당신이 피조물이지만 그냥 피조물이 아니라고 말한다. 당신은 작은 신이 아니지만 아무것도 아닌 존재도 아니다. 당신은 누구도 빼앗아갈 수 없는 멋진 방식으로 하나님처럼 만들어졌다. 당신이 얼마나 어리든 얼마나 나이가 많든, 작든 못생겼든, 가난하든 남에게 의존해야 하는 상태든 간에 당신은 여전히 아름다운 피조물이다. 당신은 하나님의 흔적을 지니고 있다. 하나님은 당신을 그분 자신처럼 만드셨고, 그로 인해 모든 것이 달라진다.

두 가지 변화가 특히 중요하다. 첫째, 하나님의 형상이 우리 영혼 깊숙이 가치를 각인시키기 때문에, 우리는 지킬 만한 가치 있는 존재가 된다. 신체의 모양은 상관없다. 심신이 약해도, 침을 흘려도, 야뇨증이 있어도, 인생의 황혼에 접어든 노인이어도 상관없다. 어머니의 자궁 속에 감춰진 작은 아기여도, 연구 목적으로 희생될 처지에 놓인 작디작은 인간 배아여도 상관없다. 우리는 여전히 귀중하다. 우리는 하나님의 형상으로 만들어졌다.

이것이 바로 기독교 이야기를 믿었던 사람들이 1세기에 버려진 유아들을 구해 내고 입양했던 이유다. 이것이 바로 그리스도인들이 19세기에 노예제 폐지를 위해 싸웠던 이유다. 이것이 바로 예수를 따르는 자들이 20세기에 성노예를 구해 내는 이유다. 이것은 미국의 선조들이 미국 독립혁명과 남북전쟁에서 싸운 이유이며, 권리장전이 존재하는 이유다. 미국의 건국 시조들은 이것을 이렇게 표현했다.

우리는 다음과 같은 것을 자명한 진리라고 생각한다. 즉, 모든 사람은 평등하게 창조되었고, 창조주는 몇 개의 양도할 수 없는 권리를 부여하였으며, 그 권리 중에는 생명과 자유와 행복의 추구가 있다.

나는 당신이 이 글을 읽으면서 많은 사람이 놓치는 것을 알아봤으면 좋겠다. 그것은 앞서 언급한 산수에 해당하는 또 다른 사례다. 미국의 건국 시조들은 많은 현대인과 달리, 인권을 난데없이 그냥 만들어 내지 않았다. 그들은 기분 내키는 대로 권리를 지어내지 않았다. 그들은 발명이 아니라 관찰을 했다. 인간 안에 있는 명백한 ("자명한") 그 무엇을 알아보았고, 인간이 **왜** 그런 식으로 존재하는지 이해했다.

인간은 평등하게 **창조되었다.** 하나님은 인간을 멋지게 **만드셨다.** 창조주께서 우리에게 몇 가지 권리를 **부여하셨다.** 인간의 존엄함은 덧붙여진 것이 아니라 내장된 것이었다. 그 권리의 근거를 제거하면 권리도 함께 제거하게 된다는 데 주목하길 바란다. 창조주를 제거하면 창조주만 줄 수 있는 특권들도 제거된다.

만약 인간 스스로가 권리를 부여하는 임무를 감당하기에 충분하다고 생각하고 싶다면, 언제나 다음을 기억하라. 인간 혼자 부여하는 권리가 무엇이든, 인간 혼자 제거할 수 있다는 것이다. 사람 안에 있는 하나님의 형상만이 우리에게 절대적 가치, 궁극적 목적, 심오한 존귀함을 부여할 수 있다.

둘째, 하나님의 각인이 있기에 우리는 하나님과 우정을 나눌 수 있다. 물론 동등한 존재 간의 우정은 아니다. 내 딸과 나는 친구지만 대등하지는 않다. 마찬가지로, 하나님은 여전히 왕이시다. 그분은 여전히 우리의 군주시다. 그 사실은 절대 달라지지 않을 것이다. 그러나 그분은 우리의 친구가 되실 수 있다. 우리의 왕은 인간 왕처럼 멀리 떨어져 있는 존재가 아니라 아버지처럼 가까운 분이다. 사람들이 하나님과 "관계"를 맺는다는 말은 바로 이런 의미다. 하나님은 이 우정을 처음부터 의도하셨다. 우리는 그것을 누리기 위해 만들어졌다.

하나님은 아담과 하와가 살 수 있게 멋진 동산을 만드셨고 그들에게 의미 있는 일거리를 주셨다. 그들은 하나님이 그들을 위해 지으신 세계와 그 안에 사는 모든 피조물을 다스릴 책임을 받았다. 잔인하고 경솔하게 군림하는 것이 아니라 그들을 돌보면서 인간도 함께 보람과 번성을 누리는 책임이었다. 피조세계는 인간의 발아래가 아니라 손 아래 있어야 할 대상이었다.

하나님은 우리가 행복해지는 데 필요한 모든 것, 다시 말해 성취감을 얻고, 만족하고, 하나님의 선한 목적을 다 누리며 사는 데 필요한 모든 것을 주셨다. 그중에서 하나님이 주신 가장 중요한 것은 그분 자신이었다. 우리가 그분의 임재 안에서 끊임없이 기쁨으로 가득 차고 그분의 공급 안에서 달콤한 만족을 알아가도록 하려는 것이었다.[6]

12

망가진

이제 우리는 사람이 특별해진 또 다른 방식을 살펴보아야 한다. 하지만 매력적이거나 멋진 내용이 아니다. 어둡고 심란하고 불길하다. 그것을 아주 간단히 표현하면 이렇다. 인간은 아름답지만 망가진 존재다. 그렇다, 인간은 고귀하지만 잔인하기도 하다.[1]

인간에 대한 이 두 가지 사실은 아주 명백하므로 세계의 실제 모습을 서술하는 세계관이라면 반드시 이 둘을 설명할 수 있어야 한다. 그것도 건전한 상식에 부합하는 방식으로 설명해야 한다.

그런데 세상을 설명하려는 오늘날 인기 있는 시도 대부분은 이 일을 제대로 못 해내는 것 같다. 어느 학파에 따르면, 인간의 진정한 문제는 사회가 모종의 방식으로 그를 저버린 데 있다. 이 학파에서는 사람들이 악한 이유가 교육을 받지 못해서고, 제대로 가르침을 받기만 하면 서로를 훨씬 잘 대우할 것이며 문제가 될 만한 어리석은 일도 하지 않을 거라고 본다. 그런가 하면, 사람들이 잘못을 저지르는 이유는 가난 때문이라는 주장도 있다. 이들은 가난이 범죄의 원인이니 부를 좀 더 공평하게 분배하면 사람들은 남의 것에 손을 대지 않을 것이라고 본다. 무지와 가난을 제거하면 범죄도 덩달아 사라진다는 것이다.

둘 다 요즘 인기 있는 선택지이지만, 둘 다 터무니없는 소리라는 것을 당신도 알 것이다. 주위를 둘러보라. 돈 많고 잘 배운 사람이 무식하거나 가난한 사람보다 체포되는 일은 적을지 몰라도 더 고귀하지는 않다.

교육을 더 받으면 경제적 형편이 나아질 기회가 생기지만 사람이 더 나아지지는 않는다. 교육 수준이 높아지면 더 박식하고 영리한 범죄자가 만들어질 따름이다. 경기 침체나 경제 불황 같은 어려운 시기에는 흔히 범죄율이 **떨어지는** 것으로 나타난다. 그러다 형편이 나아지면 범죄율이 올라간다.

무지와 가난이 문제가 아니다. 교육도 경제학도 인간 문제의 핵심을 파고들지 못한다.

여기에 또 다른 선택지가 있다. 사람은 사실 전혀 악하지 않다는 입장이다. 이 견해에 따르면, 궁극적 의미에서 정말로 나쁜 것은 없다. 무언가 잘못되었다는 것은 법을 어겼다는 의미인데,

'모든 것과 모든 사람을 관할하는 법' 같은 거대한 법은 존재하지 않는다고 본다. 왜냐하면, 그와 같은 법에 대해 말하기 시작하면, '모든 것과 모든 사람을 다스리는 입법자' 개념도 다루어야 하는데 그것은 받아들일 수 없기 때문이다.

그래서 그들은 거북하고 달갑지 않은 궁극적 입법자를 배제한 상태에서 인간의 악함을 설명하기(또는, 적당히 둘러대기) 위해 두 가지 전략을 제안한다. 첫 번째 전략에 따르면, 우리가 '옳음'과 '그름'이라고 부르는 것은 당장에 모두가 잘 지내는 데 도움을 받기 위해 문명인들이 암묵적으로 합의한 내용을 반영한 것일 뿐이다. 여기서는 '당장에'가 중요하다. 이런 규칙들은 시대마다 사회마다 달라지기 때문이다. 과거에 악덕이었던 것이 미래에는 미덕일 수 있고, 우리 사회에서 '나쁜' 것이 다른 사회에서는 '좋은' 것이 될 수 있다. 도덕은 모두 집단의 문제일 뿐, 그 이상도 이하도 아니다. 선과 악에 대해 말할 수 있는 내용은 이것뿐이다. 집단보다 더 상위에 있는 것은 없기 때문이다. 집단과 집단 사이를 누가 판단한단 말인가? 누군가에게는 테러리스트지만 또 다른 누군가에게는 자유의 투사인 것이다.

이 생각은 제한적이나마 일리가 있다. 그러나 온전한 답이 될 수는 없다. 아마 이 생각에 따라오는 몇 가지 문제를 당신은 벌써 짐작했을 것이다. 우선, 집단이 '옳다'고 정의하면, 군중과 의견을 달리하는 사람은 누구나 '나쁜' 쪽이 된다. 그렇다면 마하트마 간디나 마틴 루터 킹 2세 같은 사람들은 어떻게 봐야 할까? 사회개혁자들은 언제나 집단에 반대한다. 애초에 주류가 옳았다면 개혁의 필요성도 없었을 것이다. 이 견해는 또한 나치 같은 악당은 모종의 사회계약에 따라 행동했으니 아무 책임이 없다는 괴이한 결론을 내놓는다. 간디와 킹은 악당으로 규정하고, 히틀러의 제3제국은 죄가 없다고 하니 이상한 도덕 규칙이지만, 이 사상 체계에서는 이런 결론을 피할 수가 없다.[2]

이 설명은 충분하지 않다. 다수가 언제나 도덕적인 것은 아니다. 이 사실은 분명하다. 더욱이, 사회계약 **너머의** 어떤 규칙이 애초에 그 계약을 따를 의무를 부과하는 것은 아닐까? 애당초 그런 합의를 작동하게 만드는 그 어떤 '모든 것과 모든 사람을 관할하는 법'이 존재하지 않을까?

인간의 상황을 판단하는 '절대적' 도덕 같은 것을 피하기 위한 두 번째 전략은 다원주의적 설명이다. 이것은 물질-주의를 받아들이는 이들에게 대단히 인기가 좋다. 다윈주의적 전략은 인간의 행동을 진화론이 설명하는 자연적 패턴으로 축소시킨다. 이 견해에 따르면, 우리가 궁극적인 것이라 생각하는 옳고 그름에 대한 신념들은 진화의 산물이다. 그런 신념들이 진화적 목적에 유용하기 때문이다.[3] 우리는 그동안 자연에 속아 넘어가 사람들이 정말 선하거나 악한 것처럼 "선한 사람"이나 "나쁜 사람"에 대해 말해왔지만, 사실 도덕은 우리의 '이기적 유전자'(리처드 도킨스의 표현)를 다음 세대에 성공적으로 넘겨주기 위한 계략에 불과하다. 그렇다면 선은 "생물학적 적응성"이나 "번식의 성공" 같은 말의 완곡어법에 불과하고 악은 그 정반대일 뿐, 그 이상도 이하도 아니다.

하지만 앞에서 언급했듯, 어떤 이들의 주장대로 다윈주의적 설명이 전체 이야기의 일부를 말해 준다 해도 그것이 이야기 전체일 수는 없다. 사자는 힘이 약한 (그리고 운이 나쁜) 동물들을 쫓아가 쓰러뜨리고 산 채로 잡아먹는다. 그 광경을 지켜보는 것은 섬뜩한 일이지만, 사자가 그와 다르게 행동할 수 있겠는가? 사자는 그저 사자의 일을 할 뿐이다. 녀석들은 고귀하지도 잔인하지도 않다. 사자는 동물이다. 강한 놈이 약한 놈을 먹이로 삼는다. 그것이 사자의 본성이고 우리는 그 때문에 사자를 나무라지 않는다. 그것이 자연의 방식이기 때문이다.

하지만 사람에 대해서는 뭔가 다른 것을 기대하고 그렇지 못할 때 상대를 탓한다. 왜 그런 걸까? 다원주의적 개념이 옳다면, 살아남은 모든 것은 있는 모습 그대로 그저 "옳고", 생물의 역사에서 이 순간에 완벽하게 적응한 것, 그 이상도 이하도 아니다. 더 나은 것도, 못한 것도, 아름다운 것도, 망가진 것도 없다. 적합한 생존자들과 그렇지 못한 사상자들만 있을 뿐이다.

무엇이 인간을 특별하게 만드는지를 이런 식으로 설명하려는 시도들은 결국 소용이 없을 것이다. 우리가 선천적으로 아는 인간의 아름다움과 망가진 상태는 **양적** 차이(교육 수준, 수입 규모, 사회계약의 내용, 진화적 적응의 정도)가 아니라 **질적** 차이를 보인다. 양의 차이가 아니라 가치와 존귀함의 차이이다. 하지만 물질-주의는 이런 구분을 절대로 할 수 없다. 가치 구분이 물리적인 것을 다룰 수는 있지만, 그 자체로는 물리적인 것이 아니기 때문이다.

그래서 우리는 출발점으로 되돌아왔다. 인간은 아름답지만 망가지기도 했다. 이것을 피해갈 길은 없다. 우리는 심각하게 잘못되었고, 교육이나 재정 형편이나 사회계약이나 유전자가 그 원인은 아니다. 우리는 피해자가 아니다. 우리는 가해자다. 세상의 악은 바깥에 있지 않다. 우리 안에 있다. 간단히 말해, 우리는 유죄이고, 그 사실을 안다.

체스터턴은 원죄(지금 말하고 있는 망가진 상태)가 기독교의 교리 중에서 실제로 입증될 수 있는 유일한 교리라고 지적한 것으로 유명하다.[4] 그리고 최근에 **죄**라는 단어가 인기가 없어지긴 했지만, 나는 죄가 올바른 단어라고 생각한다. 우리의 환경이나 생물학, 다른 사람들, 하나님 등 다른 곳에 책임을 떠넘기는 것이 언제나 더 편리하다. 그러나 세상의 망가진 상태는 우리 안의 망가짐과 더불어 시작되었다는 사실에는 변함이 없고, 자신에게 솔직해질 때 우리는 그 사실을 인정하게 된다.

자신이 저지른 나쁜 일들에 대해 느끼는 괴로운 죄책감을 언제까지고 피할 수 있는 사람은 없다. 물론 이것은 좋은 일이다. 여기에는 두 가지 이유가 있다. 첫째, 나쁜 일을 하고도 전혀 불편하지 않은 사람('소시오패스'로 알려진 특별히 불쾌한 부류의 사람)은 마음 내키는 대로 끔찍한 일을 저지를 가능성이 크다.

둘째, 죄책감에서 한 발자국만 더 나가면 우리가 죄를 지었기 때문에 죄책감을 느낀다는 것을 깨닫게 된다.[5] 그리고 그것이 바로 기독교 이야기가 말하는 내용이다. 우리가 망가졌다는 것은 분명한 사실이지만 단순한 기능 고장을 일으킨 것은 아니다. 우리는 수리가 필요한 기계가 아니라 용서받아야 할 범법자다. 우리는 장부 정리를 할 때 셈을 잘못한 것처럼 '실수를 저지른' 것이 아니다. 우리는 죄를 지었다. 그리고 죄에는 죄책이 따라온다. 죄책에는 형벌이 따라온다. 죄는 반드시 책임을 져야 한다. 어떤 식으로든 죗값을 치러야 한다. 말하자면, 속죄를 해야 한다.

여기 우리의 질문이 있다. 우리는 누구 앞에서 죄인으로 서는 것일까? 누구에게 죄의 빚을 지는 것일까? 누구에게 용서를 받아야 할까?

어떤 이들은 이 지점에서 "자신을 용서하는" 정도로 안주하려 한다. 요즘 인기 있는 접근법이지만, 내가 볼 때는 말이 안 된다. 나는 나 자신에게 죄를 짓지 (이것이 무슨 뜻이든 간에) 않았기 때문에 자신을 사면하는 장본인이 될 수 없다. 스스로 책임을 면제해 주면 한동안 기분은 나아질지 몰라도 결국에는 아무 소용이 없을 것이다. 내게 필요한 것은 죄책**감**을 벗는 것이 아니라 내가 어떻게 느끼는지와 상관없이 **죄책 자체**를 벗는 것이다.

"자신을 용서한다"고 해도 그것으로 우리의 망가진 상태가 바로잡히지는 않는다. 사면은 다른 곳에서 와야 한다. 우리가 잘못을 저지른 대상, 우리보다 크신 분, 우리가 깨뜨린 '모든 것과 모든 사람을 관할하는 법'을 정하신 분에게서 와야 한다. 우리는 규정을 어겼을 뿐 아니라 그 규정 배후의 인격이신 우리의 정당한 군주, 하나님께 잘못을 저질렀다. 용서는 그분에게서 와야 한다. 우리는 그분에게 죄를 지었기 때문이다.

그런데 죄와 죄책과 형벌에 대한 이런 얘기들은 불편하다. 나도 이해한다. 빠져 나갈 길을 모색하고, 책임을 최소화할 방법과 핑계를 찾는 것이 자연스러운 반응이다. 죄 있는 사람들이 늘 시도하는 일이다. "완벽한 사람은 없어요. 우리 모두 어떤 식으로든 '얼빠진 짓을 합니다.'" "사람이다 보니 실수도 하는 거죠." "그래도 난 히틀러는 아니에요." 이 외에도 우리는 우리가 정말 그렇게 나쁜 사람은 아니라는 자기 확신을 얻기 위해 판에 박힌 수많은 말을 한다. 그러나 상황은 생각보다 훨씬 더 심각하다, 그렇지 않은가?

그래도 히틀러는 아니라는 말에 한마디 하자면, 우선은 그 말을 들어 기쁘다. 그런데 그냥 보통 정도로 나쁜 것은 괜찮을까? 그것은 크게 도움이 안 된다. 히틀러가 기준이 아니기 때문이다. 당신이 예수는 아닐 테니, 아마 그리스도보다는 히틀러 쪽에 더 가까울 것이다.

요지를 분명하게 드러내기 위해 몇 가지 질문을 해보겠다. 당신은 지금까지 살아오면서 어떤 것을 하나님보다 우선시했던 적이 있는가? 부모님에게 불순종하거나 부모님의 이름을 더럽힌 적이 있는가? 누군가를 속이거나 어떤 식으로든 진실을 부정확하게 전달한 적이 있는가? 남의 것을 가져갔거나 실제로 가지지는 않았지만 욕심을 낸 적이 있는가? (당시에는) 배우자가 아닌 상대와 성적 관계를 맺었거나, 머릿속으로 상상하며 즐긴 적이 있는가?[6]

물론 당신은 내가 무엇을 하고 있는지 알 것이다. 나는 당신의 인생(과 내 인생)에 중요한 의미가 있는 유일한 기준, 마지막에 우리 삶을 판단하는 잣대가 될 유일한 기준에 견주어 보고 있다. 위의 질문들은 기독교 이야기의 가장 기본적인 계명들이다. 열 가지 계명이 있는데, 위에서 제시한 것은 시작일 뿐이다. 더 많은 계명이 있다.

어떤 이들은 예수께서 우리의 의무를 두 가지 주요 계명, 소위 "대"계명으로 축소하심으로써 우리의 짐을 가볍게 해주셨다고 생각한다. 그러나 사실 그분은 우리의 짐을 더 무겁게 하셨다. 첫째, 그분은 하나님을 우리 전 존재로 사랑해야 한다고 하셨다. 둘째, 최악의 원수조차 우리가 자신을 사랑하듯 동일한 강도와 열정으로 사랑해야 한다고 하셨다.[7]

그러면 당신의 상태는 어떤가? 아마 썩 좋지는 않을 것이다. 자신의 삶과 실제 요구사항을 자세히 비교해 보면 누구나 그렇다. 그것은 우리 모습을 있는 그대로 보여 주는 거울을 바라보는 것과 같다. 우리가 서로를 바라보고 있으면, 언제나 우리보다 형편없는 사람이 눈에 들어올 것이다. 하지만 그것은 엉터리 위안이다. 우리는 다른 사람이 어떻게 행동했는지에 따라 판단 받지 않을 테니 말이다. 우리가 진짜 기준을 직시할 수밖에 없는 상황이 닥칠 때, 우리는 더 이상 자신을 속일 수 없다.

우리는 모든 계명을 지켰는가? 우리의 행동은 늘 선했는가? 우리의 동기는 언제나 진실했는가? 하나님을 그분에게 합당한 강도로 사랑하거나 우리의 원수를 자신을 사랑하듯 사랑한 적이

한순간이라도 있었는가? 나는 한순간도 없었다. 참된 기준에 비추어 보면, 우리는 모두 부족하지 않은가? 삶의 깨어 있는 모든 순간에 우리는 모두 하나님 앞에서 심각한 범죄자 아닌가? 우리의 상황이 얼마나 심각한지 이제 깨닫고 있는가? 당신이 얼마나 크게 망가졌고 심각한 죄인인지 인정할 의향이 있는가?

혹시라도 당신의 선이 당신의 악보다 크기를 바라면서 자신을 위로하지 말라. 법은 그렇게 작용하지 않는다. 법은 원래 지켜야 하는 것이고, 나머지 법을 다 지켜도 단 하나만 어기면 문제가 된다. 그런데 우리는 법을 하나만 어긴 것이 아니다. 우리는 모든 법을 여러 방식으로 아주 많이 어겼다.

물론 이것은 우리의 진짜 문제가 도덕적인 것이라는 뜻이다. 세상의 문제인 악함은 바로 우리의 악함이다. 이 부분이 우리 이야기의 결정적 지점이다. 인간이 잘못되었기 때문에 세상도 잘못된 것이다. 세상이 망가진 것은 우리가 망가졌기 때문이다. 우리의 악함이 세상도 악하게 만들었다.

13

상실

지금까지 우리는 상식이라 할 만한, 세상의 몇 가지 측면을 살펴보았고, 어떤 세계관, 실재에 관한 어떤 이야기가 그 측면들을 가장 잘 설명하는지 물었다. 지금까지 나는 세상의 세 가지 측면을 제시했다.

첫째, 세상은 끔찍하게 잘못되었다. 세상은 제대로 된 상태가 아니다. 이 사실은 누구에게나 명백한 것이어서 비신자들이 하나님, 적어도 그리스도인들이 믿는 하나님의 존재를 반대하는 주된 논거로 사용할 정도다.

둘째, 인간에게는 다른 모든 피조물과 구별되는 아름다움이 있다. 선천적이고 내장된 그 가치 때문에 사람은 그 자체로 귀중한 존재가 되고, 인간에게만 있는 인권과 서로를 대하는 도덕적 의무가 생긴다.

셋째, 인간은 아름답지만 망가지기도 했다. 그는 존엄과 고귀함까지 지녔지만 잔인하기도 하다. 이 진실은 너무나 명백하다. 우리가 저지른 나쁜 일에 대한 도덕적 책임을 회피하기 위해 줄줄이 늘어놓는 변명과 수많은 전략을 생각해 보라. 우리는 도대체 무엇을 둘러대려고 그렇게 열심히 애쓰는 것일까? 자신의 책임을 떨쳐 내려고 노력하면 할수록 그것은 더 크게 다가온다. 괴로운 죄책감은 사라지지 않는다. 우리는 망가졌다. 수리가 필요한 기계가 아니라 용서가 필요한 범법자처럼 망가졌다. 그리고 스스로 그 사실을 안다.

나는 기독교 이야기만이 이런 사실들을 제대로 설명한다고 말했다. 이 이야기에 대한 몇 가지 반론이 있었지만(구체적으로 말하면, 악의 문제와 기독교의 편협함), 나는 그것들이 기독교 이야기의 문제가 아니며, 더 큰 그림을 이해하고 세상이 처음에 어떻게 잘못되었는지를 알기만 하면 완전히 이치에 맞는 이야기가 된다고 제안했다. 세상이 망가진 이유는 인간의 어떤 부분이 망가져 있기 때문이라는 말도 했다. 이제 인간이 정확히 어떻게 망가졌고 세상이 어떻게 잘못되었는지 이야기하려 한다.

기독교 이야기에는 동산과 나무와 뱀이 등장한다. 이 부분은 많은 이들에게 공상처럼 보인다. 목가적인 과수원, 금지된 열매, 말하는 뱀이 나오는 대목을 진지하게 받아들이기는 어려울 것 같다. 하지만 우리 이야기에서는 자연스러운 많은 일들이 다른 이야기에서는 이치에 맞지 않는다는 것을 기억하라. 매우 다른 종류의 우주(물질만이 실재하는 곳)에서만 적절할 수 있는 기준에 근거해, 그와 전혀 다른 세계관(하나님과 비물질적인 것들이 실재하고, 초자연적 일들이 일어나는 세계의 시각)의 세부 내용을 부적절하다고 판단하는 것은 지적으로 정당하지 않다. 한 세계의 세부 사항은 그 세계가 제시하는 모습 그대로 받아들여야 한다. 실제 세계의 모습이 정말로 이 이야기가 묘사하는 바와 같다면, 이런 세부 내용 그 자체는 문제가 되지 않는다.

그리고 세세한 부분에 지나치게 신경 쓰지 말자. 세부 내용의 분석을 귀중한 임무로 삼는 신학 전문가에게는 그런 문제들이 중요할지 몰라도 큰 그림을 파악하려 애쓰는 보통 사람에게는 불필요하게 복잡한 사안일 뿐이다. 예수의 말씀 중 하나를 비틀어 말하자면, 하루살이에 집착하다가 낙타를 놓치는 꼴이 될 수 있다. 신학자들은 그런 문제들로 다툴 수 있으나 더 중요한 요점은 따로 있다. 지구상의 실제 장소, 실제 시간에 실제 반역이 일어났고, 그 반역으로 세계와 그 안의 모든 것이 달라졌다는 것이다.

하나님은 첫 사람 아담에게 그의 자연스러운 필요에 완벽하게 들어맞는 집을 주셨다. 친구 하와를 합당한 반려자, 삶을 함께할 유능한 동료로 주셨다. 하나님은 그들에게 땅과 짐승들을 다스릴 통치권을 주셨고 의미 있는 임무를 맡기셨다. 생육하고 번성하고 정복하라. 맡겨진 땅을 돌보고 거기에 생산적인 질서를 부여하라. 이 모든 것과 더불어, 하나님은 이제 그들의 발아래 놓인 온 세상보다 더 중요한 다른 것을 그들에게 주셨다. 자신을 친구로 주신 것이다.

여기서 잠시 논의를 멈추고 낭패감을 토로해야겠다. 나는 지금, 현재 우리 삶의 방식에서는 너무도 낯선 것이라 누구라도 상상하기 어려운 무언가를 보게 도와주려고 노력하고 있다. "모든 것이 제대로 된" 세상이 어떤 모습일지를 상상할 수 있도록 도우려 한다. 그 세상은 아이들이나 미성숙한 어른들이 상상하는 완벽한 세상, 장난감과 달콤한 과자들이 가득하고 허드렛일이나 학교 숙제 같은 귀찮은 일들이 놀이를 방해하지 않는 곳이 아니다. 그런 세상에는 배앓이와 지루함만 찾아온다는 것을 진짜 어른들은 안다.

그 세상은 우리 마음이 늘 갈망하는 완벽한 곳이다. 그 세상의 모습을 또렷이 포착해 내지 못해도 그 갈망은 여전하다. 그 갈망 자체가 우리에게는 실마리다. 한때 세상이 갖추었던 모습을 상기시켜주는 우리 마음속 아픔이요, 우리가 더 나은 것을 누리도록 만들어졌다는 신호이며, 세상이 지금 당장은 찾아볼 수 없는 온전한 상태가 되기를 바라는 열망이다. 기독교 이야기는 하나님이 우리 마음 안에 영원을 사모하는 마음을 두셨다[1]고 말한다. 그 달콤한 고통이 그 세상의 증거요, 우리 영혼에 깊이 새겨진 그 원초적 기억이 맨 처음 세상의 상태—선하고 놀랍고 온전하고 완전한 상태—를 상기시킨다고 말한다.

하나님이 인간에게 책임감 있게 다스리라고 맡기신 세계는 원래 그런 상태였다. 모든 것이 제대로 되어 있었다. 갈등도, 노역도, 눈물도, 고뇌도, 고통도, 불만족도 없었다. 아담과 하와 사이에는 장벽이 없었고 그들과 그들의 왕 사이에도 장벽이 없었다. 그들이 함께 나눴던 우정은 완전했다. 그들이 서로서로 느꼈고, 하나님과도 느꼈던 훼손되지 않은 우정을 기독교 이야기는 이렇게 묘사한다. "두 사람이 벌거벗었으나 부끄러워하지 아니하니라."

모든 것이 제대로 되어 있었지만, 불변하는 것은 아니었다.

상황은 달라질 수 있었다. 그리고 달라졌다.

금지규정이 하나 있었다. 주군이 백성에게 내린 한 가지 제약, 아버지가 자녀에게 부과한 하나의 요구사항, 우정을 규정하는 유일한 경계였다. 그들은 동산 모든 나무의 열매를 하나만 빼고 먹을 수 있었다. 그것은 합리적인 요구사항, 최소한의 명령이었다. 그것에 의문을 제기할 이유는 없었고, 그것에 불순종해야 할 어떤 자연스러운 동기도 없었다.

그런데 이 이야기에는 또 다른 등장인물이 있었다. 침입자, 사기꾼, 유혹자, 왕의 철천지원수였다. 끔찍한 거짓말을 하는 자였다.[2] 그자는 아담과 하와에게 왕을 신뢰할 수 없다고 말했다. 하나님의 사랑이 진실하지 않고 그의 말은 참되지 않다고 말했다. 거짓말쟁이는 이렇게 속삭였다. "그의 말을 듣지 마. 네 길을 찾아. 스스로 규칙을 만들어. 너희의 욕망을 채워. 자유가 너희를 기다리잖아. 하나님처럼 되는 거야."

인간은 주저했다. 그 유혹을 곰곰이 따져 봤다. 그 거짓말을 음미했다. 그다음 속임수에 넘어갔다. 하와가 먼저였고, 그다음은 아담이었다. 그것이 정확히 어떤 나무였는지, "금지된 열매를 먹는 것"이 성적인 죄 같은 것을 달리 표현한 것인지 궁금해 하는 사람은 핵심을 놓치는 것이다. 관건은 사람이 규칙을 지키지 않았다는 것이 아니다. 스포츠나 보드게임에서는 그런 것이 중요하겠지만, 관계에서는 그것이 척도가 아니다. 이것은 신뢰의 시험이다. 군주에 대한 충성의 시험, 아버지에 대한 사랑의 시험, 친구에 대한 신의의 시험이다.

이 한 가지 결정―한 번의 불순종, 한 차례의 반란, 일회적 배신―으로 모든 것이 달라진다. 아담과 하와는 자율성의 약속―주권적 자아의 유혹―에 넘어가 그들의 주인을 등졌다. 이 반란으로 그 나라는 쪼개졌다. 그러나 반역은 자유를 가져다주지 않았다. 망가짐, 치욕, 죄책, 노예 상태, 투쟁을 불러왔다.

아담과 하와는 서로 싸우고, 그들의 조화는 산산이 깨어졌다. 남자는 여자에게, 여자는 유혹자에게 책임을 전가했다. 남자가 다스리던 땅은 이제 그를 지배하려 들었고 그는 땅과 분투해야 했다. 땅이 가시덤불과 엉겅퀴로 맞서는 바람에 일은 고역이 되었다. 여자는 산고와 고통 가운데 힘겹게 아이를 낳았고 이제 자신을 다스리게 된 남자와 충돌했다. 그리고 결국―고뇌와 고통과 시련과 눈물의 평생을 보낸 후―모두가 싸움에서 지고 만다.

사람의 육체는 마지막 숨을 내쉰 후 티끌로 돌아간다. 이미 자기 자신과 끔찍하게 쪼개져 있던[3] 그는 그때 죽음과 더불어 영혼과 몸이 분리되면서 또다시 부서진다.

그러나 죽음에는 여러 종류가 있다. 아담과 하와는 하나님에 대해서도 죽어 그분과의 우정을 통해서만 누릴 수 있는 영적 생명이 끊겼다. 한때 평화로운 기쁨이었던 왕과의 만남이 이제는 고통스럽고 난처한 일이 되었다. 더 이상 낙원에 걸맞지 않게 된 반역자들은 동산에서 쫓겨났고 왕의 존전에서 추방되었다.

죽음은 전염병처럼 온 인류에게 퍼져 나갔다. 형이 동생을 냉혹하고 차분하고 오만하게 살해했다. 인간은 폭력을 과시하며 살인을 저지르고 뽐냈다. 세대가 넘어갈수록 인간의 반역은 더욱 극적으로 변했다. 어둠이 퍼져 나갔다. 분별없는 죄와 아집의 행위가 세상을 영원히 바꿔 놓았다.

이제 두 가지 반론에 답할 차례다. 첫 번째 반론은 유혹자, 즉 말하는 뱀의 배후에 있는 존재다. (이렇게 물을 수 있을 것이다.) "인간의 정념을 우롱하고, 우리를 자극하여 악을 짓게 만드는 악마가 정말 존재한다는 말입니까? 그건 좀 지나친데요."

그러나 그것이 정확히 내가 하는 말이다. 그리고 그자는 우롱하고 자극하는 것보다 훨씬 많은 일을 한다. 내 말이 "좀 지나친지" 그렇지 않은지는 우리가 사는 세상이 실제로 어떤 곳인지에 전적으로 달려 있다. 예수는 분명히 마귀와 그 악한 부하들이 실재한다고 믿었고, 그들을 자주 만났다―그리고 이겼다. 드라마의 이 부분을 진지하게 받아들이지 않으면, 이 이야기는 일관성을 갖지 못할 것이다. 이것은 전 세계적 전쟁을 다룬 이야기고, 마귀는 적군을 통솔하기 때문이다. 기독교의 이야기는 보이는 영역에서 벌어지는 인간의 싸움과 보이지 않지만 틀림없이 실재하는 영역에서 벌어지는 싸움이 이어져 있다고 분명히 말하고 있다. 말 그대로, 이 싸움에서는 보이지 않는 것들이 보이는 것들보다 훨씬 더 중요하다.[4]

알고 보면 어둠의 군주는 실제로 존재한다. 다리 밑 트롤, 벽장 속 생물체, 침대 아래 괴물도 단지 허구가 아니다. 우리의 원초적 두려움에는 그럴만한 근거가 있다. 악당 대장이 있고 그자는 군대를 이끈다. 그자는 발굽에 뿔이 달리고 타이츠를 입고 쇠스랑을 들고 있는 만화 속 인물이 아니다. 순전하고 전적인 악의 화신이다.

사탄은 실재한다. 강력한 영적 존재인 그자는 하나님, 인간과 더불어 기독교 이야기의 세 번째 등장인물이다. 그자는 하나님의 빛의 나라에 침입하여 자신의 어둠의 나라를 퍼뜨렸다. 교활함과 비밀 유지로 힘을 얻고, 거짓말과 고발과 유혹과 속임수로 파괴한다. 그자의 존재를 의심한다면 조심해야 한다. 잠행이 그자의 무기다. 사탄은 어둠의 일을 들키지 않고 할 수 있는 어둠 속에서 행복하게 머문다. 그자를 과소평가하거나, 거기에 더해 무시하는 것은 위험을 자초하는 일이다.

그리고 두 번째 반론이 있다. "이 모든 이야기가 나와 무슨 관련이 있지? 나는 동산에 있지도 않았어. 그 열매를 먹지도 않았다고. 왜 내가 다른 사람이 한 일 때문에 고통을 당해야 하는 거야?" 그러나 분명하고 대단히 실질적인 의미에서 당신은 동산에 있었고 그 열매를 먹었다. 우리 모두 거기에 있었고 우리 모두 열매를 먹었다.

여기서 우리는 현대인은 파악하기 어려워하지만 고대인에게는 완벽하게 이치에 맞았던 중요한 세부 내용에 이른다. 고대인은 나라와 공동체와 가문이 어떻게 기능하는지 이해했다. 각 사람은 집단으로 존재하고 무리의 일원으로 산다. 그들은 하나로 이어져 있기 때문에 함께 번영하고 함께 망한다.

기독교 이야기는 어떤 면에서는 우리보다 훨씬 더 실재를 명확하게 보았던 옛날 사람들이 전해 준 이야기다. 우리에게는 개인이 최고지만, 삶은 그렇게 돌아가지 않는다. 존 던이 적절히 표현한 대로, 옛사람들은 "사람은 누구도 혼자만의 섬이 아니다. 사람은 저마다 대륙의 한 조각이요, 본토의 일부"라는 사실을 알았다.

한 사람이 집단을 대신한다는 이 개념은 우리에게 완전히 낯선 것은 아니다. 그렇지 않은가? 오늘날에도 한 개인의 결정이 집단 전체의 결정이 되어 그에 따르는 이익이나 손실을 고스란히 공유하는 상황이 있다. 부모는 가족을 대표하고, 교장은 학교의 학생들을 대표하고, 대통령은 나라를 대표하여 행동한다. 의회가 조약을 맺으면 모든 시민이 그 조항의 적용을 받고 그에 따른 이익의 혜택을 본다. 한 지도자가 선전포고할 때는 집단 전체를 대변하는 것이고, 우리 모두 전쟁에 참여하게 된다.

인류의 첫 부모의 경우도 마찬가지였다. 아담이 죄를 지었을 때, 우리―인간 공동체―도 죄를 지었다. 하와가 반역했을 때 우리―그녀의 후손―도 반역했다. 인류 전체가 첫 부모에 의해 나쁜 영향을 받았다. 그래서 우리 모두 태어나면서부터 부패했고, 결함이 악성 유전자처럼 영혼에서 영혼으로, 부모에게서 자녀에게로, 한 세대에서 다음 세대로 흘러갔다.

아담과 하와는 아직 태어나지 않은 우리 모두를 대표하여 한 번의 불순종 행위로 모든 인류를 왕과의 전쟁 상태로 몰아넣었다. 끔찍한 거짓말이 세상으로 들어와 이제 모든 인간의 마음에 터를 잡았고, 각 사람을 오염시켜 그들을 만드신 하나님께 등을 돌리게 했다. 그날부터 죽 인간은 "고생을 위하여 났으니 불꽃이 위로 날아가는 것 같[이 되었다]."[5]

14

악

이제 곤란한 문제에 이르렀다. 인간이 자초한 엉망진창의 상태를 고려하면, 하나님에 관한 거북한 딜레마에 직면할 수밖에 없다. 더없이 강하면서도 완전히 선한 하나님을 옹호하려 드는 상황이라면 더욱 그렇다.

여기 문제가 있다. 첫째, 처음이든 지금이든 하나님이 그분의 왕국에서 질서를 유지하고 싶었지만 반역을 막을 수 없었다면 대단히 허약한 군주임이 분명하다. 둘째, 그분이 전혀 약하지 않을 수도 있다. 악을 방지할 완전한 능력이 있으면서도 지금 지구상에 창궐하는 고통과 괴로움과 불의에 무심할 수도 있다. 이 경우라면 그분은 강할지 몰라도 선하지는 않을 것이다.[1]

언뜻 보기에 이것은 기독교 이야기가 해결할 수 없는 상황 같다. 이 상황 때문에 어떤 이들은 선하고 강력한 하나님이 존재하지 않는다고 생각하고 싶은 유혹을 받을 정도다. 혹시 당신이 그런 생각을 하고 있다면, 우리의 대화 초기에 언급했던 내용을 상기시키고 싶다. 나쁜 일이 벌어진다는 이유로 하나님을 배제하는 것이 이해할 만한 반응이긴 하지만, 그런다고 해서 해결되는 것은 없다. 그런 반응은 망가진 세계를 설명하지도 못하고, 그것을 회복시키는 데 도움도 되지 않는다. 사실, 무신론으로는 '망가진' 세계의 개념을 애초에 이해할 수 없기에, 유신론에 치명적인 것으로 보이는 악의 문제는 알고 보면 무신론에도 그 못지않게 치명적인 것이다.[2]

그러나 우리는 무신론자들이 그리스도인 못지않게 어려운 처지에 있다는 말보다 더 많은 말을 할 수 있다. 아니, 나는 그리스도인이 전혀 어려운 처지에 있지 않다고 생각한다. 나는 하나님이 악하거나 약하다는 진퇴양난의 딜레마가 엉터리라고 본다. 기독교 이야기에는 우리가 지금까지 고려한 것보다 더 많은 내용이 있다.

나는 하나님이 약하다는 것도 사실이 아니며, 하나님이 무심하다는 것도 사실이 아니라고 생각한다. 또한, 완전히 선한 하나님이 어떤 악도 허용하지 않으신다는 것도 사실이 아니라고 생각한다. 이 문제를 곰곰이 따져 본다면 당신도 나와 생각을 같이할 것이라고 나는 확신한다. 내가 하려는 말은, 알고 보면 선하신 하나님의 존재**와** 악―심지어 끔찍한 악―의 존재 사이에는 어떤 갈등도 없다는 것이며, 이것이 사실이라면 기독교 이야기는 상황이 한결 나아진다는 것이다.

그런데 먼저, 한 가지 혼란을 정리해야겠다. 기독교 이야기는 하나님을 전능한 분, 무한한 능력을 가진 존재로 제시한다. 어떤 이들은 이 말을 하나님은 어떤 도전도 능히 감당할 수 있다는 뜻으로 받아들인다. 어떤 임무도 어렵지 않고, 어떤 시험도 버겁지 않고, 어떤 요구도 능히 감당할 수 있다는 뜻으로 이해한다. 그러나 그것은 전능이 의미하는 바가 아니다.

전능(omnipotence)은 모든 능력을 보유한다는 뜻이 맞지만 (omni[모든] + potence[힘]), 어떤 도전에도 응할 수 있다는 뜻은 아니다. 힘이 있어도 할 수 없는 일들이 있다. 종이 클립을 정사각형이나 원 모양으로 구부리는 데는 큰 힘이 들지 않는다. 그러나 아무리 많은 힘이 있어도 종이 클립을 네모난 원으로 구부릴 수는 없다. 그것은 무한한 힘으로도 할 수 없는 일이다.

기독교 이야기가 '하나님은 전능하시다'라고 말하는 것은 그분이 힘으로 할 수 있는 모든 일을 하실 수 있다는 뜻이다. 그러나 어떤 일들은 말하자면 하나님도 할 수 없고, 이때의 어려움은 힘과는 관련이 없다. 네모난 원이 불가능한 이유는 결혼한 독신남처럼 모순이기 때문이다. 하나님이 그런 존재를 "만들" 수 없다는 것은 그분의 한계가 아니다. 아니, 모순된 임무는 그 어떤 의미에서도 아예 임무라고 할 수 없다. "하나님은 자신이 들 수 없는 큰 돌을 만드실 수 있을까?" (즉, "하나님은 자신을 무력화시킬 수 있을까?") 또는 "하나님은 결혼한 미혼 남자를 만드실 수 있을까?"[3] 라는 질문은 그야말로 허튼소리다.

그러므로 하나님이 무슨 일이든 할 수 있다고 말할 때는 주의해야 한다. 모순이 되는 발언은 아무 의미가 없다. 이 부분을 명확히 해두는 것이 왜 중요한지 곧 알게 될 것이다.

이제 앞선 논점으로 돌아가 보자. 주요 문제, 핵심은 이것이다. 선하신 하나님은 능력이 닿는 한 언제나 악을 막으신다는 것이 사실일까?[4] 처음에는 당연히 그럴 것 같다. 그러나 다시 생각해 보라. 선한 사람이 나쁜 일을 막을 수 있는 데도 그냥 두는 상황이 있을까? 적어도 일부 경우라도 하나님이 악을 허용하는 합당한 이유가 있을까? 철학자들은 이것을 '도덕적으로 충분한 이유'라고 부르는데, 당신도 그 기본 개념은 익숙할 것이다.

제2차 세계대전 당시에 적군 전선 후방에 투입된 특공대원이 있다고 해보자. 그는 독일군 장교 행세를 하면서 강제수용소에 침투하여 가스실을 파괴하는 임무를 받았다. 그리고 그가 다른 장교들과 어울리다가 한 군인이 포로 한 명을 처형할 준비를 하는 장면을 목격했다고 해보자. 그가 그 군인을 쏘아죽인다면 그 악행을 멈출 수 있다. 하지만 그러자면 어떤 대가를 치러야 할까? 한 사람의 목숨을 구하는 것은 좋은 일이지만, 그의 임무는 많은 목숨을 구하는 것이다. 그가 한 개인의 죽음을 막느라 수천 명을 죽일 수 있는 가스실의 가동을 멈추지 않는다면 결국 훨씬 많은 사람이 목숨을 잃을 것이다.

이제 우리는 처음 질문으로 되돌아왔다. 선한 사람이 악한 일을 막을 수 있는 데도 불구하고 허용하는 일이 있을 수 있을까? 그 대답은 분명히 그렇다는 것이다. 선한 사람이라도 정당한 이유만 있다면, 충분히 막을 수 있는 악을 허용할 수 있다. 그는 (위의 사례처럼) 더 큰 악을 막기 위해 그보다 작은 악을 허용할 수 있다.

그리고 선하신 하나님이 악을 허용하실 만한 또 다른 상황이 있다. 부모라면 누구나 친숙할 상황을 제시해 보겠다. 가끔 나는 딸아이를 병원에 데려가 주사를 맞게 한다. 그것은 딸아이가 견뎌야 하는 괴로움이다(아이는 주사 맞는 것을 싫어한다). 하지만 아이가 그 순간에 경험하는 고통은 장기적으로 큰 선을 이루어 낸다. 물론 당시에 아이는 그런 교환을 이해하지 못한다. 나는 딸아이가 고통을 겪도록 허용했지만―또는 초래했지만―좋은 아빠다. 그 허용의 결과가 아이의 장기적 건강과 행복이라는 더 큰 선으로 나타나기 때문이다.

그렇다면 "선하신 하나님은 능력이 닿는 한 언제나 악을 막으신다"라는 진술은 틀린 말이다, 그렇지 않은가? 그 대신, 선한 하나님은 고통과 악을 허용할 만한 충분한 이유가 있지 않은 한 고통과 악을 늘 막으신다고 말하는 것이 더 정확하지 않을까? 때로 하나님은 더 큰 악을 막으시기 위해 어떤 악을 허용하실 수 있다(특공대원의 경우처럼). 그리고 때로는 더 큰 선을 만들어 내기 위해 악을 허용하실 수도 있다(내 딸아이가 주사를 맞는 경우처럼).

나는 악이 선할 수 있다고 말하는 것이 아니라, 나쁜 일을 허용할 만한 타당한 이유가 있을 수 있다고 말하는 것이다. 예를 들어, 모종의 악을 한동안 허용하는 것이 애초에 악이 없었던 상황보다 장기적으로 더 나은 세상을 만들 수도 있다. 그런 일은 분명히 가능하다. 그리고 때로는 선하신 하나님이 허용하실 악의 정도가 참으로 크고 대단히 심각할 수도 있다는 것을 알아야 한다. 그런 경우에도, 그로 인해 더 큰 선이 생겨난다면 적어도 원칙적으로는 그 악을 수용할 수 있을 것이다. 이것이 타당한 생각 같다면, 하나님이 선하시다고 해서 모든 악을 방지하셔야만 하는 것은 아닐 것이다.

하나님의 능력과 선함 중 하나를 포기해야 할 것 같은 딜레마를 해결하는 데 진전이 있었다. 우선, 몇 가지 빈틈을 발견한 것 같다. 첫째, 몇몇 사람들이 하나님의 능력에 대해 갖는 의심은 능력 자체가 아니라 논리적 모순과 관련이 있는 것 같다. 둘째, 하나님이 선하시다는 이유로 모든 상황에서 모든 악을 막는 데 그분의 힘을 다 써야 할 의무가 있는 것은 아니고, 어떤 경우에는 악을 허용하기에 도덕적으로 충분한 이유가 있는 것 같다.

두 가지 모두 적어도 원리적으로는 설득력이 있는 것처럼 보인다. 이제는 이 이론적 가능성을 실제로 적용해봐야 한다. 하나님이 세상에 악을 허용하셔야 하는 타당한 이유가 있을까? 하나님의 마음을 읽으려는 시도는 언제나 위험한 일이지만, 나는 한 가지 가능성을 제안하고 싶다. 과거의 신중한 사상가들이 설득력 있다고 여긴 가능성이다.

나는 앞서 하나님이 인간과 우정을 나누기 위해 인간을 창조하셨다고 말했다. 이것은 하나님께 친구가 필요해서가 아니었다. 완전한 존재는 다른 어떤 것이 없어도 온전히 만족하고 전적으로 행복하다(앞으로 알게 되겠지만, 하나님은 무엇인가를 창조하시기 전부터 특이한 방식으로 이미 진정한 우정을 나누고 계셨다). 하나님이 완전히 행복하신 이유는 완전하고 철저하고 완벽하게 선하시기 때문이다. 그분의 행복은 그분의 선함에서 흘러나온다.

하나님은 무엇이 필요해서 세상을 창조하신 것이 아니었다. 그분은 자신의 행복을 다른 이들과 나누기 원하셔서 세상을 창조하셨다. 그렇다면 어떤 존재가 하나님과 우정과 행복을 나눌 수 있을까?

하나님이 만드신 것들의 종류를 잠시 생각해 보자. 하나님은 산과 강과 바위 같은 무생물을 만드셨다. 그것들은 생명이 없다. 나무와 장미와 순무 같은 것들은 생명이 있지만 의지가 없다. 행성도 식물도 무언가를 선택하지는 않는다. 그것들의 전 존재는 물리학과 화학의 지배를 받는다. 그것들은 단순한 물리적 대상이며 우주 안의 다른 물리적 대상에 의해 밀리고 당겨지고 이리저리 부딪힌다. 그것들은 의지가 없고 선택을 하지 않기에 우정을 맺을 수도 없다.

동물은 좀 다르다. 동물은 생명도 있고 의지도 있다. 그러나 그것들의 선택 능력은 매우 초보적인 수준에 머문다. 동물에게는 의식이 있으므로 그들에게 마음이 있다고 느낄 수 있지만 그들이 내리는 선택에 의미 있는 결과가 따라오지는 않는다. 자연적 충동이 동물의 마음을 대부분 지배하기 때문이다. 본능이 유대감을 낳는 것은 분명하지만, 사랑이나 우정을 만들어 내는 것 같지는 않다. 적어도 하나님과의 관계에서 중요한 종류의 사랑이나 우정은 만들어 내지 못한다.

동물이 가진 선택 능력을 '**피상적 자유**'라고 부르자. 동물은 상당히 중요한 종류의 선택은 내릴 수 없기 때문이다. 동물은 이성적 피조물도 도덕적 피조물도 아니다. 동물은 선할 수 없으므로 하나님이 행복하신 방식으로 행복할 수 없다. 동물의 행동은 본성적 충동에 이끌리는 것이지 참과 거짓 또는 옳고 그름 사이에서 선택하는 것이 아니기에, 우정에 관한 중요한 결정을 내릴 수가 없다. 애완견 테리어와 모종의 우정을 나눌 수는 있지만, 그것은 배우자, 자녀, 절친한 친구들과 나누는 우정과는 다르다 (가끔은 테리어와 함께 있는 것이 더 좋게 느껴질 수는 있겠지만).

태초의 세상에는 멋진 것들이 가득했지만 그것들은 하나님의 행복을 공유할 수 없었다. 그래서 하나님은 인간을 만드셨다. 인간은 동물처럼 유한하지만 하나님처럼 인격적인 존재였다. 인간의 선택은 물리학이나 화학이나 본능이 아니라 인간 자신에게서 나온다. 진정한 자유의 산물이다. 인간은 '**심오한 자유**'라 부를 만한 것을 갖고 있다. 그는 중요하게 여기는 이유에 따라 의미심장한 선택을 내릴 자유가 있다. 인간은 도덕적 피조물이기도 하다. 하나님의 행복의 토대가 되는 그런 선함을 공유할 능력이 있는 것이다.

이제 한 걸음 더 들어가 보자. 이런 문제들에 대해 100퍼센트 자신 있게 말할 수는 없지만, 심오한 자유를 가진 피조물(자기 나름의 이유로 결정을 내리는 존재)이자 도덕적 존재(선함을 경험할 수 있는 존재)만이 하나님과 의미 있는 우정을 맺을 수 있는 것 같다. 인간이 하나님의 행복을 공유하려면 먼저 그분의 선함을 공유할 수 있어야 한다. 그래서 하나님은 인간을 죄가 없고 도덕적으로 무고한 상태로 창조하셨다. 하나님은 인간이 자신의 심오한 자유를 사용하여 순종을 선택하고, 그의 선함과 미덕이 자라나서, 거룩함과 행복에 있어서 더욱 하나님처럼 되기를 원하셨다. 하나님과의 우정과 그분의 행복을 공유하는 것이 좋은 일이라면 (그런 것처럼 보인다), 그런 것들을 누릴 수 있는 피조물을 만드는 것도 좋은 일이다. 설령 거기에 어떤 위험부담이 따른다 해도 말이다. 그런데 여기에 문제가 있다.

독자는 내가 논의를 어디로 끌고 가려는지 알 수 있을 것이다. 세상에 악이 존재하기 때문에 하나님은 힘이 없거나 선하지 않은 것이 아닌가 하는 우려가 있었다. 그런데 그와는 전혀 다른 일이 벌어지고 있는 것처럼 보인다. 딜레마의 해결책이 모습을 드러내고 있다.

악의 문제에 대해서는 하나의 교환이 있었다. 하나님은 선하시기 때문에, 자신의 행복을 다른 이들과 공유하기 원하셨다. 그래서 하나님은 특별한 자유와 본성을 가진 인간을 창조하셨다. 그 자유와 본성은 하나님과의 우정과 행복을 심화시키는, 그들을 더욱 선해지도록 하는 요소였다. 행복은 선함에 달려 있었고[5] 인간은 선을 선택할 자유가 있었다. 하지만 그는 바로 이 자유를 가지고 악을 선택할 수도 있었다. 이것을 '도덕적 자유'라고 한다.[6] 간단히 말하면, 선한 것이 악한 것을 가능하게(불가피하게는 아니라도) 하는 상황이었다.

이제 상황이 좀 달라진 것 같다. 다름 아닌 하나님의 선함 때문에 그분은 악해질 수 있는 피조물을 만드셨다. 그리고 그것을 우회할 다른 길은 없다. 자유가 없는 선함은 자라날 수 없다. 선함이 자라날 수 없다면 행복도 자랄 수 없다. 따라서 이제 우리는 더 이상 하나님의 선함을 의심하지 않아도 된다.[7]

그리고 알고 보면 그분의 능력 또한 의심할 수 없다. 도덕적 자유는 그야말로 선**과** 악을 행할 가능성이기 때문에, 그 가능성을 제거하면 자유도 제거된다. 하나님이 진정한 도덕적 자유를 가진 인간을 창조하면서 인간이 그 자유를 악한 데 쓸 가능성을 배제하는 것은 불가능한 일이다. 그것은 마치 네모난 원을 만들려는 시도와 같을 것이다. 논리적으로 불가능한 도전이자, 전혀 의미 없는 시도인 것이다.

물론 악에 대한 우려는 완전히 해결되지 않았다. 답이 나오지 않은 질문들이 있기에 여전히 문제가 되긴 하지만, 대부분의 사람이 생각하는 그런 방식의 문제는 아니다. 하나님의 선함, 그분의 능력, 그리고 악의 존재는 적어도 기독교 이야기 안에서는 어떤 필연적 모순도 없는 것으로 드러난다.

아직 남아 있는 문제가 있다. 하나님이 선하시기 때문에 악이 존재 가능한 세상이 되었다. 이상한 말처럼 들리지만, 하나님이 그렇게 하실만한 정당한 이유가 있다면 이것이 이치에 맞는다는 사실을 우리는 조금 전에 알게 되었다. 하나님이 악을 허용하시는 한 가지 합당한 이유는 더 큰 선을 이루는 것이고, 얼마간의 악이 있는 세상이 장기적으로는 악이 전혀 없는 세상보다 더 나을 수 있음도 발견했다. 대부분의 사람은 인간의 자유—거기에 따라오는 행복과 더불어—가 위험을 감수하고 추구할 만한 큰 선임을 기꺼이 인정할 것이다. 그러나 이것으로 충분할까? 그 정도면 세상의 모든 악을 허용할 정도로 충분히 타당한 이유인가?[8] 모험을 감수할 만한 가치가 있는가?

이것은 정당한 질문이지만, 우리 혼자서 답할 수 있는 질문이 아니다. 때로는 악과 고통이 너무나 크고 많아서 거기에서부터 어떤 더 큰 선이 나올 수 있을지 도무지 상상할 수가 없다. 우리는 주위를 둘러보고 그것이 부질없는 도박이었다는 생각을 한다. 그러나 그 생각이 과연 옳은지 자신 있게 말할 수 있는 경우는 천칭의 어느 한쪽에 무게를 실어 줄 모든 변수를 다 아는 경우 하나뿐이다. 그러나 우리는 그것을 알 수 없다. 그것은 하나님만 아신다.

한번 생각해 보라. 누군가가 방 안에 살아 있는 코끼리가 있는지 묻는다면 그것은 대답하기가 아주 쉽다. 하지만 방안에 벼룩이 있는지 묻는다면 대답하기가 좀 더 어려워진다.[9] 벼룩이 다리를 문다면 물론 벼룩이 있는 줄 알 것이다. 그러나 열심히 찾아봤는데도 벼룩을 한 마리도 찾지 못한 경우는 어떤가? 벼룩이 한 마리도 없다고 장담할 수 있을까? 찾을 수 없었을 뿐 벼룩이 많을 수 있다.

우리가 확신에 차서 말할 수 있는 일이 있는가 하면 (방 안에 코끼리가 있는지 여부) 우리의 인지능력을 완전히 벗어나는 일도 있다. "그것이 그만한 가치가 있었을까?"에 대한 답이 그와 같다. 하나님이 악을 허용하실 때 염두에 두셨던 모든 이유를 다

아는 것은 벼룩을 찾는 일보다 훨씬 더 어렵다.

내 딸아이가 주사를 맞았을 때, 선과 악의 교환에 따른 이득을 당시에는 아이가 이해하지 못했다고 했던 말 기억하는가? 그것은 농담이 아니었다. 하나님이 현재 허용하시는 나쁜 일이 미래에 더 큰 선을 어떤 식으로 불러올지 알기는 어렵다. 우리는 미래를 알지 못하고, 우리 삶에서 다른 사람들의 삶으로 도미노처럼 연결되며 영향을 끼치는 무한히 복잡한 일련의 사건들을 알지 못하기 때문이다. 천칭이 반대쪽으로 기울어지기까지는 수십 년, 어쩌면 수 세기가 걸릴 수도 있다. 이런 일은 기독교 이야기에서 자주 등장한다. 우리가 믿는 하나님 같은 분만이 악으로 시작된 일을 결국 선한 일로 변화시키실 수 있기 때문이다.[10]

우리는 자유가 악을 감수할 만큼 가치가 있는 것인지 절대 알 수 없기 때문에, 이것은 하나님께 맡겨야 하는 문제 중 하나다. 그리고 우리는 하나님이 존재하시며 선하고 지혜롭다고 믿을 만한 타당한 이유가 있으므로,[11] 나는 이 전략을 택하는 것이 안전하다고 생각한다.

하나님에게 악의 모든 사례를 허용하실 타당한 이유가 있었고, 애초에 인간에게 자유를 주지 않았을 경우보다 장기적으로는 세상에 더 큰 선이 있을 것을 하나님이 아셨다면, 그것은 결코 도박이 아니다. 그 정도면 하나님에 대한 의심의 눈길을 거두기에 충분한 것 같다. 그리고 기독교 이야기는 이 문제를 그 이상 다루지 않는다.

우리가 분명히 아는 바는 인간이 자신의 자유를 제대로 쓰지 않았다는 것이다. 아담과 하와는 하나님이 다스리는 그분의 나라에서 그분과 우정을 나누며 그분과 조화롭게 살 능력이 있었지만 그 우정을 배신했다. 자신들의 자유를 하나님을 영화롭게 하는 데 쓰지 않고 반역하는 데 썼다.

이제 우리는 이야기의 핵심에 들어왔다. 부모가 자녀들에게 경계를 정해 주는 데는 이유가 있다. 그들은 어린 자녀들이 모르는 세상의 이치를 꿰뚫어 보는 지혜를 갖고 있다. 그들은 자녀들이 불순종하면 뭔가—화분이나 창문, 팔이나 다리, 혹은 소중한 관계, 심지어 인생까지도—를 깨뜨리거나 부러뜨리거나 망가뜨리게 될 가능성이 큼을 안다. 불순종은 파괴를 불러오고, 때로는 그 손실이 너무나 커서 회복이 불가능하기도 하다.

하나님과 우리의 관계도 마찬가지다. 하나님이 명령을 내리시는 데는 이유가 있다. 우리가 하나님께 불순종할 때마다 뭔가 소중한 것이 망가진다.

이것이 악의 문제를 이해할 열쇠다. 하나님의 자녀들이 하늘 아버지에게 불순종했을 때, 그들은 모든 것을 훼손했다. 아담과 하와는 우주의 왕께 반역하여 온 세계를 망가뜨렸다.

이것이 악과 고통이 존재하는 이유다. 망가진 세계에서는 나쁜 일들이 일어난다. 우리를 괴롭히는 모든 악은 하나님의 통치를 거부한 결과다. 이것을 성경에서는 죄라고 부른다. 죄는 원래 아름다웠던 인간을 일그러뜨리고 왜곡시킨 돌연변이다. 죄는 세상을 망가뜨렸다. 그리고 망가진 세상은 망가진 사람들과 손상된 상황을 만들어 낸다. 죄—인간의 죄, 우리 죄—때문에 이제 세상은 더는 제대로 된 상태가 아니다.

하지만 우리는 두 가지에 주목해야 한다. 첫째, 난관과 어려움과 고난, 고통, 괴로움, 갈등, 비극, 악은 모두 기독교 이야기의 **일원**이다. 모든 이야기는 이런 문제가 어떻게 해결되는지 들려준다. 기독교 이야기는 사람들이 저지르는 악을 설명할 뿐 아니라 사람들이 악을 저지를 것을 예측한다. 기독교 이야기가 진짜이며 단지 종교적인 희망적 사고가 아니라고 했을 때 예상되는 세상이 지금 우리가 사는 세계다.

둘째—더 중요한 것으로—**우리 이야기는 아직 끝나지 않았**다.[12] 하나님은 예기치 못한 악에 당하신 것이 아니다.

15

진노

인간이 처한 절박한 상황을 말로 포착해 내기는 어렵다.

아담과 하와가 순종 대신 반역을 선택했을 때, 모든 것이 달라졌다. 하나님과 닮은 모습은 더럽혀지고 손상되고 오염되었다. 아버지와의 관계는 훼손되고 끊어져 버렸다. 다른 이들과의 관계는 왜곡되었고 피조세계와의 관계도 손상되었다. 인간의 영혼은 도덕적으로 뒤틀리고 망가졌다. 최고 군주에 대한 범죄로 그들은 갚을 수 없는 빚을 지게 되었다.

아집에 사로잡힌 한 번의 행동으로 인간 세계는 캄캄해졌다. 그 결과로 인간이 발견한 것은 생명이 아니라 죽음이고, 그의 반항은 하나님과 이어졌던 영혼의 생명줄을 끊어 놓았다.[1] 그를 맞이한 것은 자유가 아니라 노예 상태였고, 내면에서는 부패한 '육신'의 다스림을 받고 바깥에서는 새로운 주인의 다스림을 받게 되었다. 인간이 하나님을 거역하고 동산에서 순종을 바친 뱀이 그의 새로운 주인이다. 인류는 이제 사기꾼의 손아귀에 있고 그자의 포로 신세가 되어 그자의 사악한 뜻대로 움직이게 되었다. 그 뱀은 인류를 놓아 줄 마음이 없다.[2]

인간은 같은 부류의 존재를 계획대로 세대를 거듭하며 재생산한다. "아담에게서 태어난" 모든 사람은 이제 망가진, 땅의 아버지 형상을 지닌다. 그들은 반역자, 죄인, 채무자, 노예다. 그들은 양 떼처럼 걸핏하면 방황하고, 배신자들처럼 쉽게 반란을 일으킨다. 고대 히브리 선지자는 이렇게 말했다. "너희 모두는 다른 길로 빗나가서 하나같이 썩었으니, 착한 일을 하는 사람이 하나도 없구나."[3] 자신의 군주이자 우주의 왕께 반란죄를 지은 인간은 완전히 길을 잃었다.

그리고 왕께서는 분노하신다. 이것은 인간에게 몹시 나쁜 소식이다.

⌐

종교에서는 신의 진노만큼 사람을 괴롭게 하는 것이 없다. 그 이유는 어렵지 않게 알 수 있다.

첫 번째 이유는 피고석에 있는 우리에게 하나님의 진노는 불안하기 그지없는 것이기 때문이다. 다른 사람이 공정한 심판을 받는 것은 괜찮지만, 그 심판이 우리 일이 되면 문제가 달라진다. 법을 지키는 시민은 범죄자가 응분의 처벌을 받는 것을 반대하지 않는다. 불평하는 사람은 죄인뿐이다.

둘째, 우리는 자신의 실패에 너무 친숙해진 나머지 그것의 심각성을 실감하지 못하기 때문이다. 우리는 자신이 기본적으로 착한 사람이라고 생각하는 경향이 있다.[4]

하지만 우리의 운전 습관 같은 사소한 것까지 속속들이 알고 있는 판사 앞에 끌려간다면 어떤 일이 벌어질까? 좀 불편하지 않겠는가? 그런데 그보다 훨씬 더 큰 분이 우리를 지켜보신다고 생각해 보라. 완전한 지식을 갖고 계신 분, 완전한 정의를 시행하시고 완전한 법에 따라 모든 사람을 판단하시는 분이 재판하신다고 생각해 보라. "나는 결백해. 하나님은 내게서 아무 흠도 찾지 못하실 거야"라고 누가 말할 수 있을까? 아무도 없을 것이다. 하나님은 우리가 평생에 걸쳐 쌓아 놓은 산더미 같은 죄—부도덕, 자기 중심주의, 반역, 아집, 기만, 불순종—를 찾아내실 것이다.

하나님의 진노가 불편한 마지막 이유는 '복수하시는' 하나님 개념이 사랑의 하나님과 모순되는 것처럼 보이기 때문이다.

이 불평은 얼핏 처음에는 정당해 보이지만, 알고 보면 오해에 근거한 것이다. 하나님의 사랑은 단독적으로 존재하는 것이 아니라 그분의 모든 속성이 그렇듯이 그분의 선함과 이어져 있다. 악이 창궐할 때 우리가 의문을 제기하는 바로 그 선함 말이다. "하나님은 왜 뭔가를 하지 않으시는가?" 우리는 이런 의문을 품는다. 하지만 하나님이 악에 대해 결정적 조처를 할 것이고 우리가 행악자라는 사실을 인식하는 순간, 우리는 부당하다고 외친다.

선함에는 여러 얼굴이 있다. 하나님의 사랑에 불을 지르는 그분의 선함은 그분의 정의에도 불을 붙인다. 하나님이 악을 미워하시지 않고 줄기차게 악을 행하는 자들을 어질게 대하신다면 그분은 선한 존재가 아닐 것이다. 정의는 범죄에 대해 합당한 징벌을 부과하는 것을 뜻한다. 징벌이 없다면 정의도 없다. 정의가 없다면 선함도 없다. 하나님이 '복수하시는가'? 그것은 범법자들에게 판결을 내려야 하는 선하고 공평하고 고귀하고 정의로운 재판관의 모습일 뿐이다.

기억하자. 인간을 향한 하나님의 목표는 우정이다. 하지만 지독한 범죄를 끊임없이 저지르고 그것도 고의로 저지르는 사람과 친구가 되기는 어렵다. 하나님의 진노가 그분의 가장 인기 있는 특성이 아닌 것은 분명하지만, 그것을 대수롭지 않게 여긴다면 큰코다칠 것이다. 거기에 너무 많은 것이 걸려 있다.

가장 거룩하신 분이 죄를 가장 명확하게 보신다. 완전히 의로우신 분이 우리의 가장 '사소한' 선의 위반에 따라오는 온전한 비극을 보신다. 그리고 이것은 좋은 소식이 아니다.

인간은 값을 치러야 하지만 스스로는 값을 치를 수 없다. 그는 풀려나야 하지만 노예가 자신을 스스로 풀어 줄 수는 없다. 그에게는 구조자가 절실히 필요하다. 빚이 전혀 없는 사람, 노예 상태가 아닌 사람에 의해 구원을 받아야 한다.

기독교 이야기는 여기서 끝날 수도 있었다. 하나님은 사람을 사면해 주어야 할 의무가 전혀 없기 때문이다. 그러나 여기가 이야기의 끝은 아니다. 이것은 시작이다. 어둠 속에서 하나의 빛줄기, 은근한 약속이 있었다. 사탄은 인간에게 손상을 가했지만, 여자의 후손이 그에게 치명타를 가할 것이다.[5] 인간은 길을 잃고 무력하고 세상은 끔찍이 망가졌으나, 그 속으로 하나님이 친히 들어오셔서 구출 작전을 시작하셨다.

하나님
인간
예
수
십자가
부활

예수께서는 우리를
무엇으로부터 구출하셨을까?
예수께서는 우리를 무지나 가난이나
압제자나 심지어 우리 자신으로부터
구출하러 오신 것이 아니었다.
예수께서는 우리를 아버지로부터
구출하러 오셨다.

역사

예수의 생애에 대해 중요한 것을 고려하기 전에, 한 가지 우려를 먼저 다루어야 한다. 그 우려를 잠재우지 않는 한, 기독교 이야기가 그리스도에 대해 말하는 어떤 내용도 진지하게 검토할 수 없기 때문이다. 그 우려의 내용은, 복음서의 예수가 역사적 인물이 아니거나, 적어도 기독교 이야기가 묘사하는 것과 같은 사람은 아니라는 주장이다.

물론 이 주장이 사실이라면, 기독교에 치명타가 될 것이다. 가상의 구원자가 실제 사람들을 구원할 수는 없기에(이것이 기독교 이야기의 요점이기도 하다), 우리는 이 문제 제기를 진지하게 받아들여야 한다. 그런데 우리가 이 **문제 제기 자체**를 진지하게 받아들여야(이 문제에 대처해야) 하는 것은 사실이지만, 나는 이 **주장의 내용**을 진지하게 받아들이지는 않는다. 역사적 사실과는 거리가 멀기 때문이다.

예를 들어 이 견해 중 하나가 근년에 특히 인기를 끌었는데,

나는 그것을 "재활용된 구원자" 이론이라 부른다. 그 주장에 따르면, 우리가 가진 예수의 생애에 대한 기록은 일종의 '민간전승 표절'에 불과하다. 허구인 고대 신화의 재탕이다.[1] 이교 신비 종교의 인물─미트라스, 디오니소스, 오시리스, 아티스, 호루스, 아도니스─을 재활용하고 얼기설기 엮어서, 죽었다가 살아난 나사렛의 신인(神人, god-man) 이야기를 꾸며 낸 것이다.

나는 이 주장이 완전히 허튼소리라고 생각하는데, 누구를 무시해서가 아니라 많은 부분에서 명백히 틀렸기 때문이다. 세부 내용을 자세히 살펴보면 이 사실을 쉽게 알 수 있다. 간단히 말해, 이 견해는 사실의 무게를 견디지 못한다. 이 견해를 뒷받침하는 일말의 증거도 없기 때문이다. 그리고 자리에서 일어나 뭔가를 찾아볼 필요도 없이 이 주장을 곰곰이 생각만 해봐도 너무나 명백한 한 가지 반증이 금세 떠오른다. 차례대로 살펴보자.

첫째, 이런 주장에 대한 전문 역사가의 반응과 그들의 학술적 연구가 드러낸 내용을 살펴보자.

전문 역사가는 끝없이 서로를 인용하는 듯한 대중적 자료에 실린 여러 주장을 꼼꼼히 살피는 대신 고대 이야기의 가장 이른 기록들(그들은 그것을 '1차 자료'라고 부른다)을 찾는다. 그리고 그 신화의 내용이 무엇인지 알아본다. 그렇게 해서 그 자료들이 미트라스, 디오니소스, 오시리스 등에 대해 무엇을 알려 주는지 정확하고 분명하게 파악한다. 그렇게 해서 역사가들이 발견한 내용을 요약하면 이렇다.[2]

이 견해의 인기를 고려할 때 사뭇 충격적인 두 가지 사실이 드러난다. 첫째, 예수 시대보다 **시기적으로 앞서는** 신화들은 예수 생애의 구체적인 세부 내용과 닮은 점이 사실상 전혀 없다. 아주 많다던 소위 유사성은 아예 존재하지 않는 것으로 드러난다. 그나마 유사성이라 할 만한 것도 대개는 너무 일반적이라 큰 의미가 없다.

이 문제를 최근에 가장 철저하게 연구한 역사가 트리그브 메팅거(Tryggve Mettinger)에 따르면, "예수의 죽음과 부활이 여러 주변 지역의 죽었다가 부활한 신들의 신화와 의식(儀式)에 의지한 신화적 구성물이라고 추정할 만한 증거는 존재하지 않는다."[3]

둘째, 예수의 생애와 모종의 유사성이 있는 신비 종교의 신들에 대한 신화적 기록들은 (그 이론의 입장에서 볼 때 불행히도) 예수 시대 이후에 등장한다. 이 사실은 재활용된 구원자 견해에 제동을 건다. 이 이야기들이 복음서를 베낀 것이지, 그 반대가 아닌 것처럼 보이기 때문이다. 아이가 부모보다 먼저 올 수는 없는 노릇이다. '재활용된' 형태는 그 기원이 되는 형태보다 역사 기록에서 **나중에** 나타나야지 **먼저** 나타나서는 안 될 것이다.

끝으로—내가 볼 때는 결정적인 부분이다—재활용된 구원자 견해에는 논리적 허점이 있다. 이것은 그 주장에 대해 곰곰이 생각만 해봐도 쉽게 알아낼 수 있다. 이 부분을 소개하기에 앞서, 너무 이상해서 믿기 어려울 정도지만 실제로 일어난 숨 막히는 우연의 일치에 대한 놀라운 실화를 들려주려 한다.

1898년 모건 로버트슨은 『무용지물』이라는 소설을 출간했다.[4] 이 소설은 영국과 뉴욕을 오가는 대서양 횡단 유람선에 대한 허구적 이야기였다. 어마어마한 크기의 그 배는 바다에 떠 있는 배 중에서 가장 컸고, 사람들은 그 배가 절대 부서지지 않을 거라고 생각했다. 그러나 거대한 프로펠러 세 개의 추진력으로 전진하던 배는 4월의 어느 밤중에 빙산에 충돌하여 바다 밑으로 가라앉았다. 배 안의 구명정 수는 승객을 모두 태우는 데 필요한 정도의 절반에 불과했기에, 승객 절반 이상은 목숨을 잃었다. 배의 이름은 타이탄 호였다.

이번에는 실제 있었던 일이다. 로버트슨이 『무용지물』을 출간하고 14년 후, 세계에서 가장 큰 호화여객선―'파괴될 수 없는' 타이타닉 호―이 4월에 영국을 떠나 뉴욕으로 대서양 횡단 항해에 나섰다. 프로펠러 세 개의 추진력으로 항해하던 타이타닉 호는 한밤중에 빙산과 충돌했고 바다 밑으로 가라앉았다. 타이타닉 호는 승객에게 필요한 구명정의 절반밖에 없었고, 절반이 넘는 승객이 목숨을 잃었다.

현실에서 일어난 이 우연의 일치는 중요한 교훈을 가르쳐 준다. 당신이 그것을 놓치지 않으면 좋겠다. 방금 소개한 두 사건의 내용은 비슷하지만, 첫 번째 사건이 허구였다는 이유만으로 두 번째 사건 역시 꾸며 낸 이야기라고 치부하며 무시할 수는 없다는 것이다. 타이타닉 호 재난의 세부 내용이 정확한지 아닌지는 그 자체의 증거에 의해서만 판단할 수 있다. 타이타닉 호의 재난과 14년 앞서 출간된 소설 속 타이탄 호의 불운한 운명의 유사성에 대해 얼마든지 추측할 수 있지만, 그래도 달라지는 것은 아무것도 없다. 소설 내용은 타이타닉 호의 침몰을 다룬 1912년 4월 15일 자 신문 보도의 신뢰성에 대해 아무것도 말해 주지 않기 때문이다.

이것을 다른 방향에서도 한번 살펴보자. 당신이 처음 보는 사람에게 자신을 소개하고 살아온 이야기를 조금 들려준다고 해 보자. 그런데 상대방이 대뜸 당신을 거짓말쟁이에다 사기꾼으로 취급한다. 그 이유는 지난 세 달에 걸쳐 열두 명의 다른 사람이 같은 이야기로 그를 속여 넘기려 했다는 것이다. 당신이 신원을 입증하기 위해 신분증을 꺼냈지만 그는 무시한다. 그는 이미 당신이 나머지 열두 명과 똑같은 사기꾼이라고 마음을 정했고, 그 어떤 진짜 증거도 그의 마음을 바꿀 수 없다.

당신은 마음이 상하고 한편으론 다소 어리둥절할 것이다. 신분을 속이고 거짓말하는 사람들이 있었다는 사실이 당신도 신분을 속이고 거짓말하고 있다는 증거가 될 수는 없다. 당신을 사칭한 어떤 사기꾼이 과거에 있었다고 해도 당신이 실물일 가능성을 논리적으로 배제할 수는 없다. 그것은 별개의 근거로 판단해야 할 문제다. C. S. 루이스의 말을 달리 표현하면, 어떤 이야기에 담긴 거짓이 어떻게 생겨났는지에 대한 추측이 조금이라도 이치에 맞으려면 그 이야기가 거짓이라는 사실을 먼저 보여 주어야 한다.[5]

그와 마찬가지로, 예수의 생애라는 허구가 애초에 **어디서**

나왔는지 설명하기 전에, 예수 생애의 역사적 기록이 허구라는 **사실**을 먼저 보여야 한다. 그렇지 못한다면 논리적 오류가 발생한다. 누군가가 고대 신화와 예수의 유사성을 천 개나 제시한다 해도, 그것만으로는 예수가 또 다른 전설에 불과하다는 것을 입증할 수 없다. 그 유사성이 주목할 만한 것이라면, ("또 있단 말이야!" 하면서) 살짝 놀라게 되고 더 자세히 살필 수는 있다. 하지만 그것만으로는 그리스도의 역사성을 부인하게 할 만한 어떤 근거도 되지 못한다. 이 점이 분명히 드러났기를 바란다.

모든 일에는 순서가 있는 법이다. 예수가 신화라고 가정한 상태에서 그 오류의 기원을 추측하는 것은 아무 유익이 없는데, 비판자들은 바로 그런 일을 한 것이다. 예수에 대한 고대의 역사 문서들—주로 마태, 마가, 누가, 요한복음(다른 문서들도 있다[6])—은 죽었다 살아난 신들이 등장하는 고대 신화와 비슷하다고 상상하고는 무시할 게 아니라 먼저 그 자체의 진가를 평가해야 한다.

그리고 당신이 이미 알아차렸을지 모르지만, 자리에 앉아 생각할 거리가 또 있다. 당신이 맹렬한 일신론자에다 토라를 준수하는 유대인을 상대로 그들의 메시아가 도래했다고 설득하려 하는 1세기의 사기꾼이라면, 자신의 주장을 내세우기 위해 죽었다가 부활한 신들이 나오는 이교적 이야기의 내용을 빌리겠는가? 더구나, 유대인들이 기대한 인물은 살해당한 후 죽은 자들 가운데서 살아나는 메시아가 아니라 정복하는 왕인 상황에서? 나는 도저히 그럴 법하지 않다고 본다.

이제 재활용된 구원자 가설에 대한 견해를 간단히 정리해 보자. 첫째, 회의론자들이 내세우는 내용은 신뢰할 만하지 않다. 둘째, 그들의 사고방식은 논리적으로 문제가 있다. 따라서 그들의 문제 제기는 이중으로 사형선고를 받는다.

이제 진짜 역사가들의 말을 들어 볼 차례다. 역사 분야에서 숙련되고 자격을 갖춘 이들은 역사적 인물 예수에 대해 어떤 평결을 내릴까? 전문 역사가들은 신약성경의 이야기가 고대 신화의 개작에 불과하다고 생각하지 않는다. 물론, 모든 역사가가 복음서 기록의 모든 세부 내용을 인정하는 것은 아니다. 많은 학자가 복음서 기록의 전반적 신뢰성(이것은 또 다른 문제다)과는 상관없는 전혀 다른 이유로 초자연적 요소를 거부한다. 하지만 자유주의 학자와 보수적 학자 모두 나사렛 예수가 역사적 인물이고 사복음서가 대체로 그의 이야기를 정확하게 들려준다는 사실에는 압도적으로 동의한다.

풀리처상을 받은 역사가이자 역사상 가장 성공적인 역사서인 11권 분량의 『문명 이야기』를 쓴 윌 듀런트의 말을 들어 보자. 듀런트는 그리스도에 대한 부분에서 이런 결론을 내린다.

이 장면들을 읽는 누구도 그 배후 인물의 실재성을 의심할 수 없다.……2세기에 걸친 고등비평 이후에도 그리스도의 생애, 인격, 가르침의 줄거리는 상당히 분명하게 남아있고 서구인의 역사에서 가장 매혹적인 특성을 구성하고 있다.[7]

재활용된 구원자 이론을 내세우는 이들은 왜 미트라스, 호루스, 아티스를 비롯한 이교 신비 종교의 구원자는 꾸며 낸 이야기로 여기면서 유대인 목수에 관한 이야기, (그들이 볼 때는) 유사한 그 이야기만 사실로 취급해야 하는지, 그 이유를 묻는다. 대답은 간단하다. 고대 신화의 등장인물들과 그 행적에 대해서는 충실한 역사적 증거가 전혀 없지만, 예수에 대해서는 신뢰할 만한 역사적 증거가 풍부하기 때문이다. 그리고 나사렛 사람을 뒷받침하는 1차 자료의 문헌적 증거가 강력하다면, 얼마나 많은 고대 신화들이 그와 유사성을 공유하는지는 중요하지 않다.

역사적 기록에 꾸준히 등장하는데 알고 보니 결국 허구의 인물이었던 사람의 사례를 제시해 보라고 말하고 싶다. 고대 세계에서는 누군가가 "잠시 유명해졌다 잊히는" 일이 없었다. 어째서 그토록 다양한 출처(일부만 거론하자면, 플리니우스, 타키투스, 루키아노스, 요세푸스)에서 예수에 대한 수많은 언급을 볼 수 있는 것일까? 그 이유는 분명하다. 나사렛 예수는 역사 **속** 인물이었고, 역사에 심오한 영향을 끼쳤기 때문이다.

이처럼 예수가 역사 속 실존 인물이었음을 의심하거나 기독교 이야기에서 묘사된 모습과 완전히 달랐다고 생각할 합당한 이유가 없다. 복음서 저자들의 증언에 따르면, 그들은 지어낸 이야기를 하는 것이 아니라 예수와의 개인적 만남[8]을 전했다. "이 글은 생명의 말씀[예수]에 관한 것입니다. 이 생명의 말씀은 태초부터 계신 것이요, 우리가 들은 것이요, 우리가 눈으로 본 것이요, 우리가 지켜본 것이요, 우리가 손으로 만져 본 것입니다.……우리가 보고 들은 바를 여러분에게도 선포합니다." 그 저자들은 신화를 증언한 것이 아니라 "어느 한 구석에서 일어난 일이 아닌"

사건들에 관한 "참된 진리"를 증언한 것이었다.[9]

예수가 존재한 적 없다고 생각하는 사람들은 그의 생애에 대한 충분한 증거를 제공하는 일반 역사가들의 풍부한 연구 성과를 접하지 못했을 뿐이다. 예수가 존재한 적 없다는 생각은 근거가 없고 진짜 역사가들은 그 사실을 안다.

신인 神人

예수에 관해 알아야 할 중요한 사실 두 가지가 있다. 둘 다 그의 가르침 전반과는 아무 관련이 없다. 내가 하고 싶은 말은 이것이다. 이 두 가지 사실을 제거하면, 예수가 가르친 내용 중에서 당신이 중요하다고 생각했던 모든 것이 대체로 사소한 것이었음이 드러난다. 예를 들어, 도덕이나 사회정의에 대한 예수의 가르침이 매력적이라고 생각했던 사람은 요점을 놓친다는 얘기다.[1]

필수불가결한 그 두 가지는 '예수는 누구였는가', '예수가 무엇을 하기 위해 왔는가'다. 신학자들은 이 둘을 "그리스도의 인격과 사역"이라고 부른다.

그러면 첫 번째 질문을 살펴보자. 예수는 누구였는가?

우선, 예수는 참된 인간이었다. 이 사실은 너무나 명백해서 그냥 지나치기 쉽지만, 여기에는 중요한 요점이 담겨 있다. 세상은 원래 인간에게 맡겨졌는데, 속이는 자가 그것을 빼앗아 지금 대신 통치하고 있다. 인간이 싸워서 되찾아야 한다. 악독한 주인이 사람들을 노예로 만들었다. 자유로운 사람이 그자와 싸워 그들을 풀어 주어야 한다. 예언된 대로, 여자의 후손―우리와 같은 진정한 인간―이 뱀과 싸워야 한다.[2]

예수의 인간성을 미화하기는 쉽고, 특히 영화에서 자주 그러지만, 현실은 그와 전혀 다르다. 예수는 기적에 의해 잉태되었지만, 모든 아이가 그렇듯이 산고와 피와 고통을 통해 세상에 들어왔다. 그는 우리처럼 기쁨과 슬픔, 공감과 분노, 휴식과 피로, 즐거움과 괴로움, 우정과 배신을 겪으면서 성장했다.

이 모두는 본질적인 인간성에 해당하고, 우리가 경험하는 모든 것―바라는 모든 것, 꿈꾸는 모든 것, 우리를 낙심시키는 모든 것, 우리를 기쁘게 하는 모든 것, 우리를 실망하게 하는 모든 것, 모든 갈망과 희망과 괴로움―이 예수에게도 해당한다. 그는 우리와 같다. 그는 우리 중 하나다.[3]

즉, 예수는 인간이다. 이것이 첫 번째 사실이다. 그러나 이것이 전부는 아니다. 처음부터 예수는 어떤 사람도 해서는 안 될 말, 적어도 유대인이 다른 유대인에게 해서는 안 될 말을 한다. 그는 자신이 태어나기 전부터 존재했다고 말한다. 자신이 용서

하면 모든 죄가 사함을 받는다고 말한다. 마치 본인이 모든 죄로 인해 부당한 대우를 받는 당사자라도 되는 것처럼 말이다. 그는 아버지께서 받으셔야 할 영광을 자신도 받아야 한다고 말한다. 최후의 날 최후의 심판이 자신의 몫이라고 말한다. 자신이 목마른 자들의 음료요 굶주린 자들의 떡이므로 자신을 먹고 마시는 자는 다시는 목마르거나 주리지 않을 거라고 말한다. 자신을 믿는 사람은 죽어도 살 것이라고 말한다.[4]

여기서 우리는 어려운 일을 시도해야 한다. 우리가 근대인이 아니라 고대 히브리 사람이라고 상상해 보는 것이다. 이것이 중요한 이유가 있다. 현대인은 다른 사람이 스스로 신이라고 말하는 것을 그다지 거북하게 여기지 않는다. 우리는 그들의 말을 진지하게 받아들이지 않을 뿐, 그 말에 놀라는 일은 별로 없다. 하지만 예수가 살던 시대와 장소에서는 상황이 달랐다. 하나님은 하나님이고 사람은 사람이다. 하나님은 영원하시고 사람은 일시적이다. 하나님은 무한하시고 사람은 유한하다. 하나님은 영이시고 사람은 육신이다. 그런데 사람 안에 계신 하나님? 육신에 거하시는 하나님? 유대인에게 이것은 생각할 수 없는 일이었고, 용서받을 수 없는 말이었다. 죽어 마땅한 신성모독이었다.

예수가 했던 말을 당신이나 내가 한다면, 물론 터무니없게 들릴 것이다. 미친 소리, 불합리한 헛소리로 들릴 것이다. 그러나 예수의 입에서 나온 말들은 터무니없게 들리지 않는다. 예수는 말만 한 게 아니기 때문이다. 그는 행동한다. 자신이 생명의 떡이라고 말한 후 떡의 양을 늘려서 수천 명을 먹인다. 두 번이나. 자신이 부활이자 생명이라고 말한 후 죽은 사람을 살려 낸다. 자신이 세상의 빛이라고 말한 후 태어나면서부터 눈먼 사람이 빛을 보도록 해준다.

여기서 놓치면 안 될 것이 또 있다. 예수의 이런 주장은 그의 가르침이 성취할 바를 다룬 것이 아니라는 점이다. 그는 사람들의 관심이 자신의 교훈이 아닌 자신에게로 향하게 한다. 그는 자신이 누구인지 밝히는 주장을 한다. "**나**를 따르라. 그러면 영원히 살리라." "**나**를 믿어라. 그러면 마지막 날에 다시 살리라." "**나**를 믿어라. 그러면 죽지 아니하리라."[5]

예수는 온유하고 겸손하지만 그의 주장은 그렇지 않다. 그의 주장들은 어렵고 자신만만하고 대담하고 불화를 일으킨다. "너희가 만일 내가 그인 줄 믿지 아니하면 너희 죄 가운데 죽으리라." "아브라함이 나기 전부터 내가 있느니라." "나를 보는 자는 나를 보내신 이를 보는 것이니라." "아들을 믿는 자는 심판을 받지 아니하는 것이요 믿지 아니하는 자는 벌써 심판을 받은 것이니라."[6]

이렇듯 자랑을 일삼는 예수는 누구인가? 이 질문의 답에 모든 것이 달려 있다. 이것은 예수가 제자들에게 물은 질문이기도 하다. "너희는 나를 누구라고 하느냐?" 베드로가 대답했다. "주는 그리스도시요 살아 계신 하나님의 아들이시니이다." 예수는 재판에서 같은 질문에 이와 똑같이 대답했고, 그 대답 때문에 사형선고를 받았다.[7] 그러니까 예수는 그가 한 어떤 일 때문이 아니라 자신의 정체를 밝힌 말 때문에 십자가에 못 박힌 것이다.

이제 "예수는 누구인가?"라는 질문이 왜 그렇게 중요한지 이해가 되기 시작한다. 예수가 자신에 대해 내세운 주장이 사실이 아니라면, 미친 사람이나 얼간이(그가 자신의 주장이 거짓임을 알았다면)로 여기고 무시하면 된다. 엉뚱한 사람으로 가장하다가 소름 끼치는 죽음을 맞이한 것이기 때문이다. 하지만 그의 주장이 사실이라면, 모든 것이 달라진다. 고대인들은 이렇게 썼다. "아우트 데우스, 아우트 말루스 호모"(*Aut Deus, aut malus homo,* 하나님이거나 나쁜 사람). 그 중간은 없다.

하지만 예수는 나쁜 사람이 아니었다. 그는 어리석지도 않았다. 미친 자가 아니었다. 그의 말을 들은 사람들은 웃지 않았다. 그를 체포하라고 보냈던 군인들이 빈손으로 돌아와 이렇게 말했다. "그 사람이 말하는 것처럼 말한 사람은 이때까지 없었나이다."[8] 제자들은 예수가 한마디 말로 풍랑을 잔잔케 해서 위험에서 벗어난 후 두려움에 사로잡혔다. "이분이 누구이기에, 바람과 바다까지도 그에게 복종하는가?"[9]

"이분이 누구이기에?" 이것은 참으로 우리의 질문이다. 그리고 기독교 이야기는 우리에게 답을 제시한다. 기독교 이야기가 어떻게 시작했는지 떠올려 보라. "태초에 하나님이 천지를 창조하시니라." 예수의 이야기는 이렇게 시작한다. "태초에 말씀이 계시니라. 이 말씀이 하나님과 함께 계셨으니 이 말씀은 곧 하나님이시니라.……만물이 그로 말미암아 지은 바 되었으니 지은 것이 하나도 그가 없이는 된 것이 없느니라."[10]

기독교 이야기의 이 두 부분을 나란히 놓아야 비로소 드러나는 내용을 당신이 알아차렸는지 모르겠다. "말씀"이라고 불리는 이분이 태초에 이야기를 시작하신 바로 그분이라는 것이다.

그분이 주연이고 기독교 이야기의 핵심 등장인물이다. 그분이 모든 것의 주인 되시는 인격이시다. 그분이 모든 것을 만드셨기 때문이다. 그분이 왕이시고 왕국은 그분에게 속한다.

예수 이야기의 첫 부분에서 좀 더 아래로 내려가 보면 이런 구절이 나온다. "말씀이 육신이 되어 우리 가운데 거하시매 우리가 그의 영광을 보니 아버지의 독생자의 영광이요 은혜와 진리가 충만하더라."[11] 나는 이것이 기독교 이야기에서 가장 위대한 구절이라고 생각한다. 무(無)에서 세상을 만드는 것은 놀랍고 경이로운 일이 분명하다. 하지만 하나님이 우리 중 하나가 되시고 우리와 동행하시고 우리 가까이 계신다는 것—인간의 기쁨을 아시고 인간의 슬픔을 공유하신다는 것—은 경이롭다는 말로는 부족하다. 숭고하다.

이야기를 시작하신 하나님, 모든 것을 만드신 하나님이 하늘에서 내려오시고 육신이 되시고 베들레헴에서 아기로 태어나 역사 속으로 들어오신 하나님이시다.[12] 예수는 인간이지만 하나님이시기도 하다. 그분은 그냥 신이 아니라 유일한 하나님이다. 인간이 되신 하나님이다.[13] 완전한 사람이면서도 온전한 신이신 한 인격이시다.[14]

여기서 우리는 기독교 이야기에서 가장 이상한 개념과 정면으로 맞닥뜨린다. 하나님은 한 분이지만 그 안에 (말하자면) 둘 이상의 의식적 자아(conscious self)가 있다는 개념이다. 이상하게 들리지만, 그분은 하늘과 땅에 동시에 계신다. 우리에게는 결코 있을 수 없는 일이지만, 그것은 우리가 하나님이 아니기 때문이다.

여기서 우리는 하나님의 일부는 하늘에 머물고 다른 일부는 땅으로 내려왔고, 또 다른 일부는 하늘과 땅에 동시에 존재한다고 정리해 버리고 싶은 마음이 든다. 그러나 그것은 하나님에 대해 완전히 잘못된 방식으로 말하는 것이다. 하나님은 조각들로 이루어지지 않았기에, 그분의 일부가 이곳저곳에 흩어져 있을 수는 없다. 아버지는 하늘에 남으셨고 아들은 땅에 내려오셨으며 성령은 모든 곳에 머무신다고 제안할 수 있고 그렇게 말하는 편이 좀 낫기는 하지만 여전히 옳은 표현은 아니다. 이것은 앞서 봤다시피 하나님이 유일무이한 존재이기 때문에 생기는 이상함이다.

우선은 한 분 하나님이 계시는데 그분이 삼위로 계신다—성부, 성자, 성령이 '삼위일체'를 이루신다—고만 말하겠다. 성부와 성자와 성령은 같은 분이지만 그분들의 의식적 자아는 또렷이 구분되어 당신과 나처럼 서로 대화를 나누고 협력하고 사랑할 수 있다.

이 정도면 이 주제에 대한 철저한 논의를 대신하는 신학적 요약 정도는 될 것 같다. 교회의 위대한 공회들이 이 부분을 제대로 말하기 위해서, 신중하게 구성한 많은 단어와 씨름했다. 더 정교한 내용을 보기 원한다면 그 공회의 결과물을 참고할 수 있다.[15]

하나님이 삼위로 존재하신다는 것은 이상하게 보이지만 좋은 일이다. 앞에서 나는 하나님 같은 완전한 존재는 다른 것이 없어도 온전히 만족하고 전적으로 행복하다고 말했다. 하나님은 친구가 되어 줄 인간이 필요하지 않았다. 삼위일체 덕분에 세상이 시작되기 전에 이미 자신 안에 진정한 우정을 갖고 계셨다. 하나님은 사랑을 나눌 인간이 필요한 것도 아니었다. 삼위일체 덕분에 영원 전부터 신적 위격들 가운데 사랑의 나눔이 있었기 때문이다.

그래서 오직 그리스도인만이 "하나님은 사랑**이시다**"라고 제대로 주장할 수 있다. 사랑의 핵심이 이타적으로 주는 것이라면, 사랑을 줄 대상이 없는 상태에서는 사랑이 있을 수 없다. C. S. 루이스는 이렇게 지적했다. "하나님이 한 분이시라면, 세상이 창조되기 전까지는 사랑이셨을 수가 없습니다."[16]

사랑은 고독한 자아의 미덕이 아니다. 혼자서는 사랑을 알수가 없다. 사랑은 나눔 속에서만 생명을 이어 간다. 하나님이 삼위일체가 아니라면, 무엇인가를 창조하기 전에는 사랑하실 수가 없다. 그렇게 되면 사랑은 하나님의 존재 깊숙이 자리 잡은 변하지 않는 도덕적 완전함이 아니라 어느 시점에 얻게 되는 특성이 될 것이다. 그런데, 이것은 모슬렘의 신 이해에서는 문제가된다. 그는 사랑을 **보일** 수 있지만, 그가 사랑**일** 수는 없다.

하나님은 우리가 **필요하지** 않았지만, 우리를 **아우르기** 원하셨다. 그러기 위해선 한 가지 문제를 해결해야 했다.

나는 하나님이 우리 세계에 들어오신 한 가지 이유가 인간이 뱀과 싸워서 그 사기꾼이 한 일을 원상태로 돌려놓기 위해서였다고 말했다. 어떤 의미에서 그것은 이 땅의 이유다. 그런데 또 다른 이유, 천상의 이유가 있다. 인간은 하나님께 빚을 졌고 그 빚을 갚아야 한다. 하지만 어떤 사람이 온 세상 죄로 인해 부과된 영원한 형벌을 대신 지고 무한한 대가를 치를 수 있을까? 인간이 죗값을 치러야 하지만, 그 능력은 오직 하나님께만 있다. 인간과 하나님의 간격을 잇는 다리가 놓여야 하는데, 그 일은 신인(神人)만이 감당할 수 있다. 누군가가 말한 대로, 하나님은 "자기 아들을 주심으로써 자신을 내어주신 것이었다."[17] 하나님은 우리와 멀리 떨어진 존재, 닿을 수 없는, 저 위에 계신 완전한 "타자"가 아니다. 가까이 계신 하나님. 여기 계신 하나님. 임마누엘, 우리와 함께하시는 하나님. 하나님이 내려오셨다.

이제 우리는 기독교 이야기의 또 다른 주요 대목에 이르렀다. 나는 하나님이 "내려오신" 일에 대해 조금만 더 이야기하고 싶다. 그 일은 어떻게 일어났을까? 그런 일이 가능했던 것은 우리로선 상상하기 어려운 멋진 일이 벌어졌기 때문이다. 하나님이 작아지셨다.

한번 생각해 보라. 겁에 질린 아이에게 당신은 어떻게 말을 걸겠는가? 일단은 몸을 구부리고 앉을 것이다. 낮아질 것이다. 몸을 굽히고 아이 수준으로 내려가 부드럽게 아이를 진정시키고 아이를 끌어당길 것이다. 그것이 자연스러운 일이다.

하나님은 정확히 그런 일을 하셨다. 겁먹고 길을 잃은 인류에게 손을 내밀기 위해 하나님이 구부리고 앉으셨다. 하나님이 내려오셨다. 낮아지셨다. 그 이야기에 귀를 기울여 보라.

그리스도 예수……는 본래 하나님의 본체셨으나 하나님과 동등됨을 기득권으로 여기지 않으시고 오히려 자신을 비워 종의 형체를 가져 사람의 모양이 되셨습니다. 그리고 그분은 자신을 낮춰 죽기까지 순종하셨으니, 곧 십자가에 달려 죽으신 것입니다.[18]

기독교 이야기는 바로 이것을 말하고 있다. 아들은 여전히 하나님이었지만 자신의 신적 권리를 포기하셨다. 신적 권리를 제쳐 놓으셨다. 내어놓으셨다. 사랑하는 마음에서 왕관과 왕의 예복을 벗고 왕홀을 내려놓고, 흔한 거지 옷을 입은 채 백성 중에서도 가장 가난한 이들과 더불어 살았던 왕처럼. 그분은 여전히 왕이면서도 낮아지셨고 마침내 경멸받는 범죄자로 기꺼이 목숨을 내놓으셨다. 모두 자기 백성을 섬기기 위해서였다.

이것이 이 사건의 전모다. 하나님은 작아지셨고 몸을 굽혀 낮아지셨고 겸비하여 인간의 육신을 입으셨다. 상상도 못 할 희생이었다. 당신이나 내가 완전한 낙원을 버리고 가장 어두운 지하 감옥을 택한다 해도 하나님이 하신 일에 범접하기에는 어림도 없을 것이다.

이 부분을 주목해야 한다. 이분은 이슬람이 말하는 예수가 아니다. 모르몬교에서 말하는 예수가 아니다. 여호와의 증인이 가르치는 예수, 뉴에이지에서 말하는 예수도 아니다. 그 모두는 전혀 다른 이야기들이다.

18

구출

이제 두 번째 질문으로 들어가 보자. 예수께서는 무엇을 하러 오셨는가? 이에 대해서는 필요 이상으로 많은 논쟁이 있으므로 오해를 먼저 바로잡아야 한다. 때로는 예수께서 하지 않은 일을 아는 것이 그가 한 일을 아는 것만큼이나 중요하다. 왜냐하면, 처음 것을 잘못 이해하면 나중 것에 혼란이 생기기 때문이다.

그러니 분명히 해두자. 예수께서는 우리가 서로 잘 지내도록 돕거나 가난한 자들을 보살피도록 가르치거나 "사회정의"[1]를 회복하러 오신 것이 아니다. 어떤 이들에게는 이 주장이 뜻밖의 선언으로 들릴 수 있다. 그들이 들었던 내용은 정반대였고, 예수의 탁월한 도덕성 때문에 그분에게 매력을 느끼는 고결한 사람이 많기 때문이다(그렇게 되어야 마땅하다). 하지만 그분의 덕성에 감동해 그분을 존경하다가는 더 중요한 것을 놓치는 경우가 종종 있다.

그들의 실수는 예수께서 더 나은 삶을 사는 법을 가르치러

오셨다고 생각하는 데 있다. 그러나 예수께서는 그 때문에 오신 것이 아니다. 하나님은 이미 많은 이들을 이전부터 보내서서 우리가 들어야 할 조언을 전해 주셨다. 이미 전한 내용을 되풀이하려고 직접 내려오실 까닭이 없었다. 예수께서는 다른 이유로 오셨다.

내가 이제 말하려는 내용이 어떤 이들에게는 충격적으로 들릴 수도 있다. 하지만 한번 들어 보라. "가난한 사람들과 사회정의에 대해 예수께서 평생 하신 말씀을 전부 다 덜어 낸다 해도 그분의 주요 메시지는 조금도 훼손되지 않을 것이다." 너무 과한 말로 들릴 수 있지만, 그리스도를 가장 가까이 따른 사람 중 하나가 바로 이런 일을 했다.

요한복음은 예수에 대한 마지막 전기이고, 가장 끝까지 살아남은 사도이자 예수의 친밀한 측근이었던 그분의 '사랑하시는' 제자 요한이 우리에게 남긴 글이다. 많은 이들은 요한복음이 예수가 누구시고 무엇을 하러 오셨는지를 가장 우아하게 요약하고 가장 최종적으로 진술했다고 생각한다. 하지만 요한의 첫 문장부터 마지막 문장까지 다 읽어 보아도 가난한 사람을 돕는 일이나 사회정의 회복에 대해서는 한마디도 찾아볼 수 없다. 한마디도. 오히려 요한이 가난한 사람들을 딱 한 번 언급한 대목에서는 예수께서 그들을 다소 무시하는 것처럼 보인다.[2] 그것은 예수께서 그들에게 관심이 없어서가 아니라, 그들의 상황을 훨씬 더 중요한 것과 비교하고 계시기 때문이다.

요한의 기록만으로도 예수의 초점을 확실히 하기에 충분해 보이지만 조금 더 들어가 보자. 예수께서는 네 번의 주요 강화(講話)—산상설교, 생명의 떡 강화, 감람산 강화, 다락방 강화[3]—를 주셨다. 예수께서는 첫 번째 강화에서만 가난한 사람을 다소 언급하신다. 하지만 거기에도 염두에 두어야 할 두 가지 단서가 붙는다.

첫째, 산상설교에서 예수께서는 가난한 사람 **자체**가 아니라 **심령이** 가난한 사람을 칭찬하신다. 예수께서는 천국이 그들의 것이라고 말씀하신다. 천국이 그들의 것인 이유가 있다. 그들이 가난에 시달려서가 아니라 (예수께는 그들의 수입이 문제가 되지 않았다) 그들이 도덕적으로 망가졌고 그 사실을 알기 때문이다.[4] 그것이 "심령이 가난한" 상태의 의미다. 예수의 비유에 나오는 세리—가난한 사람이 아니었다—가 가슴을 치며 "하나님이여 불쌍히 여기소서. 나는 죄인이로소이다"라고 간청하는 모습을 상상해 보라.[5] 예수의 말씀에 따르면, 자신의 영적 가난을 고

백한 이 사람은 의롭다 하심을 받고 떠났지만, 바리새파 사람은
영적 오만에 눈이 가려 자신의 진정한 필요를 보지 못했다.

가난한 사람들에 대한 예수의 언급에서 기억해야 할 두 번
째 단서는 이것이다. 예수께서 가난한 사람들을 언급하신 대다
수 경우는 가난한 사람들 자체를 칭찬하기 위해서가 아니라 다
른 어떤 것―위선, 과부의 관대함, 삭개오의 회개, 부자 관원의 혼란,
또는 내세에 대한 교훈[6]―에 대한 생각을 밝히기 위해서였다는 것
이다. 가난한 사람들의 곤경은 예수 가르침의 초점이 아니었다.

그런데 이를 근거로 예수께서 가난한 사람에게 관심이 없었
으니 우리도 그럴 필요가 없다는 결론을 내려서는 안 된다. 그분
은 그들에게 많은 관심을 가지셨고, 기독교 이야기는 그들의 처
지에 대해 많은 말을 한다. 하지만 예수께서는 부자들과 힘 있는
자들에게도 관심을 가지셨다는 사실을 놓치지 말자. 그분은 자
신을 찾아오는 사람이면 **누구나**, **모두** 도우셨다. 가난한 거지나
창녀도, 부유한 세리나 바리새인도. 예수께서는 가난한 사람들
과 부자들을 구분하신 것이 아니라 교만한 자와 회개하는 자를
구분하셨다. 수입이나 지위와는 무관했다. 이 점을 놓치면 모든
것을 놓치게 된다.

예수를 제대로 이해하려면 이상의 사실을 직시해야 한다. '사회정의'는 복음이 아니다. 그것은 예수의 메시지가 아니고 예수께서 오신 목적이 아니다. 그분의 진짜 메시지는 그보다 훨씬 더 급진적이다. 예수의 가르침—그리고 기독교 이야기 자체—은 다른 것에 초점을 맞춘다. 그리스도인의 선행이 아니라 그리스도의 사역이다. 기독교 이야기는 바로 이것을 가르친다.

우리의 질문은 여전히 남아 있다. 하나님은 왜 내려오셨을까? 그분이 사람이 되신 이유는 무엇일까? 그분은 무엇을 하러 지상에 오셨을까? 기독교 이야기는 그 답을 들려준다.

기독교 이야기가 성탄절에 대해 말하는 내용을 잠시 생각해 보라. 내가 말하는 '성탄절'은 그리스도의 탄생하면 흔히 떠오르는 광경이 아니다. 목자들이나 동방박사나 마구간이나 여물통 같은 것을 생각하라는 것이 아니다. 그런 것들도 다 나름의 자리가 있지만 내가 전하려는 요점과는 전혀 상관이 없다.

아마도 내가 지금 말하는 내용은 기독교 이야기에서 당신의 시선을 전혀 끌지 못했을 것이다. 기독교 이야기에서 가장 중요한 성탄절 관련 성경 구절이지만, 성탄 카드에서도 절대 볼 수 없고, 성탄 퍼레이드에서도 들어 보지 못할 성경 구절이다. 왜냐하면, 그 구절은 예수 탄생 이야기에 들어있지 않기 때문이다. 사실, 그 구절은 예수의 생애를 기록한 어디에도 등장하지 않는다. 대신에 피와 희생과 죽음을 말하는 어둡고 불길한 대목에서 등장한다. 죄가 있는 이들을 대신하여 황소와 염소들이 무고한 목숨을 잃고 피를 흘리는, 끔찍하고 소름 끼치는 도살 제도를 말하는 대목이다.

그런데 나는 동물로 사람의 죗값을 치를 수 없다는 사실이 누구에게나 명백할 것으로 생각한다. 하나님이 히브리인에게 주신 희생제사 제도는 중요한 것이었지만, 그것은 일종의 임시처방, 인간의 도덕적 상처를 당분간 덮어 주는 일시적 조치였다. 장기적으로는 충분하지 않았고 그럴 의도로 주어진 것도 아니었다. 인간이 빚을 졌고, 결국 동물이 아니라 인간이 값을 치러야 한다. 죄 없는 사람—자신의 빚이 없는 사람—만이 다른 이의 빚을 감당할 수 있고, 사람 이상의 사람만이 수많은 이들의 죗값을 치를 수 있을 터였다.

이런 상황은 당신이 성탄절에는 결코 듣지 못할 가장 중요한 성탄절 성경 구절로 우리를 이끌어 준다. 여기 그 구절이 있다.

그러므로 그리스도께서 세상에 오시면서 이렇게 말씀하셨습니다. "주께서는 제물과 헌물을 원하지 않으시고 오히려 나를 위해 한 몸을 예비하셨습니다. 주께서는 번제와 속죄제를 기뻐하지 않으셨습니다. 그래서 내가 말했습니다. '보십시오. 하나님! 저에 대해 두루마리 책에 기록된 대로 제가 주의 뜻을 행하러 왔습니다.'"7

이 대목의 첫 구절을 보라. "그리스도께서 세상에 오시면서……." 기독교 이야기는 놀라운 방식으로 아기의 몸을 입은 영원한 하나님의 아들이 첫 번째 성탄절에 아버지에게 이렇게 말했다고 전한다. "제가 여기 있습니다. 부탁하신 일을 감당하겠습니다. 저를 위해 예비하신 몸을 받아들입니다. 그 몸이 피 흘려 죗값을 완전히 지불할 것입니다."

이것이 우리의 질문에 대한 답이다. 예수께서 지상에 오신 이유다. 하나님의 아들이 죄인들을 완벽하고 온전하게 구원하시기 위해 죄 없는 본인의 인간 자아를 장래의 흠 없는 희생 제물로 삼으셨다.

그리스도 탄생 이야기 곳곳에서 이것을 볼 수 있다. 하나님이 요셉에게 이렇게 말씀하신다. "[마리아가] 아들을 낳으리니 이름을 예수라 하라. 이는 그가 자기 백성을 그들의 죄에서 구원할 자이심이라." 첫 번째 성탄절 밤에 들에서 천사가 목자들에게 말한다. "오늘 다윗의 동네에 너희를 위하여 구주가 나셨으니 곧 그리스도 주시니라." 스가랴는 자기 아들인 어린 세례 요한이 "주님"의 길을 예비하고 "죄 사함을 받아서 구원을 얻는 지식을 그의 백성에게 가르쳐 줄 것"이라고 예언했다. 30년 후에 요한은 주 예수 그리스도를 지목하며 이렇게 말한다. "보라, 세상 죄를 지고 가는 하나님의 어린 양이로다."[8]

이 사건들 각각에서 성탄 찬양이 되지 못한 성탄절 구절이 메아리친다. "주께서 나를 위해 한 몸을 예비하셨습니다." 주님. 그리스도. 구원자. 임마누엘. 우리를 위해 죽으실, 우리와 함께하시는 하나님. 하나님의 어린양.

이렇게 기독교 이야기는 하나님의 아들이 세상에 온 정확한 이유를 알려 준다. 사랑과 평화를 가르치고 가난한 자들을 돌보기 위해서가 아니라, 이루 말할 수 없이 폭력적이고 잔인한 형벌에 자신을 내어주기 위해서. 그러므로 모든 예수 탄생 장면 위에는 십자가가 달려 있어야 한다. 예수께서는 죽기 위해 태어나셨

기 때문이다. 이 점에 대해서는 예수께서도 분명히 말씀하신다.[9]

- "하나님이 그 아들을 세상에 보내신 것은 세상을 심판하려 하심이 아니요, 그로 말미암아 세상이 구원을 받게 하려 하심이라."

- "인자가 온 것은 잃어버린 자를 찾아 구원하려 함이니라."

- "내가 의인을 부르러 온 것이 아니요, 죄인을 불러 회개시키러 왔노라."

- "내가 내 목숨을 버리는 것은 그것을 내가 다시 얻기 위함이니……이를 내게서 빼앗는 자가 있는 것이 아니라 내가 스스로 버리노라."

- "인자가 온 것은 섬김을 받으려 함이 아니라 도리어 섬기려 하고 자기 목숨을 많은 사람의 대속물로 주려 함이니라."

예수의 마지막 진술을 신중하게 생각해 보기 바란다. 그 말뜻을 이해하려면 세 가지 질문에 대답해야 한다. 첫째 "대속물이 무엇인가?" 대속물은 포로나 노예를 사기 위해 내는 값이다. 대속물은 몸값을 대신한다. 둘째, "예수께서는 대속물을 주어 누구의 몸을 사시는가?" 포로로 잡힌 자들을 사신다. 죄인, 반역자, 노예를 사려고 대가를 지불하신다. 셋째, "그분은 어떤 대가를 치르셨는가?" 예수께서는 자신의 몸을 내어줌으로써 사람들의 몸을 사실 것이다. "주께서 나를 위해 한 몸을 예비하셨습니다." 그분은 다른 이들을 구원하기 위해 자신을 희생하실 것이다.

예수께서는 죄인을 구원하기 위해 이 땅에 오셨다. 이 진술은 너무나 흔히 들어서 그 중요성을 놓치기 쉽다. '구원하다'는 "임박한 위험에서 구해 낸다"는 뜻이다. 우리가 위험에 처했기에 예수께서 우리를 구출하러 오셨다. 그 위험이 무엇이었을까? 예수께서는 우리를 무엇으로부터 구출하셨을까? 여기 그 답이 있다. 예수께서는 우리를 무지나 가난이나 압제자나 심지어 우리 자신으로부터 구출하러 오신 것이 아니었다. 예수께서는 우리를 아버지로부터 구출하러 오셨다.[10]

기억하라. 왕께서 분노하셨다. 우리는 그분의 심기를 상하게 했다. 그분에게 빚을 졌다. 우리는 군주에게 반역하고 아버지께 불순종했다. 위험한 처지에 놓인 것이다. 예수께서 말씀하셨다. "몸은 죽여도 영혼은 능히 죽이지 못하는 자들을 두려워하지 말고 오직 몸과 영혼을 능히 지옥에 멸하실 수 있는 이를 두려워 하라." 기독교 이야기의 뒷부분에서 우리는 다음의 사실을 배운다. "살아 계신 하나님의 징벌하시는 손에 떨어지는 것은 무서운 일입니다."[11]

그것은 나쁜 소식이다. 너무나 나쁜 소식이 분명하다. 하지만 나쁜 소식이 없이는 좋은 소식이 좋을 수가 없다. 그리고 좋은 소식은 아주, 대단히 좋다. 그 내용은 아버지께서 구출 작전을 감행하셨다는 것이다. 침공이 있었다.[12] 하나님이 내려오셨다. "주께서 나를 위해 한 몸을 예비하셨습니다."[13]

예수의 생애는 수많은 비범한 일들로 가득했고, 그분의 제자 중 하나는 그 일을 기록한 책들을 다 담기에 이 세상이 부족하다고 기록했다.[14] 그런데 예수께서 하신 일 중에 우리의 구출 작전에 필수적인 두 가지가 있다.

첫째, 우리가 살아야 하지만 살지 못하는 완전한 삶을 예수께서는 살아 내셨다. 우리는 반역하지만, 그분은 복종하셨다. 우리는 죄를 짓지만, 그분은 순종하셨다. 우리는 자신을 위해 살지만, 그분은 성부 하나님을 위해 사셨다. 우리는 흔들리지만, 그분은 성공하셨다. 그분은 일말의 죄도, 어둠도, 그늘도 없으셨다.

누군가가 표현한 대로, "그분은 자유롭고 오염되지 않고 손상되지 않으셨다."[15] 예수께서는 실패하지 않으셨고 죽기까지 순종하셨다. 이제껏 그 누구도 하지 못한 일이었다. 그분과 같은 이는 없었다.

둘째, 예수께서는 교환을 하셨다. 자신의 완전한 삶을 우리의 형편없는 삶과 교환하셨다. 그분은 우리의 악함을 취하시고 그와 함께 심판과 형벌도 받으셨다. 우리는 그분의 선함을 받는다. 우리는 그분을 대신하고, 그분은 우리를 대신하신다.

이것이 잘 상상이 안 되면(충분히 이해한다), 다음 사례를 생각해 보라. 나는 잭슨빌에서 마이애미로 가는 비행기에서 한 모슬렘 여성과 예수의 하나님과 모하메드의 하나님에 어떤 차이가 있는지 이야기를 나누었다. 나는 두 분 다 거룩하시고 우리에게 거룩하라고 요구하시지만 우리는 거룩하지 않기 때문에 정의가 시행되어야 한다고 말했다. 그런데 정의를 시행하는 문제에서 결국 중요한 차이가 드러난다고 지적했다.

나는 모슬렘 여성에게 우리 비행기가 공중납치를 당하고 테러리스트들이 우리를 활주로 아래로 끌어내려 온 세계가 볼 수 있게 카메라 앞에서 죽이려 하는 상황을 상상해 보라고 했다. 그

다음 내가 그녀 앞을 가로막고 "그녀를 죽이지 마세요. 저를 대신 죽이세요"라고 말한다고 상상해 보라고 했다. 그녀는 누구도 자신을 대신해 그런 일을 할 수 없을 거라고 말했다.

나는 바로 이것이 예수 안에서 하나님이 하신 일이라고 말해 주었다. 정의를 만족시키기 위해 하나님이 내려오셨다. 알라가 아니라 야훼께서. 모하메드가 아니라 예수께서. 하나님이 하늘에서 내려와 우리 가운데 거하셨고("주께서 나를 위해 한 몸을 예비하셨습니다"), 성부께 이렇게 말씀하셨다. "대신 나를 죽이소서." 이것이 그분이 이루신 교환이다.

이 교환은 고대 예루살렘의 성벽 바깥에 있는 작은 바위 언덕에서 이루어졌다. 그곳의 이름은 '골고다', 해골산이다. 우리가 '갈보리'로 아는 십자가의 장소다.

4부

슬픈 사실이 있다.
일요일마다 교회는
그리스도인이 아닌 “신자들”로 가득 찬다.
그늘의 교리에는 아무런 결함이 없지만,
그들은 하나님과 완전히 분리되어 있다.
그들은 예수에 대해 알고, 예수에게 동의하지만,
예수를 신뢰한 적이 한 번도 없다.
그들이 살아가는 방식에서
그 사실이 분명히 드러난다.

발자취

예수의 죽음에 대해 말하기 전에, 그의 생애 중 일부 발자취를 잠깐 살펴볼 필요가 있다. 앞에서 본 것처럼, 그리스도께서 삶을 통해 성취하신 일은 그분이 죽음으로 이루신 일만큼이나 중요하기 때문이다. 그 둘은 나눌 수 없고 구출은 예수의 죽음과 삶, 두 가지 모두에 달려 있다. 교환이 이루어질 때는 언제나 양측이 있고 두 가지를 서로 주고받는다. 그리스도께서 우리에게 받으신 것—죄책—은 그분에게 죽음을 가져온다. 우리가 그분에게서 받은 것—선함—은 우리에게 생명을 가져다 준다. 우리가 받은 선함은 예수께서 이루신 공로에서 나오고, 예수의 선함은 그분 생애의 모든 부분에 배어 있었다. 우리는 이 점을 이미 다루었다.

잠시 멈춰서 예수의 발자취를 살펴보는 데는 또 다른 이유가 있다. 예수의 어떤 말씀들과 그분 생애의 특정한 사건들은 많은 이들에게 너무 친숙해서 그것들이 실제로 한 사람 인생의 영고성쇠 가운데 펼쳐졌음을 잊어버리기 쉽기 때문이다. 예수를 안개 속에서 등장하여 영적 격언과 종교적 금언을 쏟아 내는 신비로운 떠돌이처럼 생각하면 곤란하다. 많은 면에서 예수의 삶은 우리의 삶과 같았다. 이 점을 꼭 기억해야 한다. 그는 호흡하고 걷고 자고 먹고 웃고 울었던 진짜 사람이었다. 그 삶의 흐름을 파악하면 그 드라마에 밀도와 깊이가 더해진다.

기독교 이야기는 나사렛 예수가 놀라운 방식으로 인생을 시작했음을 들려준다. 그는 처녀의 몸에서 태어났는데, 그 이전에도 이후에도 없었던 일이다. 예수는 유일무이한 존재다. 하지만 기적적인 출생에 놀라서는 안 된다. 하나님이 세상에 들어오시는 비범한 사건에는 그와 같은 비범한 일이 있을 법하다. 오히려 뜻밖의 사실은, 온 우주를 만드신 분이 비천한 상황 가운데 소리소문 없이 역사 속으로 들어오셨다는 것이다. 하지만 곰곰이 생각해 보면, 이 또한 완전히 이치에 맞는 일이다. 결국, 하나님이 작아지시고 내려오시고 낮아지신 것 아닌가.

예수의 탄생지는 보잘것없는 작은 마을, "유다의 여러 족속 가운데서 작은"[1] 베들레헴이다. 그분의 아기침대인 가축 여물통은 지푸라기로 채워져 있었다. 주위에서 쉬고 있는 동물들과 같은 침구를 쓴 셈이다. 부모는 지독히 가난했고 첫 번째 방문자인 목자들도 이스라엘에서 가장 천한 직업을 가진 이들이었다.

이런 배경에는 특별히 주목할 만한 것이 없지만, 사건 자체는 그렇지 않다. 그 아기는 평범한 아이가 아니다. 이야기 속 모든 등장인물이 그 점을 분명히 밝힌다. 천사 가브리엘이 예수의 어머니에게 주는 정보, 그가 태어났을 때 하늘의 전령들이 알린 메시지, 태어난 지 8일째 되던 날 성전에 갔을 때 시므온과 안나가 한 말, 동방박사들의 놀라운 방문, 이 모두가 같은 메시지를 외친다.[2] 이 아기는 지상에 오신 하나님이다. 그는 약속된 구원자, 이스라엘의 메시아다. 구출자요 세상의 구원자다.

그렇다고 해도 예수의 소년기는 조용하다. 그의 "잃어버린 세월"은 결코 잃어버린 세월이 아니라 특별한 일이 없었을 뿐이다. 일부 가공의 이야기들과 달리, 예수는 어린 시절에 아무 기적도 행하지 않았다. 그랬기에 그가 오랜 기다림 끝에 공적 사역을 시작했을 때, 평범한 아이로 자라던 그의 모습을 지켜본 이웃 사람들이 놀랐던 것이다.[3] 우리는 그가 나사렛에서 가족의 지도와 보호 아래 살았고, 지혜와 키가 자라고 하나님과 사람에게 더욱 사랑을 받았음을 안다.[4] 물론 그의 지혜는 나이를 뛰어넘는 것이었다. 열두 살 때만 해도 성전—그의 "아버지의 집"—에서 여러 질문으로 어른들을 놀라게 했고, 그의 대답과 지식은 그들을 경탄케 했다.[5]

예수께서 서른 살쯤 되셨을 때 세례자 요한이 요단강 변 광야에서 설교를 시작하여 이스라엘 중에 자신보다 훨씬 더 큰 이가 있나고 선포한다. 요한은 자신이 그분의 신발 끈을 풀 자격도 없다고 말한다. 예수께서는 곧 낮은 자들과 함께 자리를 잡으시고 요한에게 세례를 받으신다. 그다음 성령에게 이끌려 광야로 들어가 마귀와 그자의 기만적 유혹을 직면하시고 물리치신다.

예수께서는 광야에서 돌아온 후에 사역을 시작하시는데, 요한은 그를 두고 "세상 죄를 지고 가는 하나님의 어린양"이라 칭한다.[6] 예수의 인기는 치솟아 곧 요한의 인기를 무색하게 만드는데, 먼저 와서 그분을 알렸던 요한은 그분을 위해 기꺼이 옆으로 물러난다. 첫 번째 주요 강화였던 산상설교[7]를 할 무렵, 예수께서는 경이로운 존재로 사람들의 관심을 한 몸에 받았다. 처음부터 남달랐던 그분은 어디를 가든 호기심과 놀라움을 불러일으켰다. 따르는 무리는 급속히 불어났지만 예수께서는 사람들의 충성이 얄팍한 것임을 아셨기에 누구에게도 자신을 의탁하지 않으셨다.[8] 대중의 환상은 결국 깨어지기 마련이다.

예수께서는 분열을 초래하셨고, 많은 이들이 그것을 보며 기뻐했다. 그분은 종교적 기득권층의 관행과 편견에 도전하시고 영적으로 빈껍데기에 불과했던 종교지도자들에게 공개적으로 맞서셨다. 그로 인해 평민들은 그분을 사랑했으며, 많은 수가 그분에게 몰려들었다. 하지만 영향력 있는 이들은 '무지한' 군중을 공개적으로 질타하고 말썽꾼 예수를 침묵하게 만들 계획을 세우기 시작했다.[9]

하지만 예수께서는 누구의 뜻에도 굴복하지 않으셨다. 그분은 확신 있고 권위 있게 진리를 말씀하셨고 옛 가르침에 새로운 통찰력을 부여하셨다. 사람들의 몸을 치유하고, 귀신들을 쫓아내고, 자연의 힘을 뜻대로 부리는—심지어 죽은 자들을 살리는— 극적인 기적들은 그분이 기름 부음 받은 메시아, 하나님의 아들—인간의 육체를 입고 지상에 온 하나님—이라는 주장이 사실임을 보여 주었다.[10]

하지만 시간이 갈수록 여론은 예수께 불리하게 돌아갔다.

지도자들은 기적 앞에서 눈도 끔쩍하지 않고 예수의 능력이 사탄에게서 왔다고 말했다.[11] 예수께서는 그들을 비판하시는 데서 멈추지 않았다. 군중들도 사악하고 죄가 크다고 비판하셨다.[12] 그분은 회개하지 않는 자들이 말씀의 의미를 잘 알아듣지 못하도록 비유로 더 많이 말씀하셨다.[13] 기적적으로 수천 명을 먹이신 후에는 '생명의 떡 강화'[14]라 불리게 되는 말씀을 전하시며 자신이 하늘에서 내려온 생명의 떡이라고 주장하셨다. 예수께서는 자신을 정복하는 왕으로 애써 세우려는 군중의 시도를 거부하시고[15] 배를 채우기 위해서만 자신에게 나오는 그들을 보며 대놓고 탄식하셨다. 그들이 영적 가난에 대한 인식도 없고, 마음을 영원히 채워 주는 떡이요, 영생을 가져다주는 음식인 예수에 대한 진정한 갈망도 없고, 오직 물질 문제에만 관심을 둔다고 지적하셨다. 그 말씀을 들은 이들은 충격과 실망, 조롱으로 대응했다. 예수를 따르는 일은 고난과 어려움만 가져다줄 뿐, 영광과 권력과 번영을 안겨주지 않는다는 것이 분명해졌다. 수많은 사람이 돌아섰고 많은 제자들조차 예수를 버렸다. 열두 제자는 곁에 남아 있었지만 예수께서는 그중 한 사람이 "마귀"라고 하셨다.[16] 더욱 거센 반대가 밀려오는 시기가 그분을 기다리고 있었다.

예수의 생애 마지막 해에는 이스라엘 사람들, 특히 종교 지도자들과의 충돌이 격화되었다. 예수께서는 그들의 잘못을 꼬치꼬치 지적하시고 무엇보다 종교적 자기의를 꾸짖으셨다. 그분은 그들의 행위, 그들의 교리, 옷 입는 방식을 비롯해 진정한 영적 빈곤을 숨기는 얄팍한 종교적 경건이라면 무엇이든 공격하셨다.[17] 그분은 그들을 가리켜 썩어가는 시체를 담고 있는, 겉만 번지르르한 무덤 같다고 하셨다.[18] 예수께서는 회개하는 죄인들과 믿음이 약한 자들을 오래 참으셨지만, 종교적 위선은 조금도 참지 않으셨다. 부자이건 가난한 사람이건, 영적 교만은 마음을 완고하게 만들고 죄책을 겸손히 인정하지 못하게 막는다. 그것은 성부 하나님과의 진정한 우정을 가로막는 가장 치명적인 장애물이다. 예수의 가차 없는 공격이 이어지자 반대자들은 더욱 완고해졌다.

따르는 무리가 줄어들자 예수께서는 뒤로 물러나 외진 곳 이방인 지역에서 더 많은 시간을 보내며 열두 제자를 훈련하는 데 힘을 쏟으셨다. 예수께서 메시아, 하나님의 아들이라는 베드로의 신앙고백은 이 신비한 인물에 대한 사도들의 헌신이 깊어지고 있음을 알리는 증언이다.[19] 그분은 변화한 모습으로 제자들에게 자신의 영광을 살짝 드러내신 후,[20] 자신이 곧 죽임을 당하고 부활하게 될 것이라고 숨김없이 말씀하기 시작하신다. 하지만 그들은 그 말씀을 이해할 수 없었다. 그들은 죽었다가 살아나는 것이 무엇을 의미하는지 이해하지 못했다. 자신들의 메시아가 죽임을 당할 수 있다는 것은 생각할 수도 없는 일이었기 때문이다.[21]

재난이 닥칠 상황은 무르익었고 예수의 시간은 빠르게 다가왔다. 갈보리가 어렴풋이 모습을 드러내자 이제 예루살렘이 예수의 유일한 목적지가 된다. 그분은 그곳에서 무엇이 기다리는지 아셨다. 나사로를 살리신 일이 적들의 결심을 더욱 굳게 해주었고, 그들은 그분의 죽음을 적극적으로 모의하는 지경에 이르렀다.[22] 종려주일의 위풍당당한 예루살렘 입성은 많은 이들의 관심을 끌었지만, 축하 분위기는 오래가지 않았다. 그 주가 다 가기 전에 군중들은 그분의 죽음을 요구했고 "호산나"를 외치던 이들이 "그를 십자가에 못 박으라"고 외쳤다. 죽음이 임박한 상황에서도 예수께서는 종교적 위선과 그 근본 원인인 불신을 대담하게 공개적으로 계속 질타하셨다.

며칠 후면 메시아는 목숨을 잃게 된다. 예수께서는 남은 시간 중 일부를 떼어 가장 사랑하는 이들, 3년에 걸쳐 깨어 있는 거의 모든 시간을 내어 준 이들과 함께하셨다. 그들을 모아 마지막 유월절 식사를 함께하시고, 마지막 기도를 올리심으로 본인은 물론이고, 앞으로 닥칠 어두운 나날을 맞이할 그들 하나하나를 준비시키셨다. 예수의 목숨은 그분을 미워하는 이들의 손에 들어갈 것이고, 그 시간은 천천히 흘러갔다.

여기서 분명히 해둬야 할 부분이 있다. 이 상황은 예수의 적들이 아니라 성부 하나님이 장악하고 계셨고 예수께서도 그 사실을 아셨다. 그분은 희생자가 아니었다. 유대인이나 로마인, 혹은 다른 누군가가 그분의 생명을 빼앗는 것이 아니었다. 예수께서는 목적을 갖고 기꺼이 목숨을 내어주셨다.[23] 그분의 선택이었다. 그분이 원하신 일이었다. 그것이 그분이 태어난 이유였다.

수난주간은 예수의 여정이 끝나는 동시에 수천 년에 걸친 예언과 약속과 기대가 마침내 이루어지는 시간이다. 드디어 예수의 생애라는 마지막 장이 펼쳐지면서 그 일이 일어났다. 이 모든 일은 히브리 선지자들이 예언했던 대로 처음부터 하나님이 계획하신 것이었다. 잠시 후면 기독교 이야기가 시작되기 전부터, 시간의 여명이 동트기 전부터 계획된 교환이 이루어질 터였다. 하지만 예수께 그 일은 배반, 굴욕, 지독한 육체적 고통, 그리고 상상도 못 할 정신적 고뇌를 뜻했다.

20

교환

이제 나는 어려운 일을 시도하려 한다. 다소 평범한 처형('평범'하다고 말하는 이유는 예수 당시에는 십자가 처형이 자주 있었기 때문이다)이 어떻게 모든 시간을 통틀어 가장 의미심장한 사건 중 하나가 되었는지 설명하려 한다.

먼저 평범한 부분부터. 십자가 처형은 잔인한 처벌이다. 대체로 노예와 반역자에게만 집행되었다. 집행관들은 사형수를 잔인하게 채찍질한 후 발가벗기고 연철 각못을 박아 나무 기둥에 매달았다. 각못은 사형수의 양 손목을 통과하여 십자가 가름대에 박혔고 정중신경을 끊어서 타는 듯한 고통을 초래했다.[1] 사형수의 두 발은 십자가의 세로대에 포개졌고 각못이 두 발목을 관통하여 나무에 박혔다. 사형수는 이렇게 십자가에 매달려 뜨거운 햇볕과 비바람을 맞으며 군인들과 구경꾼들이 내뱉는 조롱과 경멸에 시달렸다.

죽음은 고통스럽게 천천히 찾아왔다. 쇼크와 체온 저하, 그리고 결국에는 질식이 일어났다. 사형수는 발의 고통을 줄이기 위해 팔목 쪽으로 몸의 무게중심을 옮긴다. 그러나 십자가에 달려 있으면 횡격막이 수축하여 호흡이 곤란해진다. 숨을 내쉬고 들이쉴 방법은 못이 박힌 손목을 당기고 다리를 밀어 꿰뚫린 발목에 체중을 싣는 것뿐인데, 그렇게 되면 채찍에 맞아 갈가리 찢긴 등이 우둘투둘한 세로대 나무에 긁힌다. 이 괴로운 몸부림은 며칠 동안 이어지기도 했다. 피로가 마침내 사형수를 덮치면, 그는 숨이 막힌다. 다리를 부러뜨리면 자비롭게도 죽음이 빨리 찾아온다. 하지만 예수의 고통은 이것이 전부가 아니었다. 십자가의 고통을 무색하게 만드는 더 큰 고뇌가 있었다. 보이지 않는 더 큰 괴로움이 있었다. 어떤 영화도 담아낼 수 없고 어떤 말로도 제대로 표현할 수 없는 괴로움이었다. 예수의 몸을 십자가에 달아맨 못보다 더 고통스럽고, 그의 살을 찢어 낸 채찍보다 더 무서운 것이었다. 어둡고 끔찍하고 헤아릴 수 없는 고뇌였다. 죄 없는 성자께서 측량할 수 없는 악을 저지른 장본인이라도 되는 듯이 성부 하나님께서 쏟아 내시는 진노를 감당해야 하는 데서 오는 무한한 고통이었다.

왜 무죄한 분을 벌하신단 말인가?

십자가 꼭대기에는 '티툴루스'(*titulus*)라 불리는 명패가 박혀 있었다. 형벌 장소에 매달아 예수의 반란선동죄를 공개적으로 선언하기 위한 명패였다. 거기엔 "나사렛 예수 유대인의 왕"[2]이라고 적혀 있었다. 십자가는 예수께서 로마 황제에게 지은 죄에 대한 형벌이었고 로마 황제에게 진 빚의 대가였다.

1세기에는 빚을 지면 예수의 머리 위에 붙였던 패와 비슷한 빚 '증서'를 작성했다. 채무를 모두 청산하면 양피지의 표면에 그리스 단어 하나를 적어서 그 사실을 공식적으로 밝혔다. '테텔레스타이'(*tetelestai*). 다 이루었다, 갚았다, 마무리했다, 끝마쳤다는 뜻이다. 고고학자들은 '테텔레스타이'라는 단어나 그 약어를 써서 '다 지급되었음'을 알리는 고대의 영수증들을 발굴했다.[3]

하지만 유대인의 왕이라는 죄는 예수께서 값을 치르신 진짜 죄가 아니다. 같은 십자가에 '못 박힌' 또 다른 증서가 있었다. 그것은 성부 하나님을 제외한 모두에게 가려졌다. 기독교 이야기는 그것이 예수의 빚을 적은 기록이 아니라, "**우리**(즉, 당신과 나)에게 불리한 조문들이 들어 있는" 전과 기록 같은 거라고 말한다.[4] 그것은 이야기의 끝, 모든 죽은 자들이 크고 흰 보좌 앞에 서서 재판을 받는 큰 심판 날에 세상 앞에서 전시될 빚 문서다.[5]

죽은 자들 각각이 자신의 행위에 따라 심판을 받는데, 다른 사람과 비교해서가 아니라 모든 사람이 볼 수 있게 펼쳐진 책들에 기록된 각 사람의 행위가 그대로 판단의 대상이 된다. 그 책에는 우리의 모든 악행이 기록되었고 모든 죄가 적혔으며 부주의하게 쏟아 낸 모든 말이 남아 있다.[6]

역사의 끝에 이런 어두운 사건이 있는 데는 이유가 있다. 앞에서 본 대로, 하나님이 선하시다면 죄인들을 벌하**셔야** 하고, 하나님이 능하시다면 죄인들**만** 골라서 벌하실 수 있다. 그렇다면 무고한 자들에게는 하나님의 선함이 좋은 소식이지만 범법자들, 불의한 자들, 죄인들에게는 좋은 소식일 리가 없다. 마지막 평가를 잘 통과할 거라고 자신하는 사람들은 여기서 위안을 받겠지만, 이는 빛이 구석구석까지 환하게 비치어 모든 행동, 동기, 욕망이 하나님과 세상 앞에서 고스란히 드러날 때 그들의 삶이 실제로 어떻게 보일지 깨닫지 못하기 때문이다.[7] 불빛이 어둑한 방을 재빨리 둘러보면 모든 것이 괜찮아 보일 수 있다. 하지만 환한 빛을 구석구석 소파 아래까지 비추면 전혀 다른 광경을 보게 될 것이다.

이와 마찬가지로, 그 누구도 자신의 공로에서 피난처를 찾지 못할 것이다. 숨겨진 모든 것이 드러날 것이기 때문이다. 기독교 이야기는 이 점을 아주 분명히 하고 있다. 최후의 심판the final reckoning, 문자적으로 번역하면 '최후의 정산'이 된다—옮긴이 날에는 모든 사람이 하나님께 빚진 자로 드러날 것이다. 이것은 우리 각자가 마음 깊은 곳에서 이미 아는 사실이다.

그 흰 보좌 앞에서 자신의 행위대로 심판을 받는 각 사람이 유죄로 드러나는데,[8] 그 책들의 기록 앞에서는 어떤 호소도 통하지 않는다. 주님의 판결은 옳으시며 주님의 심판은 정당하다는 것이 모두에게 분명해질 것이다.[9] 그 책들은 논란의 여지를 주지 않고, 탄원이나 간청할 근거도 남기지 않는다. 함께 펼쳐져 있는 또 다른 책, '생명의 책'에 이름이 적힌 사람들 외에는 유죄 판결을 피할 수 없다. 거기에 이름이 적힌 사람들은 다른 사람들과 똑같이 죄가 있지만, 그들의 빚은 외상장부에 있지 않다. 그것은 이미 지급되었다. 그들의 전과 기록, 그들에게 불리한 조문들의 목록은 예수의 십자가에 못 박혔고, 그들의 묵직한 악행의 연대기는 그리스도에게 전가되었다. 예수께서 우리에게 "아버지여, 우리 죄(debts, 빚)를 사하여 주옵소서"라고 기도하라고 말씀하셨다. 이런 방법으로 하나님은 우리의 빚을 갚아주

실 수 있다.

제6시낮 12시—옮긴이부터 9시오후 3시—옮긴이까지 갈보리를 감싼 어둠 속에서 신적 거래가 이루어졌다. 예수께서는 성부 하나님과 약속을 하셨다. 온 인류의 모든 범죄, 즉 모든 살인, 강도, 음란한 눈길, 숨겨진 악행, 일순간의 교만, 소름 끼치는 악행에 합당한 형벌, 이제껏 살았던 모든 남녀의 모든 범죄에 합당한 형벌을 예수께서 그 모든 죄를 지은 사람인 것처럼 친히 짊어지셨다.

결국, 십자가는 예수를 이기지 못했다. 분명, 예수께서는 체온 저하나 과다 출혈, 또는 질식으로 숨진 것이 아니었다. 그분은 죗값이 다 치러졌을 때, 그분을 신뢰하는 이들의 빚이 마지막까지 다 사라졌을 때, 하나님의 정의가 온전히 만족되었을 때, 자신의 영혼을 아버지께 맡기고 숨을 거두셨다.[10] 마지막 숨을 거두기 전, 그분의 입에서 한 단어가 흘러나왔다. 바로 '테텔레스타이'였다.

예수의 그 한 단어를 영어로 번역하자면 세 단어를 써야 한다. "It is finished."영어 번역은 "끝났다"는 느낌이 강하다. 한글 성경은 "다 이루었다"로 번역하고 있다—옮긴이 11 하지만 오해하지 말라. 예수께서는 고통이 끝났다고 녹초가 되어 안도하며 무너지신 것이 아니다. 물론 시련은 끝났지만, 하나님의 아들은 상황이 **끝났음**을 기뻐하신 것이 아니라 **이루신** 일로 인해 기뻐하셨다. 그분의 말씀은 정확히 번역하면 이런 뜻이다. "끝났고, 끝난 상태로 영원히 머물 것이다."[12] 그리스도의 고난은 그냥 끝나지 않았다. 그분은 목표에 도달했고, 임무를 달성하셨다. 신적 교환이 완성되었다. 예수께서 우리 죄책을 짊어지셨다. 우리는 그분의 선함을 받았다. 그것이 거래의 내용이다. 그 효력은 앞으로 뻗어가며 계속 이어졌고 세상을 영원히 바꿔 놓았다.

신학자들은 그리스도께서 목숨을 바쳐 이룬 복종과 희생 안에서 벌어진 일의 여러 측면을 다양한 표현을 써서 묘사한다. 그들은 칭의나 대속, 구속(救贖), 만족 같은 용어들을 썼고, 각 단어가 그 나름의 풍부한 의미를 담고 있으며 그 풍부함은 살펴보고 곱씹어 볼 가치가 있다. 하지만 지금은 과거 그리스도인들이 불렀던 대로 '놀라운 교환'으로 그냥 부르겠다.

기독교 이야기는 '놀라운 교환'을 이렇게 표현한다. "하나님이 죄를 알지도 못하신 이를 우리를 대신하여 죄로 삼으신 것은 우리로 하여금 그 안에서 하나님의 의가 되게 하려 하심이라."[13] "그리스도께서도 단번에 죄를 위하여 죽으사 의인으로서 불의한 자를 대신하셨으니 이는 우리를 하나님 앞으로 인도하려 하심이라.”[14] “우리는 이 아들 안에서 하나님의 풍성한 은혜를 따라 그의 피로 구속 곧 죄 용서를 받게 되었습니다.”[15] 이 외에도 이와 같은 구절들은 많다.

같은 요점을 이렇게도 표현할 수 있다.[16] 한 왕이 있다고 상상해 보자. 그는 왕실 보물창고에 도둑이 들었다는 소식을 듣고 범인이 잡히면 공개적으로 채찍질 하는 벌을 내리겠다고 선언한다. 재판석에 앉아 있는 왕 앞으로 군인들이 도둑을 끌고 온다. 그런데 사슬에 묶인 구부정한 범인은 바로 왕의 노쇠한 모친이다.

왕은 꿈쩍도 안 하고 노인을 앞에 놓인 태형 기둥에 묶으라고 명령한다. 그녀가 단단히 묶이자 왕은 일어서서 왕홀을 내려놓고 보석이 달린 왕관과 왕복까지 벗은 뒤 자리에서 내려와 자신의 몸으로 자그마한 노인의 몸을 감싼다. 그는 채찍 앞에 맨살의 등을 드러내고 형벌을 집행하라고 명령한다. 범죄자가 받아야 할 채찍질 한 대 한 대가 마지막까지 전력을 다해 왕의 맨 등을 고스란히 강타한다.

이와 마찬가지로, 그리스도께서 십자가에 달리셨던 그 어두

운 시간 동안, 성부 하나님은 예수를 신뢰하게 될 사람들을 받으
서서, 그들이 받아야 할 모든 타격을 대신 받아가며 그들을 보호
했던 성자 하나님으로 그들을 감쌌다. 이렇게 자신을 내어주신
하나님의 한 행위 안에는 세 가지 열정이 한데 엮여 있다. 우리의
죄를 향한 하나님의 열정적이고 강렬한 분노가 우리를 향한 하나
님의 열정적이고 강렬한 사랑과 충돌하여, 하나님이 인간의 몸을
입고 친히 십자가를 지는 열정적이고 강렬한 고통을 낳았다.

이것은 우연이 아니었다. 계획된 것이었다. 이사야 선지자
는 700년 전에 이것을 기술했다.[17]

그는 실로 우리의 질고를 지고

우리의 슬픔을 당하였거늘

우리는 생각하기를 그는 징벌을 받아

하나님께 맞으며 고난을 당한다 하였노라.

그가 찔림은 우리의 허물 때문이요

그가 상함은 우리의 죄악 때문이라.

그가 징계를 받으므로 우리는 평화를 누리고

그가 채찍에 맞으므로 우리는 나음을 받았도다.

우리는 다 양 같아서 그릇 행하여

각기 제 길로 갔거늘

여호와께서는 우리 모두의 죄악을

그에게 담당시키셨도다.

그 이후 수많은 이들이 이것을 자신의 말로 풀어냈다. 하지만 오거스터스 토플레디가 아래 찬송가에서 그려 낸 만큼 사무치게 표현한 사람은 몇 명 없다.[18]

이 두려움과 불신은 어디에서 왔는가?

성부께서 흠 없는 성자에게

슬픔을 겪게 하지 않으셨는가?

의로운 재판장께서

죄의 빚 때문에 나를 정죄하실 리 없지 않나?

그 빚은 주님이 다 갚으셨으니.

주께서 온전한 대속을 이루셨고

주께서 주의 백성들이 진 빚을

다 갚으셨네.

주의 의로 보호받고

주의 피가 뿌려졌는데

나를 향한 진노가 어디에 서리.

주께서 나의 채무를 이행하셨고

온전한 하나님의 진노를

나 대신 기꺼이 감당하셨네.

하나님은 지불을 두 번 요구하실 수 없고

피 흘린 보증인의 손에서 이미 받으셨으니

또다시 내게 요구하시지 않으리.

그렇다면 내 영혼아 안식하라!

너의 크신 대제사장의 공로가

너의 자유를 사셨다.

예수께서 널 위해 죽으셨으니

그분의 효력 있는 피를 신뢰하고

하나님의 처벌을 두려워 말라.

여기서 독자가 중요한 것을 또렷하게 보기 시작했으면 좋겠다. 인간을 그 끔찍한 곤경에서 구출할 방법이 오로지 하나뿐이라는 생각이 이제 더 합리적으로 보이기 시작한다. 갈보리에서 일어난 이 특별하고 유일무이하고 기적적이고 역사적인 사건은 많은 이들이 거북하게 여기고 안 좋게 생각하는 기독교의 메시지를 그리스도인들이 언제나 '좋은 소식'(복음)이라 불렀던 이유를 해명해 준다. 그 날의 **교환은 예수께서 왜 유일한 구원의 길인지 설명해 준다.**

대부분의 질병에는 특정한 해독제가 필요하다. 타이어에 바람을 넣어봐야 고장 난 카뷰레터가 고쳐지진 않는다. 아스피린을 먹는다고 종양이 용해되지는 않는다. 신용카드를 자른다고 이미 진 빚이 어디 가는 것도 아니다. 수도 파이프가 새면 암 전문의가 아니라 배관공에게 전화를 걸겠지만, 배관공이 암을 치료하지는 못한다. 합당한 해결책은 주어진 문제를 해결해야 하고, 특별한 문제들에는 특별한 해결책이 필요하다. 어떤 해독제들은 독특한 질병을 치료하는 독특한 약이다. 어떤 질병에는 하나의 약만 듣기도 한다. 우리가 원하는 상황이 아니라 해도 할 수 없다.

인류는 특별한 문제에 직면하고 있다. 사람들이 망가졌고 세상이 망가졌다. 인간의 반역으로 하나님과 우리의 우정이 깨어지고 훼손되었기 때문이다. 인간들, 당신과 나는 유죄이고 노예가 되었고 길을 잃었고 죽었다. 누구 할 것 없이 우리가 모두 그렇다. 죄가 있으면 벌을 받아야 하고, 빚을 졌으면 갚아야 하고, 노예는 값을 주고 사야 한다. 앞으로 더 잘 하겠다고 약속한다고 해서 과거의 문제가 해결되지는 않는다. 구조자가 노예의 몸값을 지불해야 하고, 친족이 가족의 빚을 갚아줘야 하고, 대신하는 사람이 죄책을 짊어져야 한다. 달리 빠져 나갈 길은 없다.

그렇기 때문에 나사렛 예수는 하나님께로 가는 유일한 길, 하나뿐인 구출의 근원이시다. **그분이 문제를 해결한 유일한 분이다.** 다른 어떤 사람도 그 일을 해내지 못했다. 다른 어떤 사람도 그럴 수 없다. 모하메드는 못 한다. 붓다도 못 한다. 크리슈나도 못 한다. 다른 누구도 못 한다. 나사렛 예수만이 세상을 구원할 수 있다. 그분이 없으면 우리는 어마어마한 빚에 짓눌리게 된다. 그분이 없이는 우리는 모두 자신의 범죄에 대한 값을 직접 지불해야 한다. 그것은 영원히 갚을 수 없는 빚이다. 예수 홀로, 완전한 하나님의 아들이신 그분을 신뢰하는 이들의 빚을 갚으셨다.

그들이 하나님의 형벌 아래 멸망하지 않고 그분과 온전하고 영원히 함께 살게 하기 위해서다.[19] 그리고 이것은 시작일 뿐이다. 사람을 고치는 일은 세상을 고치는 일의 첫 부분이기 때문이다.

이것이 무엇을 의미하는지 잠시 생각해 보라. 당신의 기나긴 범죄 목록, 당신이 살면서 주조한 무거운 죄책의 사슬과 그리스도의 선함을 교환할 수 있다. 이것은 선물이며, 선물은 거저 받는 것이다. 내가 애써서 획득할 수 없다.[20] 예수께서 이미 값을 지르셨고, 그 선물은 무릎을 꿇고 겸손하게 구하는 자에게 주어진다. 우리는 이 일에 대해 그분을 신뢰해야 한다. 이것이 기독교 이야기가 말하는 '믿음'의 의미다.

21

신뢰

나는 갈보리 십자가에서 이루어진 나사렛 예수의 죽음이 역사
상 가장 놀라운 구조 작전이지만 믿음이 없는 사람에게는 아무
유익도 주지 못한다고 말했다. 하지만 요즘에는 그렇게 말하는
것도 위험하다. 사람들이 이 말을 너무 쉽게 오해하기 때문이다.
그래서 잠시 시간을 내어 혼란을 정리해야겠다.

우선 나는 faith라는 영어 단어를 좋아하지 않는다(잠시 후에
대체어를 제시하겠다). 이 단어는 너무 변질되어 생산적으로 쓰일
수 없다고 본다. 게다가 바로 'blind faith'(맹목적 신앙)나 'leap
of faith'(신앙의 도약)라는 표현이 떠오르기가 너무 쉽다. 그러나
그런 것은 기독교 이야기가 염두에 두고 있는 바가 아니다.

이런 혼란에는 그리스도인에게도 부분적으로 책임이 있다.
그들이 자신의 이야기에 제대로 주의를 기울이지 않았기 때문
이다. 그러나 문제를 복잡하게 만든 장본인은 기독교의 비판자
들이다. "믿음은 사실이 아닌 줄 아는 내용을 믿는 것"이라는 재

담으로 유명한 마크 트웨인은 용서받을 수도 있을 것 같다. 그는 그 말을 소설 속 등장인물의 입을 빌려서 했고 농담이었을 수도 있기 때문이다(유명한 종교 비판자였으니 진심으로 한 말이었을 수도 있지만). 하지만 다른 비판자들은 그런 개념을 상당히 진지하게 받아들이는 것 같다.

『회의주의자 사전』은 신앙을 "어떤 명제에 대한 비합리적인 믿음"이라고 부른다. 다른 이들은 신앙을 정의하면서 모르는 것을 아는 제함, 증거 없는 믿음, 사성과 이성의 포기, 또는 증거를 무시하는 믿음, 또는 그와 비슷한 것이라고 다양하게 말했다. 이런 접근 방식이 피상적인 무신론자에게는 편리할지 모르지만, 사려 깊은 사람들(무신론자이건 아니건)에게는 도움이 안 된다. 거기에는 그럴만한 타당한 이유가 있다.

어떤 견해를 비판하고 싶다면, 그에 대한 자기 나름의 생각이 아니라 그 견해 자체를 비판해야 한다. 물론 누구나 자기가 내키는 대로 신앙을 정의할 자유가 있다. 하지만 자기가 공상적으로 정의한 대로 다른 사람도 그 단어를 쓰고 있다고 생각할 자유는 없다. 만약 그렇게 한다면, 그는 실물이 아니라 허깨비와 다투는 꼴이 될 것이다. 적어도 기독교 이야기가 염두에 둔 '신앙'에 대응하지는 못할 것이다. 이것은 신중하거나 예의 바른 사람들이 자신의 주장을 내세우는 방식은 아닐 것이다. 다른 사람의 견해를 잘못 표현하는 것은 바른 생각도 아니고 바른 예절도 아니다.[1]

그래서 나는 신앙의 비판자에게 내 말을 주의 깊게 들어달라고 당부하고 싶다. 기독교 이야기는 일부 사람들이 "맹목적 신앙"이라 부르는 것과 상관이 없다. 그런 것은 기독교적 개념이 아니니 완전히 잊어버리라. 적어도 기독교 이야기의 신앙관을 이해하는 그리스도인들이 내세우는 개념은 아니다. 우리는 지금 기독교 이야기에 나오는 신앙 개념을 다루고 있다.

다음 진술들을 살펴보라. "너희도 아는 바와 같이 하나님께서 나사렛 예수로 **큰 권능과 기사와 표적을 너희 가운데서 베푸사 너희 앞에서 그를 증언하셨느니라.**" "그가 고난받으신 후에 또한 그들에게 **확실한 많은 증거로** 친히 살아 계심을 나타내사 사십 일 동안 그들에게 보이시며 하나님 나라의 일을 말씀하시니라." "나를 믿지 아니할지라도 **그 일**[즉, 내가 행한 기적들]**은 믿으라.** 그러면 너희가 아버지께서 내 안에 계시고 내가 아버지 안에 있음을 깨달아 알리라." "예수께서 제자들 앞에서 이 책에 기록되지 아니한 다른 표적도 많이 행하셨으나 **오직 이것을 기록함은 너희로** 예수께서 하나님의 아들 그리스도이심을 믿게 하려 함이요 또 너희로 **믿고 그 이름을 힘입어 생명을 얻게 하려 함이니라.**"[2] 기독교 이야기에는 처음부터 끝까지 이런 종류의 주장이 가득하다.

물론, 누구나 증거 자체를 평가할 자유가 있고, 어떤 이들은 그 증거가 부족하다고 볼 수도 있는 것 아니냐고 말할 수 있지만, 그것은 나의 논점을 완전히 놓친 반박이다. 이 이야기가 "비합리적 신념"이나 "증거 없는 믿음"이나 "지성과 이성의 포기", "사실이 아님을 본인도 아는 내용"에 호소하는 것이 아님을 분명히 알아야 한다. 그것은 고전적 신앙관이 아니다. 일부 정식 교육을 받지 않은 그리스도인들이 잘못 생각하여 그런 것을 받아들였을 수는 있다. 하지만 기독교 이야기에서는 신중한 사고와 증거가 중요하다. 그리고 그런 것들을 강조하는 데는 이유가 있다.

기독교 이야기가 논증, 증거, 신중한 숙고를 강조하는 이유를 설명하기 전에, 한 가지 실수를 막아 줄 제안을 하고 싶다. 그 실수는 **사실을 믿는 것과 신앙을 갖는 것이 같다고 생각하는 것이다.**

그러나 둘은 같지 않다.

그 문제를 피하기 위해서는, **믿음**(belief)과 **신앙**(faith)이라는 단어를 다른 방식으로 다루는 것이 좋다. 물론 우리는 흔히 두 단어를 서로 바꿔 쓸 수 있는 용어로 사용하고, 기독교 이야기 안에서도 그런 사례가 있다. 하지만 두 단어가 늘 동의어로 쓰이는 것은 아니다. "사실을 믿는 것"(내가 '믿음'이라 부르고 싶은 것)과 "대상을 믿는 것"(이제 우리가 '신앙'이라 부르게 될 것)은 다르다.

우리는 어떤 것이 참이라는 **사실을 믿으면서도** 단 한 순간도 **그것에 의지하지** 않을 수 있다. 이것이 둘의 차이다. 예를 들어, 우리는 인슐린 주사를 맞으면 당뇨병을 관리할 수 있다고 확신하지만, 매일 정량의 주사를 맞지 않는다면 그 믿음이 옳은 것이라 해도 그로부터 어떤 유익도 얻지 못할 것이다. 유익을 얻으려면 또 다른 단계가 필요하다.

여기서 나는 앞에서 언급했던 대체어를 제안하려고 한다. 내가 생각할 때 그 단어는 기독교 이야기에서 말하는 신앙의 원래 의미를 잘 포착해 준다. 그 단어는 **신뢰**(trust)다. 고대의 그리스도인들은 '피두키아'(*fiducia*)라고 불렀다. 그들에 따르면, 참된 신앙은 지식이 없는 믿음("신앙의 도약")이 아니고, 특정한 진리에 대한 동의(예를 들면, 예수가 그리스도라는 "사실을 믿는 것")로 한정 지을 수 있는 것도 아니다. 신앙은 행동하는 지식이다. 그것은 "신앙"(faith in)과 결합한 "믿음"(belief that)이다. 사실이라고 믿는 것에 대한 적극적 의지, 신뢰다. 각각이 다 필요하다. 어느 하나도 배제할 수 없다.[3]

유럽 휴가를 계획하고 있다고 잠시 상상해 보라. 비행기와 조종사와 항공 교통 관제사들 덕분에 항공 여행이 가능하다는 믿음은 첫 번째 단계로서는 유용하지만, 비행기에 오르지 않으면 결국 그 믿음은 아무런 유익도 주지 못한다. 마찬가지로, 신앙은 믿음을 요구하지만, 그 이상이 필요하다. 신앙은 행동도 요구한다. 적극적 신뢰를 요구한다.

슬픈 사실이 있다. 일요일마다 교회는 그리스도인이 아닌 "신자들"로 가득 찬다. 그들의 교리에는 아무런 결함이 없지만, 그들은 하나님과 완전히 분리되어 있다. 그들은 예수에 **대해** 알고, 예수에게 동의하지만, 예수를 신뢰한 적이 한 번도 없다. 그들이 살아가는 방식에서 그 사실이 분명히 드러난다. 기독교 이야기 안에도 믿었으되 절대 신뢰하지 않았던 사람들이 많이 등장한다. 유다가 당장 머리에 떠오른다.

이 지점에서 우리는 또 다른 실수를 저지르기 쉽다. 나는 그저 "믿는" 것만으로는 충분하지 않다고 말했다. 신뢰를 동반해야 한다. 하지만 신뢰로도 충분하지 않다는 사실이 드러난다. 또 다른 결정적 사항이 있다. 파리로 가는 비행기에 오르는 것은 신뢰를 발휘한 일이다. 우리는 비행기와 조종사와 항공 교통 관제사들에게 전폭적으로 자신을 맡긴다. 말하자면 우리는 "올인"했다. 그러나 그런 식의 적극적 신앙 자체는 우리를 어디로도 데려가지 못한다. 우리를 이륙시켜 주지도 못하고, 날아가게도 못하고, 프랑스로 데려다주지도 못한다. 그 일은 유능한 조종사와 비행기가 해야 한다.

"유능한 조종사와 비행기"에 담긴 나의 요점은 기독교 이야기가 논증과 증거, 신중한 평가에 왜 그렇게 관심이 많은지 알려 준다.[4] 이 문제를 잘 보여 줄 수 있게 숨겨진 의미가 있는 질문을 하나 던져 보겠다(미리 알리는 이유는 대답하기 전에 생각해 보면 좋겠다는 뜻이다). 기독교 이야기에 따르면, 사람은 믿음으로 구원을 받는가? 주의 깊게 생각하고 답하도록 예를 하나 들어 보겠다.

잠시 가정해 보자. 당신은 당뇨성 혼수상태에 빠지기 직전의 당뇨병 환자다. 나는 피하 주사기와 유리병을 인슐린이라고 말하면서 당신에게 건넨다. 내가 주사를 놓도록 당신이 허락할까? 그 정도로 나를 신뢰할까?

이 실례는 단순한 믿음과 적극적 신뢰의 분명한 차이를 보여 준다(내가 좀 전에 제시한 논점이다). 당신은 인슐린이 당신 상태를 진정시켜 줄 수 있음을 이미 믿고 있다. 그러나 믿음의 발걸음을 내디디고 나의 보살핌에 적극적으로 자신을 맡기지 않으면 여전히 위험에서 벗어날 수 없다. 그래서 당신은 아마 내 제안을 받아들일 것 같다.

하지만 그렇게 한다 해도 당신은 죽을 것이다. 아이 같이 진실한 당신의 신뢰에도 불구하고 내가 건넨 유리병에는 사실 인슐린이 아니라 식염수가 들어있었기 때문이다. 당신에게는 믿음과 신앙이 모두 있었지만, 그럼에도 불구하고 죽고 말 것이다.

이제 어떤 속임수인지가 드러났으니, 다시 물어보겠다. 사람이 **믿음**으로 구원받을 수 있을까? 이제 당신은 정답이 '그럴 수 없다'임을 알 것이다. 믿음은 누구도 구원할 수 없다. 그리스도인도 마찬가지다. 모슬렘 자살폭탄 테러범들은 진정한 믿음으로 넘쳐나지만, 그 믿음은 그들에게 어떤 유익도 주지 못한다. 우리는 잘못된 대상을 신뢰할 수도 있고, 그런 일은 종종 일어난다.

어떤 사람이 얼어붙은 호수로 들어간다고 상상해 보자. 그는 얼음이 자신의 체중을 버텨 줄 만큼 매우 두껍다는 확신으로 가득 차 있다. 하지만 그가 밟은 얼음이 얇다면, 그의 담대한 믿음은 분명 그를 보호해 주지 못할 것이다. 이와 마찬가지로, 거짓을 신뢰하며 믿음의 도약을 한다면, 당신의 확신이 아무리 강해도 그 믿음은 어떤 유익도 주지 못할 것이다. 거짓에 불과한 것을 흔들림 없이 믿는다면, 그것은 흔들림 없는 망상이고 당신은 얼음장 같은 물에 곧 빠져들고 말 것이다.

우리가 신앙의 손을 내밀어 망상을 붙잡는다면, 우리의 신앙이 아무리 강하고 진실해도, 저편에는 우리를 구해 줄 이가 없을 것이다. 신앙은 우리를 구원하지 못한다. 구원은 우리의 믿음을 통해 예수께서 이루시는 일이다. 그분이 구조자시고, 우리는 "유능한 조종사"인 그분에게 손을 내민다.

그래서 기독교 이야기에서는 이성과 증거가 중요하다. 특정한 사실들을 제대로 이해하는 것이 꼭 필요하다. 간단히 말하면, 이성은 평가하고, 신앙은 신뢰한다.[5] 이것이 이성과 신앙의 관계다. 이성은 무엇이 참인지 알도록 도와 정확한 믿음에 이르게 한다. 신앙은 사실이라고 믿을 만한 합당한 이유가 있는 대상에 의지하는 신뢰의 발걸음이다.

그렇다면 어떤 의미에서 기독교의 토대는 신앙이 아니라 우리가 믿는 인격이다. 이것은 기독교 이야기의 특정하고 결정저 시힝들이 정발 사실이어야 한다는 뜻이다. 기독교 이야기에 따르면, 그리스도인은 예수께서 죽은 자들 가운데서 부활하셨다고 믿는다. 그러나 사실은 부활하신 것이 아니라면, 즉 사실이 아닌데도 그리스도인들이 예수의 부활을 믿는 것이라면 그들의 신앙은 헛된 것이다. 이 경우, 신자들은 그들의 맹목적 신앙으로 인해 칭찬을 받아야 하는 것이 아니라 어리석음으로 인해 측은히 여김을 받아야 한다.[6]

신앙과 사실의 이런 관계 때문에 예수께서는 신뢰보다 진리에 대해 더 많이 말씀하신 것 같다. 그분은 참된 예배는 진리에 토대를 두어야 한다고 말씀하셨다. 진리 안에서 행하는 것이 사람을 사로잡는 죄의 힘에서 진정한 자유를 얻는 비결이라고 가르치셨다. 그분은 하나님의 말씀이 진리라고 하셨고, 자신을 따르는 자들이 하나님 말씀을 통해 진리 안에서 거룩하게 되기를 바라셨다. 그분은 진리를 귀하게 여기는 모든 사람이 그분의 음성을 듣게 될 거라고 약속하셨다. 참으로, 예수께서는 진리로 가득한 분이었기에, 친히 자신을 진리와 동일시하셨다. "나는……진리다."[7]

고대의 그리스도인은 주된 내용을 올바르게 이해하는 데 관심을 기울였다. 그들은 어떤 것이 사실임을 믿는 것과 자신이 믿는 대상에 적극적으로 의지하는 것의 차이를 알았다. 그들은 자신들이 제대로 된 대상을 신뢰해야 한다는 것도 알았다. 그들의 믿음은 정확한 것이어야 했다. 그들은 이 부분에서 너무나 분명한 확신이 있었기 때문에 자신들이 믿었던 나사렛 예수에 관한 사실들을 위해 목숨도 아끼지 않았다(많은 이들이 실제로 죽었다).

예수께서 인슐린이 아니라 식염수일 뿐이라면, 그리스도인의 신앙이 아무리 강하고 진실하고 좋은 의도에서 나온 것이라해도 그는 죄 가운데 길을 잃고 만다. 예수에 대한 기독교 이야기의 중심 되는 사항들이 사실이 아니고 우리가 그분을 적극적으로 신뢰하지 않는다면, 예수께서는 우리에게 어떤 유익도 주지 못할 것이다. 그렇다면 매주 교회에 가는 일이 그저 시간 낭비에 불과할 것이다.

두 가지를 더 얘기하고 마치려 한다. 첫째, 지성을 사용하는 것이 영적 질문에 답하는 잘못된 방식이라고 생각하는 종교인들이 있음을 나는 잘 안다. 그들은 영적 진리로 가는 길의 최고 안내자는 신중한 사색이 아니라 신뢰의 감정이라고 말한다. 이런 조언은 흔히 신중하게 검토해야 할 생각들을 꺼내 놓고는 조목조목 따지지 말라는 말에 이어서 등장한다. 마치 이렇게 말하는 중고차 영업사원과 같다. "차를 몰아 보세요. 하지만 보닛 아래를 들여다보지는 마시고요." 그렇게 차를 사면 한동안 즐겁게 차를 몰 수는 있겠지만 불량품을 샀는지 아닌지는 알 수 없을 것이다.

　"너의 감정을 신뢰하라"는 조언은 어리석음과 영리함, 미련함과 지혜로움, 위험과 안전을 구분하는 데 필요한 도구를 거부하게 만든다. 이것은 좋은 조언이 아니다. 현실에는 많은 불량품이 있고, 그중 상당수는 영적으로 치명적이기 때문이다. 주의 깊은 생각보다 경험을 의지하라고 말하는 사람을 절대 신뢰하지 말라. "도약하기 전에 살피라"는 말은 현명한 조언이다. 이 조언은 신앙의 도약에 특히 적합하다. 감정은 중요하다. 삶을 아름답게 만든다. 그러나 주의 깊은 사고, 즉 이성은 삶을 안전하게 만들어 준다.

둘째, 예수를 신뢰할 때 그와 동시에 일어나는 일이 있다. 신뢰의 발걸음은 충성을 바칠 대상이 근본적으로 달라졌음을 알린다. 생각의 변화가 나타나 마음의 변화를 가져오고 그것은 삶의 방향을 바꿔 놓는다. 이것은 가장 심오한 의미에서의 신뢰다. **무언가를** 믿는 정도가 아니라 **누군가를** 신뢰하는 것, 그 신뢰는 불편을 무릅쓰고라도 그를 충실히 따르게 만든다. 집을 떠났던 탕자처럼, 당신은 아버지께로 돌아가고 있다.

기독교 이야기에는 이런 돌이킴을 가리키는 단어가 있다. '회개'(repentance)다. 이것은 설교자들이 쓰는 종교적 은어에 그치지 않고 기독교 이야기의 중심이 된다. 회개는 방향 전환을 포함한다. 자신(이나 다른 우상들)이 모든 것의 중심이던 이기적이고 자기중심적인 삶에서 돌이켜, 하나님이 중심이 되고 당신(과 다른 모든 것)이 그분 아래 놓이는 삶으로 나아가는 것이다.

이런 전환에는 이전과는 전혀 다른 삶이 따라올 것이다. 누군가가 말한 대로, "그를 신뢰한다는 것은 그의 말을 온전히 따르려고 시도하는 것을 의미합니다. 그의 조언을 받아들이지 않으면서 그를 신뢰한다고 말하는 것은 터무니없는 일일 겁니다."[8]

그러나 이런 일에는 순서가 있는 법이다. 말 앞에 마차를 놓아서는 안 된다. 우리는 예수의 길에 들어서기 위해 삶의 방식을 바꾸는 것이 아니다. 예수의 길에 들어서면 사는 방식이 달라진다고 말하는 것이 합당하다. 그리스도께서 물고기를 잡으신 다음에 그 물고기를 깨끗하게 하신다는 말이 있다. 하나님의 생명이 먼저 우리 안에 들어오기 전에는 그분이 원하시는 대로 사는 것이 불가능하다. 그런 삶은 우리가 신뢰의 발걸음을 내디딜 때 시작된다.

그런데 우리는 정확히 무엇에 대해 그리스도를 신뢰하는가? 지금으로선 두 가지를 말할 수 있다. 첫째, 우리의 죄가 예수의 계좌로, 그분의 선함이 우리의 계좌로 넘어갔다는 사실을 신뢰한다. 우리가 하나님께 지은 범죄로 인해 예수께서 벌을 받으셨고, 그로 인해 하나님은 우리에게 다시는 노하지 않으신다.[9] 참으로, 하나님은 그분의 아들에게 모든 진노를 다 쏟으셨기에 노하실 수가 없다. 그분의 진노는 비워졌다. 하나님은 만족함을 얻으셨다.[10] 이 생각이 마음에 깊이 새겨지는 것만으로도 인생이 달라질 수 있다. 둘째, 우리 안에 있는 하나님의 생명이 우리가 올바르게 살아가도록 매일 우리를 도우실 것을 신뢰한다. 이보다 훨씬 더 많은 것에 대해 하나님을 신뢰하게 되겠지만, 그것은 나중에 등장할 것이다. 지금으로서는 이 두 가지로 충분하다.

갈보리에서 일어난 일과 첫 부활절 아침 빈 무덤에서 일어난 일에 대해서 당신이 무엇을 선택하는지에 따라 기독교 이야기의 끝에서 맞이할 당신의 삶도 결정적으로 달라질 것이다. 그 차이가 무엇일까? 이 질문은 우리 퍼즐의 마지막 조각에서 대답하고자 한다.

5부

언젠가 우리는
그 영광을 온전히 갖게 될 것이다.
전쟁은 마무리될 것이다.
고통은 끝날 것이다.
모든 망가진 것이 고쳐지고,
모든 악이 정복되고,
모든 아름다움이 회복될 것이다.
우리는 다시 한번
“벌거벗으나 부끄러워하지 않게” 될 것이다.

네 가지 사실

실재를 그린 모든 이야기는 말하자면 신학을 갖고 있다. 딱히 종교적으로 보이지 않는 이야기들도 다르지 않다. 그 "신학들"은 이야기를 온전한 상태로 유지하기 위해 꼭 필요한 일련의 사실들을 나타낸다. 에벤에셀 스크루지가 없는 디킨스의 『크리스마스 캐럴』은 더 이상 크리스마스의 고전이라고 할 수 없을 것이다.

기독교 이야기의 독특한 신학은 역사 속에서 일어난 두 기적으로 최소한으로 규정될 수 있다. 내가 "최소한으로"라고 말한 이유는 기독교 이야기 안에 중요한 다른 사항이 매우 많지만 이 두 가지 없이는 기독교 이야기가 기독교 이야기로 남을 수 없기 때문이다. 또 "역사 속에서"라고 말한 이유는 그 기적들이 특정한 시점에 특정한 장소에서 일어났기 때문이다. 만약 그렇지 않다면, 그 기적들이 상상의 신화에 불과하다면, 그 기적들은 우리에게 아무런 유익도 주지 못할 것이다.

첫 번째 기적은 목격자가 없다. 하나님 외에는 누구도 볼 수 없었기 때문이다. 그것은 우리가 앞에서 어느 정도 지면을 할애해 생각해 본, 성부 하나님과 성자 하나님 사이의 교환이다. 그런데 두 번째 기적이 있었다. 상대적으로 소수의 사람이 목격했지만 많은 이들이 경험한 기적이다. 그 기적은 성부와 성자 간의 교환이 이루어진 3일 후, 기원후 33년 봄 유대력 니산월 중순에 팔레스타인에서 일어났다.[1]

그리스도인들이 '성 금요일'Good Friday, 고난 주간 금요일—옮긴이 이라고 부르는 날에 일어난 사건들을 생각해 보면 희망을 품을 이유가 있다. 그래서 우리는 그 금요일을 "좋은" 금요일이라고 부른다. 그러나 당시에 그리스도의 죽음은 유대교 지도자들과 로마인들 말고는 그 누구에게도 좋은 소식이 아니었을 것 같다.

물론, 돌이켜 보면 그 소식은 좋은 소식이다. 하지만 그 금요일 밤에는 용서와 자기 희생, 새로워진 삶에 대한 깊은 사색이 아직 없었다. 잔인하게 얻어맞은 채 피투성이가 되어 십자가에 달린 시체만 있었다. 예수께서 죽으셨다. 사람들은 그분을 내려 매장했다. 여자들은 울었고 남자들은 몸을 숨겼다. 밤이 되고 낮이 되고 다시 밤이 되었다. 모든 상황이 끝난 것만 같았다. 그것이 전부인 것 같았다.

그런데 뭔가 놀라운 일이 벌어졌다. 정확히 **어떤 일**이 벌어졌는가 하는 문제는 역사가들을 혼란스럽게 만들었다. 그것이 어떤 일이었건, 그 일로 모든 것이 달라졌다.

이제, 역사가들이 예수 처형 이후 몇 주 동안 실제로 벌어진 일에 대해 대체로 합의하는 내용을 말하기에 앞서, 잠시 시간을 내어 세 가지 우려를 다루고자 한다. 지금 다루지 않으면 그 우려들이 이후의 논의를 흐려 놓을 수 있을 것 같아서다.

역사상 어떤 시점에 일어난 일이든지 그에 대해 어떤 결론을 내리려면 기록, 자료, 사료 등이 필요하다. 예수의 생애에 대한 가장 이르고 가장 철저한 기록들, 즉 전문 역사가들이 연구에 사용하는 자료들은 예수의 친구들과 제자들이 쓴 것이다.[2] 그들은 예수의 삶과 죽음과 관련된 사건들에 대한 상세한 정보를 제공할 수 있는 위치에 있었다. 이 문서들은 마태복음, 마가복음, 누가복음, 요한복음으로 알려져 있다.[3] 하지만 이 자료들을 사용하는 데는 우려가 따른다.

우선, 어떤 이들은 내가 예수의 생애에 대한 이 기록을 "신적 영감을 받았기 때문에" 믿을 만하다고 교묘하게 전제하지 않을지 미심쩍어한다. 그리스도인들이 흔히 하듯이 "하나님이 그것을 말씀하셨고, 나는 그것을 믿는다. 그러니 모든 문제가 해결되었다"라는 식으로 주장할까 봐 우려하는 것이다. 하지만 내가 그런 접근 방식을 취한다면, 독자가 전제하지 않는 것을 전제하게 될 테고, 그렇게 되면 예수의 부활을 지지하는 나의 논증은 설득력이 없을 것이다.

그러니 부디 내 말을 잘 들어 보라. 나는 기독교 이야기의 신적 영감을 믿지만, 그것은 당신이 검토했으면 하는 부활에 대한 논증과는 아무런 관련이 없다. 그 문서에서 역사를 배우기 위해 그 문서가 영감을 받았다고 믿을 필요는 없다. 당신과 내가 안다고 생각하는 (그리고 아마도 아는 것이 맞을) 모든 역사는 하나님이 아니라 보통 사람들이 쓴 기록에서 나온 것이기에, 그런 식으로 하나님을 논의에 끌어들이지 않아도 충실한 역사 연구를 진행할 수 있다. 독자가 이 사실을 분명히 알면 좋겠다.

복음서들을 예수 생애의 원자료로 사용하는 것에 대해 두 번째 문제를 제기하는 사람들이 있다. 그들은 그 글들이 편향되어 있어서 신뢰할 수 없다고 생각한다. 결국, 저자들이 신자 아닌가. 그들은 이미 예수에 대해 확신했고, 원하는 바가 있어서 이해관계가 걸려 있는 당사자들이었다.

물론, 이 우려에는 일리가 있다. 저자들은 자신이 들려준 이야기를 진심으로 믿었고, "신자들"이라서 이 사안에 개인적으로 관심이 있었다. 이것에는 의문의 여지가 없다. 그러나 이것이 정말 어떤 사람들이 생각하는 것처럼 문제가 되는 요소일까? 홀로코스트의 역사는 주로 그 생존자들이 썼다. 피해자들이 그 사건을 "믿는 자들"이라는 이유로, 또는 그들이 그 끔찍한 사건을 세계에 알릴 의도와 나름의 "목적"을 갖고 있다고 해서 그들의 기록을 의심해야 할까? 나는 그렇게 생각하지 않는다.

우리의 이야기에 대해서는, 그 그리스도인들이 그 문제에 묘한 방식으로 이해관계가 **있었기 때문에 오히려** 그들의 주장을 신뢰할 수 있다고 (아이러니하게도) 주장할 수 있다. 그들은 그 이야기의 정확성에 목숨을 걸었다. 그들은 예수를 가장 잘 아는 사람들이었다. 그들보다 예수 생애의 세부 내용을 더 잘 보존할 자들이 누구며, 자신들의 증언 때문에 집, 가족, 안위 등 모든 것이 위험해진 사람보다 더 신뢰할 만한 증인이 누구이겠는가?

편향은 두 가지 형태로 나타날 수 있음을 기억하자. 첫 번째 편향은 방금 언급했다. 관점, 관심, 목적이다. 이런 이유로 이야기를 무시하는 것이 적절한 절차라면, 역사 연구는 아예 시작하지도 못할 것이다. 정확한 정보를 제시할 수 있는 거의 모든 사람이 이런 종류의 '편향'을 갖고 있기 때문이다. 대체로 이런 종류의 편향은 그 자체로는 나쁜 것이 아니다.

첫 번째 종류의 편향이 두 번째 종류의 편향, 즉 개인적 이득을 위해 사실을 왜곡하거나 어떤 식으로건 잘못 전달하는 방향으로 이어질 때만 문제가 생긴다. 그러나 이 일에서 제자들에게 어떤 이득이 있는가? 저자들이 엉터리 이야기를 날조하여 어떤 혜택을 누렸는가? 상식적으로 생각할 때, 자신이 꾸며 낸 신화를 위해 순교를 감수하는 사람은 없다.

어쨌거나, 누군가가 일어난 일에 대해 강한 의견을 가졌다는 이유만으로 그 일에 대한 그의 증언에 신빙성이 없어지는 것은 아니며 역사가들도 이 점을 잘 안다. 물론 역사가들은 왜곡을 초래하는 편향이 없는지 찾는다. 그리고 편향이 존재하면 대개는 제거할 수 있다. 하지만 일어난 일에 관심이나 경험, 관련이 있다고 해서 증인 자격을 박탈당하지는 않는다. 두 번째 종류의 편향을 의심하는 사람들은 두 가지 중요한 질문에 대답해야 한다. 첫째, 거짓말이나 왜곡의 동기가 무엇인가? 둘째, 그런 왜곡의 증거는 어디에 있는가? 내가 아는 한, 기독교 이야기에는 둘 중 어느 것도 없다.

편향에 대한 우려는 이해할 만하고 그런 우려를 제기하는 것은 더없이 적절하지만, 복음서에 대해 제기된 불평은 적절하지 않다. **왜곡을 초래하는** 편향이 있다는 설득력 있는 증거가 나오지 않는 한, 복음서에 편향이 있다는 고발은 유지될 수 없을 것이다. 그리고 내가 아는 한, 그런 증거는 제시된 바가 없다.

끝으로, 이 접근 방식 전체가 잘못되었다고 생각하고 싶어 하는 이들이 있다. 그들이 보기에 초자연적 사건은 어떤 증거에 대해서도 최선의 설명이 될 수 없다. 초자연적 일은 일어나지 않기 때문이다. 결국, 우리는 종교적 판타지가 아니라 역사에 대해 말하고 있는 것이다. 현실 세계에서 일어나는 일에 대한 확실한 사실들을 거론할 때, 기적적인 부활 같은 사건들은 아예 출입금지다. 우리는 그렇게 어리석지 않다. 지금은 중세가 아니라 21세기가 아닌가.

글쎄, 내가 알기로는 지난 수백 년 동안 역사나 과학에서 사람이 죽었다가 살아난다는 생각을 본질적으로 받아들일 수 없게 만들 만한 그 무엇도 아직 발견된 적이 없다. 지성계의 유행은 분명히 달라졌지만 그것이 진리의 문제와 무슨 상관이 있는지 나는 모르겠다. 진리는 유행에 개의치 않기 때문이다.

하지만 증거를 검토하기도 전에 부활 개념을 거부하려 하는 충동을 대하며 궁금해지기는 한다. 우리는 왜 이 충동을 받아들여야 할까? 이것이 인기 있는 책략인 줄은 알지만, 적절하지 않은 제 입맛대로의 대응이라는 느낌이 든다. 여기서 나는 앞서 제시했던 경고를 상기시킬 필요가 있다.[4] 어느 이야기의 특정한 세부 사항은 종류가 다른 이야기에서는 잘 들어맞지 않는다는 점이다. 한 세계관의 세부 사항들을 다른 종류의 세계에 부합하는 기준에 근거하여 부적격한 것으로 여긴다면, 순환논법에 빠질 위험이 다분해진다. 비판자의 부정적 편향 때문에 특정한 선택지들을 부적격이라고 선언하기보다는 증거가 이끄는 대로 그냥 따라가는 것이 최선이 아닐까?

여기에 독자가 고려해 볼 만한 질문이 있다. 당신은 **올바른** 답변을 원하는가? 즉, 고대 팔레스타인에서 실제로 벌어진 일을 분명히 알고 싶은가? 아니면 증거를 무시하고 자신의 목적에 맞는 답변, **올바른 종류의** 답변만 원하는가? 나는 독자가 문제점을 파악할 수 있다고 본다.

마음을 열고 접근하라고 권하고 싶다. 사실이 스스로를 대변하도록 해야 하지 않겠는가? 우리의 임무는 실재를 밝히는 것임을 기억하자. 그렇지 않아도 다루어야 할 진짜 장애물들이 많다. 실재는 감당하기에 충분히 벅찬 상대다. 우리의 길에다 스스로 만들어 낸 장애물을 멋대로 갖다 놓고 거기에 걸려 넘어지는 일은 없도록 하자.

그러면 역사가는 과거를 어떻게 되찾을까? 나는 역사가는 아니지만, 역사 연구 과정을 다룬 책을 충분히 읽은 터라 역사 연구가 기본적으로 어떻게 이루어지는지 정도는 안다. 좋은 역사 연구는 (화학 같은 다른 학문 분야의 직접적 접근 방식에 비하면) 간접적인 방식으로 이루어진다. 지나간 사건들에 직접 접근할 수 없으므로 그럴 수밖에 없다. 과거는 이미 흘러갔고 그 사실을 받아들여야 한다.

대신에 역사가는 현재에 남아 있는 증거, 즉 다양한 종류의 문서들, 고고학적 발견물, 갖가지 인공물 등을 토대로 과거의 사실을 추론한다. 따라서 역사가는 증명이 아니라 개연성을 다룬다. 그들의 기술은 수학이나 논리처럼 기계적인 것이 아니라 예술에 가깝고 탐정 활동과 비슷하다. 단서를 따라가서 실마리들을 평가하고 여러 시나리오를 견주어 보고 모든 증거를 가지고 최고의 설명을 찾는다. 물론 목표는 정해져 있다. 모든 관련 정보를 토대로 실제 벌어진 일에 대한 가장 개연성 있는 설명을 확정하는 것이다.

하지만 역사가가 다른 증거들보다 더 귀중히 여기는 유형의 증거가 있다. 다중의 독립적인 자료들이 단독 자료보다 더 무게가 있고, 사건과 시간상 가까울수록 더 좋다. 간접 증언보다 목격자의 증언이 더 낫다. 당혹스러운 사실을 인정하는 증언에는 무게를 더한다. 자신이나 자신의 주장에 불리한 세부 사항을 일부러 만들어 내는 경우는 없지 않겠는가? 그리고 적대자가 상대편에 도움이 되는 사실을 인정하는 경우도 자료의 신빙성을 더해 준다. 학자들은 사복음서가 이런 종류의 시험대에 올려 놓을

때 유난히 신뢰가 가는 사료라는 것을 오래전부터 알고 있었다.[5]

ㄹ

그러면 이제 우리의 질문을 생각해 보자. 누군가가 실제로 죽었다가 살아났다는 것을 보여 주려면 무엇이 필요할까? 가장 단순한 접근법은 다음 두 가지 사실을 밝히는 것이다. 첫째, 그 사람이 어느 시점에서 죽었다. 둘째, 바로 그 사람이 이후의 어떤 시점에 살아 있다. 두 시점 사이에 상당한 간격이 있다면, 즉 몇 분 정도가 아니라 며칠 정도가 흘렀다면 더욱 좋다. 그 정도면 될 것 같다.

물론, 그 사람은 실제로 죽었어야 한다. 단순히 기절했거나, 질병이나 사고, 외상 등 어떤 이유로든 신체 기능이 한동안 멈춘 상태에서 영혼이 어딘가로 잠시 떠났다가 돌아온 사람처럼 **거의** 죽은 것으로는 안 된다. 그 정도로는 충분하지 않다. 그 사람은 정말, 참으로, 완전히 죽었어야 한다.

그럼 예수의 경우에는 역사적 사실들이 무엇을 보여 줄까? 이 문제에서는 수가 많은 쪽이 안전하다. 가끔 예외적 존재들이 불쑥 나타난다 해도, 압도적으로 많은 학자가 특정한 사실에 대체로 동의하고 그들이 동의하는 이유가 타당하면, 우리는 자신 있게 나아갈 수 있다. 이것이 이제부터 우리가 할 일이다.

예수의 생애를 연구하는 대다수 현대 학자는 네 가지 역사적 사실에 동의한다. 신앙이 전혀 없고 이 문제에 대해 종교적 이해관계가 없는 이들도 예외가 아니다. 첫째, 예수는 금요일에 로마 제국의 십자가에 매달려 죽었고 무덤에 묻혔다. 둘째, 그 무덤은 일요일 아침에 비어 있었다. 셋째, 예수가 죽은 후에 다수의 증인이 살아 있는 예수를 여러 번 보았고 만났고 식사도 같이했다고 큰 위험을 무릅쓰고 증언했다. 끝으로, 회의론자 야고보와 그리스도인의 철천지원수였던 다소 출신 사울도 죽었다가 부활한 예수를 보았다고 확신했고, 둘 다 자신의 믿음을 철회하지 않고 기꺼이 죽는 쪽을 택했다. 야고보는 돌에 맞아 죽었고 바울은 참수를 당했다.[6]

이 네 가지 사실에 대해서는 예수의 생애를 전공하는 전문 역사가들이 압도적인 의견 일치를 보인다(회의적인 역사가들도 이 부분에서는 동의한다). 이 말은 문자 그대로의 의미다. 이 결론은 1975년부터 영어, 프랑스어, 독일어로 출간된 1,400편의 학술자료 내용을 철저히 분석한 결과다.[7] 흔히 받아들여지는 열두 가지 사실들을 나열한 또 다른 참고 자료도 있으나,[8] 당장은 이 네 가지로 충분할 것이다.

⼦

하지만 대다수 학자는 예수가 죽었다가 부활했다고 생각하지 않는다는 점을 분명히 해둬야겠다. 이 문제에 대해서는 의견이 갈린다. 여기에 흥미로운 점이 있는데, 예수의 부활에 대해 비판적으로 생각하는 학자들 대부분이 앞에서 살펴본 네 가지 사실에 대한 표준적인 자연주의적 설명들을 다 거부한다는 점이다. 견실하기만 하다면 그들의 견해를 뒷받침할 만한 설명들인데도 거부하는 것이다. 이것은 무엇을 의미할까? 먼저, 그런 자연주의적 설명을 배척하는 증거가 참으로 강력하다는 뜻이다. 이 부분에서 질문이 하나 떠오른다. 대부분의 학자가 네 가지 사실에 대한 자연적 설명이 적절하지 않다는 데 동의한다면, 모든 증거를 이해하게 해주는 초자연적 설명은 왜 고려하지 않는 것일까? 진짜 부활은 왜 네 가지 사실을 설명하는 역할을 할 수 없다는 것일까?

궁금하면 그들에게 직접 물어보시라. 그러나 내가 볼 때는 앞서 언급한 대로, 사실 자체를 따라가면 어디에 이르는지를 살펴보는 것이 최선인 것 같다. 사려 깊은 사람은 모든 선택지를 신중하게 검토하고, 어느 한 방향으로 성급한 결론을 내리지 않는다.

네 가지 역사적 사실은 우리 손이 닿는 곳에 있다. 결국, 증거 자체는 초자연적인 것이 아니라 이 세상의 것이다. 십자가에 못 박혀 죽은 사람의 시체, 비어 있는 무덤, 만난 사람들의 승언, 완전히 뒤집힌 신념들. 누구라도 구해서 조사해 볼 수 있는 증거다. 이런 사실들에 대한 모든 대안적 설명에 전혀 개연성이 없다면(잠시 후에 왜 그런지 보여 주겠다), 사람이 죽었다가 살아났다는 것이 가장 개연성 있는 설명이라고 추론하는 것이 잘못된 걸까? 사실들이 엄연히 존재하고, 그 사실들은 종종 명백한 결론으로 우리를 이끈다. 그냥 따라가는 것이 어떨까?

여기 우리가 찾는 것이 있다. 합의된 사실 전부를 한데 꿰어 이해하게 해주는 단일한 설명이다. 우리는 살아가면서 문제를 대부분 이런 식으로 해결한다. 왜 이런 접근법이 이 상황에는 적용이 안 되는지 나는 잘 모르겠다.

사실 대신에 편견을 고수하기로 단단히 마음먹은 사람에게는 별로 해줄 말이 없다. 그는 스스로 길에 놓은 장애물에 걸려 넘어지는 셈인데, 왜 그런 접근법을 타당하다고 생각하는지 그에게 묻고 싶다.

우리의 네 가지 사실은 역사가들의 기반, 말하자면 출발점이며 거기에는 그만한 이유가 있다. 각 사실은 모든 역사적 주장을 신빙성 있게 만드는 증거(앞서 소개한 바 있다)로 온전히 뒷받침되기 때문이다.

예수가 죽었다는 사실에는 의문의 여지가 없다. 로마 군인들이 그를 죽였다. 그는 잔인하게 얻어맞고, 채찍질 당하고, 손과 발에 못이 박혀 십자가에 달렸다. 벌거벗은 채 4월의 대기 중에 오후 내내 노출되었고, 옆구리는 창으로 꿰뚫렸다. 백전노장 로마군 백부장이 그의 사망을 선언했다.[9] 사람들은 36킬로그램이나 되는 화학물질로 그의 시체를 방부 처리했고[10] 바위 평판에 누인 다음 차가운 지하 무덤을 봉인했다.

그러니까 부활로 가는 첫 단계는 준비되었다. 예수는 어느 시점에 실제로 죽었다. 이것이 첫 번째 사실이다. 학자들이 동의하는 나머지 세 가지 사실은 두 번째 관심사를 다룬다. 예수는 죽은 이후의 어떤 시점에 실제로 살아 있었는가?

해당 분야 학자들 2/3 또는 3/4이 예수의 무덤이 비어 있었다는 데 동의한다. 그 이유는 쉽게 알 수 있다. 예수를 처형했던 이들을 포함하여 그 누구도 빈 무덤에 대해 이의를 제기했다는 기록이 전혀 없기 때문이다. 팔레스타인의 건조한 환경에서는 시신이 천천히 부패한다. 예수의 시신은 한 달 넘게 부패가 이루어진 후에노 여선히 신원확인이 가능했을 것이나.[11] 왜 누군가가 예수의 유해를 가져와 논쟁을 끝내지 않았을까? 시신을 제시하여 상황을 종결시키면 될 것을. 그러나 시체가 없었다.

당시의 일부 사람들은 제자들이 시체를 훔쳤다고 주장했다.[12] 같은 생각을 하는 이들이 오늘날에도 있다. 이 주장이 그럴 듯해 보이는가? 이 주장에서 주목해야 할 점은 우선, 예수의 적들조차 시체가 없었다는 사실을 분명히 인정하고 있다는 것이다. 더 중요한 것은, 예수의 시신을 훔친 다음 그가 부활했다고 거짓말을 하는 것이 제자들에게 전혀 이익이 되지 않는다는 사실이다. 거짓말의 기본 규칙은 자신에게 이득이 되는 이야기를 지어내는 것이다. 지어낸 이야기 때문에 얻어맞고 채찍질 당하고 돌에 맞고 거꾸로 매달려 십자가 처형을 당하고 참수를 당하다니, 이상하지 않은가. 내가 볼 때 이 설명에 끌리는 회의론자는 충분히 회의적이지 못한 것 같다. 어쨌거나, 오늘날 이 견해를 옹호하는 학자는 사실상 없다.[13]

그리고 예수의 출현은 어떻게 설명할 것인가? 제자들은 자신들이 부활한 그리스도를 만났다고 분명히 확신했다. 그것은 역사적으로 너무나 확실한 사항이어서 누군가는 그것이 "사실상 논란과 반박의 여지가 없다"라고 말했다.[14] 대단히 비판적인 학자들조차도 제자들이 예수를 보았다고 **생각했다**는 것을 인정한다. 그러면 그들은 실제로 **무엇을** 보았을까?

그들이 그리스도를 보았다고 **상상했지만** 사실은 보지 않았다고 생각할 수도 있다. 이것은 개별적 사례들에서는 분명히 가능성이 있고, 지금도 통용되는 이론이다. 사람들은 늘 없는 것을 상상하고, 어떤 사람들은 환각을 보기도 하기 때문이다. 하지만 제자들의 경우에 그 일이 어떻게 가능했을까? 철저한 회의론자까지 포함하는 여러 다양한 사람들이 개별로 또는 집단으로 다양한 시간과 장소에서 한 달이 넘는 기간 동안 동일한 인물에 대한 동일한 환각을 보았다고 믿기는 어렵다. 더구나 상대가 불과

며칠 전, 또는 몇 주 전에 죽임을 당하고 묻혔다고 그들 모두가 (정당한 이유로) 확신했던 사람이라면 말이다.

여기서 나는 이 선택지를 고려할 때 많은 사람이 놓치는 것을 주목하라고 말하고 싶다. 환각은 꿈이 그렇듯 전적으로 사적인 경험이라는 점이다. 사람들은 상상력을 발휘하여 존재하지 않는 것을 상상한다. 당신이 누군가에게 당신의 환상이나 당신이 본 허깨비나 환각 등에 대해 말할 수는 있지만, 상대가 원한다고 해서 (야고보와 사울처럼 의심하는 이들은 결코 그것을 원하지 않았다) 그가 당신의 환상을 경험해 볼 수는 없다. 이런 종류의 망상은 누군가의 머릿속에 있을 뿐 방 안이나 해변이나 산속에 있는 것이 아니므로 주위 사람들과 그 경험을 공유할 수가 없다. 그들이 애초에 회의적인 구경꾼이라면 더욱 그렇다.

무엇이 문제인지 보이는가? 잠든 아내를 깨워 방금 당신이 꾼 대단히 유쾌한 꿈을 경험해 보도록 초청할 수 없다면, 제자들이 공통의 환각을 여러 차례 공유했을 가능성도 마찬가지로 없을 것이다. 나는 꿈과 현실의 차이를 구별할 수 있다고 확신하며, 당신도 틀림없이 그럴 것이다. 제자들도 아마 그랬을 것이다. 그들의 목숨이 달린 상황에서는 더더욱 그랬으리라.

부활하신 예수를 봤다고 상상했다는 것은 제대로 된 설명이 될 수 없다. 설령 다소나마 그럴듯한 부분이 있다 해도 (그렇지 않지만), 이 대안은 빈 무덤과 사라진 시체를 전혀 설명하지 못하기에 가설로서 도무지 승산이 없다. 수많은 학자가 이 대안에 회의적인 이유를 알만하다.

다른 선택지들이 다 사라지고 한 가지만 남았다. 예수의 죽음, 빈 무덤, 제자들에게 나타나심, 회의론자들의 회심, 이 모든 사실에 대한 유일한 합리적 설명이다.

벌벌 떨면서 동요하고 겁에 질린 사람들, 예수를 버린 사람들, 그중 한 명은 아예 그를 안다는 사실조차 부인했고, 흩어져서 당국을 피해 문을 걸어 잠그고 불도 끈 채 숨어있던 사람들을 변화시킨 것은 무엇이었을까? 그들을 부활의 담대한 옹호자로 만든 변화, 부활한 그리스도를 선포하면 채찍질하고 투옥하고 처형하겠다고 위협하는 당국자들에게 용감히 맞서게 만든 변화를 어떻게 설명할 수 있을까?

자신의 종교에 전폭적으로 헌신한 나머지 예수를 따르는 사람들을 체포하여 괴롭히고 때리고 죽이도록 넘겨주는 일을 했던 다소 사람 바울을 무엇이 변화시켰을까? 무엇이 그런 사람으로 하여금 완전히 입장을 바꾸어 자신이 압제하던 사람 중 하나가 되게 하고, 마침내 이전에 경멸하던 복음을 위해 목숨을 버리게 했을까? 무엇이 그 사실을 가장 잘 설명할까?

한 가지 답변뿐이다. 이전에 그리스도를 모른다고 맹세까지 했던 사람이 내놓은 답변이다. 베드로는 이렇게 말했다. "이 예수를 하나님이 살리신지라. 우리가 다 이 일에 증인이로다."[15]

만약 예수가 부활했다면, 그는 하나님의 아들이다. "죽은 자들 가운데서 부활하사 능력으로" 하나님의 아들로 선포되셨기 때문이다. 만약 예수가 부활했다면, 우리는 용서를 받은 것이다. "예수는 우리가 범죄한 것 때문에 내줌이 되고 또한 우리를 의롭다 하시기 위하여 살아나셨"기 때문이다. 그리고 예수가 부활했다면 우리는 이제 유죄 판결을 받지 않는다. 예수께서는 "죽으셨지만 오히려 살아나셔서 하나님의 오른쪽에 계시며, [우리를] 위하여 대신 간구하여 주"시기 때문이다.[16]

예수께서 부활하셨기 때문에, 이야기의 끝에 이르러 그분이 돌아오실 때 또 다른 부활이 있을 것이다. 첫 번째 부활은 두 번째 부활을 보증한다. 역사의 마지막 장, 최후의 해결을 위해 모든 인류가 부활할 것이다. 그때 모든 망가진 것이 회복되고, 모든 악이 사라지고, 모든 아름다움이 복원될 것이다.

23

그 사이에

이제 우리 이야기의 거의 끝부분에 이르렀다. 하지만 이야기의 결말을 제대로 된 시각에서 바라보기 위해서는 우리 논의의 처음으로 돌아갈 필요가 있다.

나는 앞에서부터 줄곧 사람들이 세상에 대해 생각할 때 대부분 한 가지에는 동의한다고 했다. 모든 사람은 세상이 뭔가 크게 잘못되었다고 확신한다. 이 사실은 너무나 분명해서 많은 이들이 이것 때문에 기독교 이야기에 회의를 품을 정도다.

그런데 나는 세상의 망가짐은 사람들 생각과 달리 기독교에 문제가 되지 않는다고 말했다. 악은 실제로 우리 이야기의 일부이기 때문이다. 물론 이야기의 맨 처음에는 그렇지 않았다. 하나님이 태초에 모든 것을 만드셨을 때는 악이 없었기 때문이다. 모든 것이 하나님이 원하신 그대로였고 제대로 된 상태였다. 모든 것이 그 적절한 목적을 달성하고 있었고 완전히 선했다.

인간이 반역하고 세상을 망가뜨렸을 때 악이 침투했다. 그

불행한 실패가 없었다면, 우리의 이야기도 없었을 것이다. 결국, 모든 이야기는 뭔가 잘못된 것―좌절된 시도, 엉망이 된 모험, 결딴난 관계―을 바로잡는 내용이다. 우리의 이야기도 마찬가지다. 하나님이 망가진 세계와 망가진 사람들을 가지고 모든 것을 복원시키시는 내용이다. 갈등이 해소되고 타락한 사람들이 회복되는 과정을 다룬다. 그래서 앞에서부터 나는 우리 이야기가 아직 끝나지 않았다고 말한 것이다.

凵

나는 또 다른 우려, 다른 종류의 반대에 대해서도 말했다. 예수가 인간 문제의 유일한 해결책이고, 따라서 우리와 하나님의 우정을 회복시킬 유일한 길이라는 기독교 이야기의 주장이 표적이었다. 처음에는 그 주장이 터무니없이 편협해 보였지만 우리는 곧 거기에는 합당한 이유가 있음을 알게 되었다. 예수께서는 문제를 해결하신 유일한 분이기에 집으로 돌아가는 유일한 길이 되시는 것이다.

세상이 잘못된 것은 인간이 먼저 잘못되었기 때문이다. 인간이 망가지면서 세상도 망가졌고 오직 예수만이 도덕적으로 훼손된 인간을 치유하실 수 있다. 그리고 오직 그분만이 훼손된 세상을 치유하실 수 있다. 이 두 가지는 서로 이어져 있다. 달리 표현하자면, 신인이신 예수께서 인간의 유일한 소망이신 이유는 그분만이 악의 문제를 바로잡으실 수 있기 때문이다. 세상에 내려오신 하나님만이 세상을 그 자체로부터 구해 내실 수 있다.

하지만 모든 이야기가 그렇듯, 최후의 회복은 금세 찾아오지 않는다. 복잡한 문제들은 금세 해결되지 않는다. 이야기의 세부 사항들까지 다 전개되어야 한다. 그리고 그로 인한 지연은 견디기 힘들다.

어머니가 몹쓸 병으로 아이를 잃을 때, 견딜 수 없는 슬픔이 찾아오고 "왜?"라는 질문이 가차 없이 밀려든다. 왜? 이것은 우리 각자가 삶의 어려운 상황에서 던지는 질문이기도 하다. 왜? 왜 지금입니까? 왜 납니까, 왜 이 아이, 왜 이 친구, 왜 이 이웃, 또는 왜 세계 저편의 저 무고한 사람입니까? 왜?

이 질문의 어떤 부분은 답할 수 없다. 인간의 지식을 넘어서기 때문이다. 왜 특정한 군인이 특정한 전장, 특정한 지점에서 특정한 총알을 맞았을까? 그런 것은 하나님만 아시는 비밀스러운 일이고[1] 하나님은 그에 대해 알려 주지 않으신다.

하지만 이 질문의 또 다른 부분은 그리 어렵지 않다. 기독교 이야기가 자주 상기시켜주는 사실이기도 하다. 우리 모두 이야기의 중간 지점에서 살고 있다는 것이다. 이곳은 위험한 영역이다. 그 끔찍한 타락의 순간부터 인류는 치열한 싸움에서 벗어날 수 없었다. 전쟁이 벌어지고, 여러 전투가 치러지며, 모든 전투에는 사상자가 나온다. 이것은 우리가 아는 사실이다.

우리는 이 전쟁이 끝난다는 사실도 안다. 저자께서 친히 그렇게 말씀하셨기 때문이다. 전쟁의 끝이 곧 이 이야기의 끝이다. 승리가 있을 것이다. 악은 처벌을 받을 것이다. 상처는 회복될 것이다. 눈물을 닦아주실 것이다. 세상은 다시 올바른 상태가 될 것이다.

하지만 지금 우리는 자비에 힘입어 견딘다. 하나님의 자비가 우리를 붙든다. 이런 말이 이상하게 들릴 수 있겠지만, 기독교 이야기를 이해하면 이 말도 이해하게 된다. 인간의 반역이 세상을 망가뜨렸고, 인간의 불순종과 더불어 인간의 죄책이 생겨났다. 결정적 증거물에 우리의 지문이 찍혀 있다. 당신의 지문과 나의 지문이 다 찍혀 있다. 우리는 하나님께 엄청난 빚을 졌고 그 빚을 갚아야 한다. 우리가 갚거나 다른 이가 갚아주어야 한다. 이것은 우리가 이미 다룬 산수 문제다.

어떤 이들은 결코 자비를 구하지 않겠지만, 많은 이들이 자비를 구할 것이다. 아직 하나님께 용서를 구하지 않았지만 앞으로 그분 앞에 나갈 사람들이 있을 것이다. 하나님이 지체하시는 것은 그분이 느려서나 힘이 없어서나 무정해서가 아니다. 하나님은 기다리시는 것이다. 오래 참는 긍휼 때문에 지체하시는 것이다.[2] 마지막 커튼이 내려오면 연극이 끝날 줄 아시기 때문이다. 그분이 악을 무찌를 때는 철저히 행하실 것이고, 그때, 자비의 시간은 막을 내릴 것이다. 정의가 번성하고 많은 이들이 그 힘을 느낄 것이다.

그때까지, 그분을 신뢰하는 이들은 싸움터에 홀로 있지 않는다. 물론 사상자가 생기지만, 하나님은 범사에 우리와 함께하신다. 이것이 그분의 약속이다.[3] 예수께서 말씀하셨다. "세상에서는 너희가 환난을 당하나 담대하라. 내가 세상을 이기었노라."[4]

여기서 우리는 이 모든 것의 해결책이 무엇이냐고 물어야 한다. 하나님은 왜 이 문제를 끝내기 위해 아무 일도 안 하시느냐고 묻는 것이 통상적인 반응이다. 그러나 당신은 하나님이 정확히 어떤 일을 하시기를 원하는가? 혹시 그분이 나쁜 사람들에게 응분의 벌을 주신 다음에 이런 난장판이 다시는 벌어지지 않도록 상황을 바로잡으시기를 원하는가? 음, 정확히 그런 일이 벌어질 것이다. 그러나 그것이 모든 사람에게 좋은 소식은 아닐 것이다.

세상에서 벌어지고 있는 이 거대한 전투가 끝날 때 무슨 일이 일어나는지를 들려주는 기독교 이야기의 마지막 대목으로 우리는 지금 가고 있다. 우리가 다룰 내용은 미래와 관련이 있기에, 우리에게 가장 덜 알려져 있다. 이 대목은 기독교 이야기에서 가장 인기 있으면서도 동시에 가장 인기 없는 부분이다.

이 이야기가 어떻게 끝날지에 대해 우리가 아는 약간의 내용은 전율과 두려움을 동시에 안겨 준다. 내가 들려줄 그 내용 안에는 이루 말할 수 없이 멋진 일도 있고, 너무나 으스스하여 그 무게를 제대로 깨달으면 숨이 턱 막힐 일도 있다. 그것을 듣고 겁이 난다 해도 괜찮다. 정말 위험한 일을 두려워하는 것은 올바른 반응이다. 그리고 많은 사람에게 미래는 정말 위험하기 짝이 없다.

당신이 먼저 알아야 할 것은, 이 이야기에서는 모두가 영원히 산다는 점이다. 당신과 나, 친구들과 사랑하는 사람들, 모르는 사람들과 원수들까지 전부. 이제껏 살았던 모든 사람은 영원토록 계속해서 언제까지나 살 것이다. 그렇다면, 어떤 의미에서 당신이 이제껏 만난 사람 중에 "그저" 죽어 없어질 사람은 없었다.[5] 한번 시작된 그들의 삶은 절대 끝나지 않을 것이다.

그러나 영원히 사는 것이 모두에게 좋은 소식은 아닐 것이다. 이 이야기에서는 모두가 오래오래 행복하게 사는 것이 아니기 때문이다. 우리가 아는 역사의 최후 사건이 벌어질 때, 완전한 정의 또는 완전한 자비가 이루어질 것이다.[6] 완전한 정의는 우리가 이제껏 잘못한 모든 일에 대한 형벌이다. 하나님은 어떤 것도 놓치지 않으신다. 완전한 자비는 우리가 잘못한 모든 일에 대한 용서다. 여기서도 하나님은 어떤 것도 놓치지 않으신다.

24

완전한 정의

왜 그토록 많은 사람이 "나쁜 짓을 하고도 벌 받지 않고 넘어가는" 듯 보이는지, 왜 그렇게 많은 끔찍한 범죄와 악행과 공공연한 불의가 아무런 대가도 치르지 않고 그냥 지나가는 것 같은지 의아하게 생각한 적 있는가? 합당한 처벌을 바라는 갈망 같은 것이 마음 깊은 곳에서 가끔 솟구치지 않는가? 언젠가 정의가 구현되기를 때때로 갈망하지 않는가? 우리 모두의 내면에는 잘못된 세상이 바로잡히기를 바라는 선한 무언가가 있는 것 같다.

절망하지 말라. 그 시간은 올 것이다. 잘못된 세상을 바로잡는 첫 단계는 잘못을 저지른 사람들을 처벌하는 것이다. 마지막 결산 때 죄인들은 처벌을 피하지 못할 것이다. 심판의 날이 있을 것이고, 이생에서 정의를 속였던 이들은 자신이 감당해야 하는 형벌을 실감할 것이다.

이것은 어떤 의미에서는 좋은 소식이지만, 또 어떤 의미에서는 대단히 안 좋은 소식이다. 다른 이들이 합당한 벌을 받는 것은 좋지만 우리도 같은 재판관 앞에 서야 하기 때문이다. 각 사람에게는 해명해야 할 나름의 범죄들이 있다.

여기서 우리는 흔한 오류를 피하도록 주의해야 한다. 대부분의 사람, 적어도 대부분의 미국인은 분명히 지옥을 믿지만 그들 중 대다수는 자신이 지옥에 가지 않을 거라고 확신한다. 그들은 자신이 "기본적으로 선하다"고 생각한다. 적어도 자신보다 못한 사람들이 맞이할 운명 정도는 피할 수 있다고 생각한다.

기독교 이야기의 마지막 몇 장에는 특정한 책들이 펼쳐지는 장면이 등장한다. 이 부분은 앞 장에서 소개한 바 있다.[1] 이 두 종류의 책은 서로 다른 결말을 알린다. 나는 이제껏 살았던 모든 사람의 모든 악행—하나님을 거역하고 저지른 모든 범죄의 완전한 목록[2]—이 이 책들에 기록되었다고 말했다. 처벌받지 않고 넘어갈지 모른다고 염려했던 다른 사람의 모든 못된 짓들이 거기에 빠짐없이 적혀 있다. 모든 사람이 그 기록을 보게 될 것이고 각자의 모든 행동에 책임을 지게 될 것이다. 그러나 당신이 저지른 끔찍한 일들, 누구도 알아내지 않기 바랐던 일들도 거기에 기록되어 있다. 당신 또한 그 일에 책임을 져야 한다.

그 책들의 기록은 내가 앞서 언급한 '빚 문서'다. 우리가 저지른 잘못의 기록, 말하자면 '전과 기록'이다. 어떤 목록은 다른 목록에 비해 대단치 않아 보일 수 있다. 어떤 목록은 내용이 끝없이 이어질 것이다. 하지만 각 사람에게 본인의 목록은 그 분량에 상관없이 모두 감당하기 버거울 것이다. 그것은 죽음의 책이다.

제이콥 말리처럼,[3] 우리는 길게 늘어진 쇠사슬을 칭칭 감고 있다. 그 고리 하나하나는 우리가 평생에 걸쳐 만들어 낸 것이다. 이생에서는 이런저런 재미에 일시적으로 정신이 쏠려 쇠사슬의 무게를 잊을 수 있었을지 모르지만, 그 책들에는 늘어진 쇠사슬, 우리 각자가 짊어진 죄들의 어마어마한 무게가 기록되어 있다.

손과 발이 상하고 옆구리에 깊은 상처를 입은 분이 그 죽음의 책들을 펼치실 것이다. 세상의 유일한 구원자이신 예수께서는 세상의 최후 심판자이시기도 하다.[4] 최후의 날, 그분은 사람들 앞에 두 번째로 나타나실 것이다. 첫 번째는 자비를 베풀고자, 사람들을 해방하고 구원하시고자 오셨다.[5] 그러나 두 번째는 다를 것이다. 마지막으로 오실 때, 예수께서는 죽음을 나눠주신다. 기독교 이야기는 이것을 이렇게 말하고 있다.

> 나는 크고 흰 보좌와 거기에 앉으신 분을 보았습니다. 땅과 하늘이 그 앞에서 사라지고, 그 자리마저 찾아볼 수 없었습니다. 나는 또 죽은 사람들이, 큰 자나 작은 자나 할 것 없이, 다 그 보좌 앞에 서 있는 것을 보았습니다. 그리고 책들을 펴놓고, 또 다른 책 하나를 펴놓았는데, 그것은 생명의 책이었습니다. 죽은 사람들은, 그 책에 기록되어 있는 대로, 자기들의 행위대로 심판을 받았습니다.……이 생명책에 기록되어 있지 않은 사람은 누구나 다 이 불바다에 던져졌습니다.[6]

정신이 번쩍 드는 장면이다. 내가 지금 겁을 주려 한다고 생각하는 이들도 있을 것이다. 그들 생각이 옳다. 나는 지금 겁을 주고 있다. 앞에서도 말했다시피, 정말 위험한 일에는 겁을 먹는 것이 좋은 반응이다. 하지만 내가 그저 겁주기 전술을 쓴다고, 사람들을 억지로 포섭하려는 계략을 쓴다고는 생각하지 말았으면 좋겠다. 그것은 내가 하는 일이 아니다. 나는 지금 속임수를 쓰는 것이 아니다. 경고하기 위해 진실을 말하는 것이다.

그 보좌 앞에 서는 모든 사람은 자신의 행동, 지상에 있을 때의 행위에 따라 심판을 받을 것이다. 그리고 그들은 모두 구원받기에 부족한 것으로 밝혀질 것이다. 회개하지 않는 범죄자는 그 어떤 잘못에 대해서도 처벌을 모면하지 못할 것이다.

그러나 또 다른 책, 생명의 책이 있다. 이 책에도 기록이 담겨 있다. 역시 죄인이지만 "하나님이여, 저에게 자비를 베푸소서, 저는 죄인입니다"라고 요청하여 자비를 받은 이들의 이름이 적혀 있다. 그리스도 안에서 용서를 받은 모든 사람에게는 무죄가 선언될 것이다.

그러니까 모든 인간은 죽은 자들 가운데서 부활하여 다시는 죽지 않을 것이다. 그중 어떤 이들은 부활하여 영원한 생명에 들어갈 것이다. 그러나 다른 이들은 부활하여 영원한 죽음에 들어갈 것이다. 영적으로 살아 있는 이들은 예수의 교환 덕분에 멸망하지 않을 것이다. 그들의 이름은 생명의 책에 기록되어 있다. 영적으로 죽은 이들은 영원히 그 상태로 머물 것이다. 그들이 지은 죄의 대가는 죽음의 책에 기록되어 있다. 달리 표현하면, 하나님께 지은 그 어떤 죄도 처벌 없이 넘어가지 않고, 하나님께 지은 그 어떤 죄라도 구원자에 힘입어 용서받을 수 있다. 몇 세

기 전, 찬송가 「나 같은 죄인 살리신」의 작사가인 존 뉴턴은 그
것을 이렇게 표현했다. "나는 큰 죄인이다. 그러나 그리스도께서
는 크신 구원자시다."

지옥이 실재한다는 것 말고도 지옥에 대해 알아야 할 세 가지가
있다. 첫째, 지옥은 하나님 앞에서 쫓겨나 가는 장소다. 기독교
이야기는 이렇게 말한다. "그들은 주님 앞과 주님의 권능의 영광
에서 떨어져 나가서, 영원히 멸망하는 형벌을 받을 것입니다."[7]
　　이생에서는 많은 사람이 하나님과 전혀 안 엮이길 원하며,
거리낌 없이 그렇게 말한다. 그들은 하나님 근처에 있으면 괴로
울 거라고 생각한다. 그래서 그분과 영원히 격리되는 상황에 (당
장은) 그리 개의치 않는다. 오히려 멀리 떨어지면 일종의 자유
를 얻을 거라고 생각한다. 그들은 그분의 간섭 없이 완전히 혼자
힘으로 평생을 살아왔으니 그런 상태를 유지하는 데 아주 만족
할 것이다. 그것이 그들의 뜻이고, 결국 그들은 자신들이 원하는
바를 이룰 것이다. 그들에게 하나님은 이렇게 말씀하실 것이다.
"떠나가라."
　　그러나 이런 식으로 생각하는 것은 치명적 실수다. 하나님

앞에서 쫓겨나는 것은 어떤 이들이 생각하는 것처럼 즐거운 경험이 아닐 것이다. 하나님은 모든 즐거움, 기쁨, 만족, 위안 등 모든 선한 것의 근원이시다. 당신이 이제껏 경험한 모든 멋진 것은 하나님에게서 나왔다.[8] 당신이 하나님을 절대 믿지 않았어도, 하나님은 당신을 선하게 대해 주셨다. 이생의 모든 즐거움이 가능한 것은 오로지 그분이 믿지 않는 자에게도 은혜로우시기 때문이다. 그러나 그 은혜가 언제까지나 계속되지는 않을 것이다. 하나님 앞에서 쫓겨나는 것은 모든 즐거움을 가능하게 하는 모든 선함이 다시는 허락되지 않음을 의미한다.

기독교 이야기는 쫓겨남을 "영원한 멸망"이라 부른다. 이것은 어떤 이들이 말하는 것처럼 소멸의 의미가 아니다. 멸망하는 것들은 사라지지 않는다. 자기 목적을 감당할 수 없게 결딴날 뿐이다. 구원받지 못한 이들에게도 같은 일이 벌어진다. 그들은 사라지지 않는다. 영원히 산다. 그러나 원래의 존재 목적을 이룰 수 없게 영원히 결딴날 것이다. 사람은 하나님과 함께 행복을 누리도록 만들어진 존재다. 그분 없이는 어떤 종류의 선함도 누릴 수 없다. 그것은 이루 말할 수 없는 괴로움일 것이다. 그것이 바로 지옥이다.

이것이 우리가 똑똑히 봐야 할 첫 번째 사실이다. 하나님 없이는 어떤 행복도 있을 수 없다. 오직 고통만 있을 뿐이다. 이것은 지옥에 대해 알아야 할 두 번째 사실로 이어진다. 지옥은 말할 수 없는 고통의 장소다.

예수께서는 참을 수 없는 고통 때문에 울고 이를 갈게 되는 바깥 어두운 곳에 대해 말씀하셨다.[9] 그분은 하데스에서 그 고통을 당하던 한 사람에 대해 말씀하셨다. 그는 물 한방을 그의 혀에 찍어 불꽃 가운데 당하는 괴로움을 덜어 달라고 간청했다.[10]

지옥에 진짜 불이 있는지를 놓고 논쟁을 벌이고 싶을 수도 있지만, 그것은 요점이 아니다. 나로서는 문자적인 불과 어둠과 이를 가는 행위가 정말 있는지 확신하지 못하겠다. 때로는 영원한 것들이 지상의 용어로 표현되기도 한다. 달리 선택의 여지가 없기 때문이다. 하지만 내가 절대적으로 확신하는 것은 지옥의 고통을 표현하기 위해 어떤 이미지를 동원할지라도 그 고통은 실재하고 극심하다는 사실이다.

이제 지옥에 대해 알아야 할 마지막 내용을 이야기할 차례다. 아마도 지옥에 대해 가장 심란한 부분일 것이다. 마지막 내용은 하나님께 쫓겨난 이들이 의식하는 고통과 괴로움은 절대 끝나지 않는다는 것이다. 영원히.

영원을 길고 긴 시간으로 생각하기 쉽지만, 그것은 정확하지 않다. 길이가 있는 모든 것에는 끝이 있고, 길고 긴 시간이라도 결국에는 다하기 마련이다. 그러나 지옥은 끝이 없다. 우리로선 상상하기 어려운 부분이다.

우리 삶의 모든 것에는 끝이 있다. 하루는 끝이 나고, 우리는 밤 동안 쉬었다가 다음 날 다시 하루를 시작한다. 학기는 끝이 나고 잠시 방학을 했다가 다음 학기가 또 시작된다. 결국, 우리 인생도 끝이 나고, 보통은 이 정도가 우리 생각이 가 닿을 수 있는 가장 먼 거리다. 가능한 한 가장 먼 미래를 생각해 보려 해도, 그렇게 해서 아무리 멀리까지 생각을 이어 나간다 해도, 영원으로 가는 여행은 시작도 하지 못할 것이다.

나는 수백 년을 사는 상상을 해볼 수 있지만, 그때도 내 생각은 먼 미래의 어느 지점에서 멈추고 만다. 더 멀리 나아가려고 시도하면, 끝이 없고 언제까지나 계속되는 상태를 상상하려 하면, 내 속에서 공황상태 비슷한 것이 느껴지기 시작한다. 높은 탑에서 떨어졌는데 결코 바닥에 닿지 않고 계속 추락을 거듭하는 것 같은 느낌이 든다. 당신이 영원에 대해 생각할 때 어떤 느낌을 받는지 모르겠지만, 내게는 유쾌한 경험이 아니다.

이제 이 그림에서 한 가지만 바꿔 보자. 영원히 떨어지는 것이 아니라 영원히 고통받는 것이다. 예수께서는 지옥이 게헨나 같다고 하셨다. "거기에서는 구더기도 죽지 않고 불도 꺼지지 아니하느니라."[11] 게헨나는 그분의 청중들이 잘 아는 곳이었다. 예루살렘 성벽 바깥의 쓰레기장이었다. 음식물 쓰레기, 오물, 폐기물, 버린 물건, 썩어가는 시체 등 도시의 쓰레기들이 끊임없이 연기를 내며 타오르고, 구더기와 벌레들이 끝없이 그것들을 파먹으며 사는 곳이었다. 물론 그분의 말씀은 비유적인 표현이었지만(지옥에 구더기가 있지는 않을 테니까), 예수께서 말씀하신 영원한 형벌은 아주 실재적이다.

한 작가는 그것을 이렇게 표현했다. "저주받은 영혼이 백 년에 한 번만 눈물을 흘리고, 수백 수천만 년이 지나 그 흘린 눈물이 온 세계의 강을 가득 채울 정도가 된다 해도, 그는 구원에 조금도 가까워지지 않을 것이다. 그의 고통은 이제 막 시작된 것과 같을 것이다."[12]

지옥은 이와 같을 것이다. 빠져 나갈 길은 없을 것이다. 절대 풀려나지 못할 것이다. 당신은 절대로 사라지지 않을 것이다. 고통도 절대 끝나지 않을 것이다, 영원히. 시계는 똑딱거림을 절대 멈추지 않을 것이다. 아니, 시계의 똑딱거림은 아예 시작되지도 않을 것이다.

여기서 나는 다음의 반론을 예상할 수 있다. 영원한 지옥이 어떻게 사랑의 하나님의 사례일 수 있단 말인가? 이 문제를 제기하는 사람은 뭔가 제대로 짚어 낸 것이다. 지옥은 하나님의 사랑의 사례가 아니라 하나님의 정의를 보여 주는 사례다. 그분의 사랑을 보여 주는 것은 지옥에 가지 않도록 거저 베푸시는 사면의 제안이고, 많은 이들은 그 제안을 거절한다. 그러나 그분의 정의를 거절할 수는 없다.

이 질문은 여러 면에서 오해를 반영한다. "하나님이 사랑이시다"라는 말은 "사랑이 하나님이다"라는 말과는 다르다. 둘은 전혀 다른 진술이다. 하나님과 사랑은 동일하지 않다. 하지만 어떤 이들은 둘을 같은 것으로 생각하는 듯하다. 그들은 "하나님이 사랑이시다"라는 말이 하나님에 대해 말할 수 있는 전부이고, 사랑과 하나님은 같은 것이며 더는 덧붙일 말이 없다고 생각한다.

하나님이 사랑이시라는 말은 신중하게 정의해서 하는 말이라면 옳다. 사랑은 하나님의 참된 속성 중 하나다. 그러나 하나님은 사랑 이상의 분이다. 필수적인 다른 특성도 갖고 계신다. 그중 하나가 정의다. 악행은 처벌해야 하고, 빚은 갚아야 한다.

사실, 아주 실질적인 의미에서 하나님의 사랑과 그분의 정의는 함께 간다. 이렇게 한번 생각해 보라. 하나님이 선하시지 않다면 그분은 하나님이 아닐 것—즉, 상상할 수 있는 가장 완전한 존재가 아니실 것—임을 우리 모두 안다. 하나님의 선함과 그분의 사랑은 말하자면 친척 관계다. 둘은 같은 근원, 즉 그분의 완전한 본성에서 나오기 때문이다.

하나님의 정의도 이와 마찬가지다. 하나님이 악한 사람들을 그냥 풀어 주신다면, 그분은 전혀 선하지 않을 것이다. 그리고 그분이 선하지 않다면, 그분이 어떻게 사랑이 많다고 할 수 있는지 이해하기가 몹시 어려울 것이다. 하나님의 사랑과 정의는 둘 다 좋은 것이고, 서로 충돌하지 않는다.

그래도 사랑의 하나님은 누구도 절대 지옥에 보내지 않으실 거라고 주장한다면, 생각을 분명히 정리해야 할 것이다. 그지 없이 악한 행위들이 영원히 처벌받지 않아야 한다고 말이다. 누 군가 악을 행하여도 하나님은 아무 일도 없었던 것처럼 "모르는 척" 해야 한다고 말이다. 그것을 받아들여야 한다. 하지만 사람 들이 악을 저지르고도 벌을 받지 않는다는 것이 악에 대한 우리 불평의 일부가 아니었던가? 그것이 무엇을 의미하는지 생각해 본 적이 있는가?

잔인한 고문을 받은 나머지 서서 강연할 수 없게 된 한 연사 가 앉은 채로 청중에게 하는 강연을 들은 적이 있다. 그가 회고 록에서 쓴 내용을 소개한다.

나를 고문한 공산주의자들은 자주 이렇게 말했다. "신은 존재하 지 않아. 내세도 없어. 악에 대한 형벌도 없지. 우리는 원하는 대 로 할 수 있어.……나는 신을 믿지 않지만, 이 시간까지 살아남 아서 내 마음속의 온갖 악을 표출할 수 있게 해준 신에게 감사 해." 그는 죄수들을 믿을 수 없을 만큼 잔인하게 대하고 고문하 면서 자신의 악을 드러냈다.[13]

그러나 다른 문제가 있다. 영원한 지옥이 어떻게 사랑의 하나님의 사례일 수 있느냐는 반론으로 말하고자 하는 바가 바로 그 문제일 수 있다. 하나님의 자비도 고려해야 한다는 것이다. 옳은 말이다. 하나님의 자비가 들어갈 자리가 분명히 있다. 하나님의 자비는 그분의 사랑이 그렇듯 하나님의 선함에서 나온다. 물론, 하나님은 자비를 베푸셔야 할 의무가 없다. 사면받을 권리를 가진 범죄자가 없는 것처럼, 용서받을 권리를 가진 죄인도 없다. 자비는 말하자면 "넘보지 못할 과분한 것"이다. 하나님의 선함이 흘러넘쳐서 자비를 가능하게 만든다.

이제 내가 무슨 말을 하려는 것인지 알 수 있을 것이다. 나는 경이로운 하나님의 사랑과 무시무시한 하나님의 정의 사이에 모순이 없음을 보이려고 하는 중이다. 그분의 사랑과 그분의 정의와 그분의 자비가 얼마나 숨 막히는 방식으로 십자가에서 하나로 합쳐졌는지 알아보았으면 좋겠다. C. S. 루이스는 이렇게 썼다. "하나님은 유일한 위안인 동시에 최고의 공포입니다. 우리에게 가장 필요한 존재인 동시에 가장 피하고 싶은 존재입니다."[14]

그러나 이 반론에는 또 다른 부분이 있다. 내가 지옥의 가장 불편한 면이라고 말했던 부분이다. 절대 끝나지 않는 '영원한' 고통 말이다. 이런 생각이 들 수 있을 것이다. "그건 좀 너무하지 않나? 그래, 정의에 합당한 점이 있어. 사람들이 잘못했으면 책임을 피할 수 없고 하나님이 모르는 척하시지 않고 범죄자들에게 응분의 벌을 내려 합당한 대가를 치르게 하는 것 등은 다 일리가 있어. 하지만 정의에도 한계가 필요하지 않나? 한순간에 저지른 죄에 대해 영원한 고통을 선고하다니 이런 정의가 어디 있는가?"

분명히 말해 두지만 나는 이 우려에 공감이 간다. 내가 이런 우려를 느껴 봤기 때문이다. 지옥의 묘사를 보며 겁에 질려 영원한 저주의 공정성에 의문을 갖게 되었다. 하지만 이 문제에 대한 나의 감수성을 신뢰하지 말라고 경고하는 세 가지 사실이 있다.

첫째, 죄를 지은 당사자는 자기 범죄의 심각성을 평가할 적합한 위치에 있지 않다. 우리의 도덕관념은 가치가 있지만, 우리의 반역으로 이미 훼손된 상태다. 우리는 자신의 죄를 있는 그대로 보지 못한다. 교도소에 갇힌 거의 모든 사람은 자신이 부당하게 처벌받고 있다고 여긴다. 하나님께 저지른 우리 자신의 범죄에 대해서도 같은 생각일 것이다.

둘째, 범죄에 합당한 형벌은 범죄를 저지르는 데 걸린 시간에 절대 비례하지 않는다. 영리한 도둑은 몇 분 만에 도둑질을 끝낼 수 있고, 살인자는 순식간에 사람을 죽인다. 살인이 더 큰 범죄지만, 저지르는 데 드는 시간은 더 적다. 범죄의 심각성을 측정하는 기준은 시간이 아니라 다른 그 무엇이다. 그것이 세 번째 사실이다.

악행의 심각성은 행위 사제반이 아니라 범죄를 저지른 대상에 따라서도 결정된다. 당신의 아이가 이유 없이 같은 반 친구의 눈을 때려 멍들게 했다고 상상해 보자. 그것은 분명 아이가 책임져야 할 행동이다. 그런데 그 아이가 부모인 당신의 눈을 때려서 퍼렇게 멍들었다고 해보자. 이것은 또 다른 문제다. 그렇지 않은가. 행위 자체는 똑같지만, 당신을 공격한 것이 분명 더 지독한 악행이다.

요점은, 우리가 죄를 지을 때, 반 친구나 교사나 부모나 지상의 왕을 상대로 죄를 범하는 게 아니라는 것이다. 우리는 도덕적으로 흠이 없고 완전하신 우주의 주권자를 도덕적으로 공격하고 있는 것이다. 무엇이 그와 같은 범죄에 대한 합당한 보응이겠는가? 여기서 나는, 비록 우리의 감수성에 거슬리기는 하지만, 끝없는 추방이 합당하다고 생각할 수밖에 없다.

정리해 보면 이렇게 요약할 수 있다. 언젠가 당신이 하나님 앞에 설 때, 하나님이 당신의 인생을 심판하시면 당신은 유죄 판결을 받을 것이다. 당신은 이미 그 사실을 알고 있을 것이다. 반드시 찾아올 그 시간이 이르면 응분의 대가인 형벌에서 당신을 구해 줄 것은 단 하나, 하나님이 보낸 구조자이신 예수일 것이다.

악의 문제에 대해 기독교 이야기가 제시하는 해결책이 바로 이것이다. 행악자에게는 완전한 정의를, 회개하는 자에게는 완전한 자비를. 악은 영원히 쫓겨나고, 영원한 선이 회복될 것이다.

완전한 자비

우리 각 사람은 평생을 따라다니는 깊은 갈망을 안고 태어난다. 이 세상의 통치자들은 적당한 오락이나 적당한 소유, 적당한 관계, 적당한 경험 등이 이 갈망을 잠재워 줄 거라고 약속하지만, 그 갈망의 만족은 우리의 손이 절대 닿지 않는 곳에 있다. 우리는 마음이 갈망하는 것들을 이 땅에서, 이생에서 찾을 수 있다는 말을 들었다. 그러나 그것은 거짓이었다.

우리는 이 세상의 것들이 우리가 정말 원하는 것을 결코 줄 수 없음을 곧 깨닫는다. 우리는 다른 세계에 맞게 만들어졌고, 우리가 갈망하는 것, 마음이 아프도록 그리워하는 것—기독교 이야기에서는 그것을 일종의 '신음'이라고 부른다[1]—은 이 세상이나 이생에서 찾을 수 없기 때문이다. 우리가 갈망하는 것은 고향이고, 그곳에서 우리를 기다리는 아버지다. 마침내 그와 함께할 때까지 우리는 이곳에서 외롭게 유배 생활을 한다.

하나님의 완전한 자비—우리가 이제껏 잘못한 모든 일에 대한 용서—는 우리가 언젠가 마침내 집으로 돌아갈 것이며, 우리의 갈망이 언젠가 마침내 채워진다는 의미다.

계속 진행하기 전에, 잠시 멈추고 나의 개인적 한계를 고백해야겠다. 여기서 나는 이 책의 앞부분에서 경험했던 것과 같은 어려움과 마주한다. 앞에서 나는 인간의 어리석음으로 세상이 망가지기 전, 기독교 이야기의 맨 처음에 등장하는 "제대로 된" 세상이 어떤 모습인지 그려 보려고 노력했다. 그리고 여기서 같은 난제에 직면한다. 이 망가진 영역이 새롭게 만들어질 때, 모든 고통의 기억이 희미해지다가 마침내 사라지고, 모든 고뇌와 불만족이 물러가고, 눈부시게 빛나는 행복이 찾아올 때, 그 날의 완전한 세상이 어떤 모습일지를 묘사해야 하기 때문이다.

이 일이 어려운 이유는 지옥을 믿는 것보다는 천국을 믿는 게 훨씬 쉽지만(이유는 뻔하다), 지옥을 상상하는 것보다는 천국을 상상하는 것이 훨씬 어렵기 때문이다. 미덕보다는 악덕을 묘사하기가 훨씬 더 쉽기에, 지옥에 대한 감각은 천국에 대한 것보다 비할 수 없을 만큼 생생하다. 지옥의 이미지들은 파악하기가 쉽다. 우리가 고통에 친숙하기 때문이다. 하지만 천국은 대체로 우리의 상상력이 가닿지 못한다.

사람들은 지옥에 관한 이야기를 듣고도 대부분 잘 받아들이지 않지만, 지옥의 실상은 그들이 생각하는 것보다 그 이야기에 훨씬 더 가까울 것 같다. 반면, 천국은 우리가 상상하는 것과는 많이 다를 것이다. 적어도 내가 상상하는 모습과는 다를 것 같은데, 당신도 마찬가지일 것이다. 기독교 이야기의 끝부분에서는 현대인의 마음에 잘 다가오지 않는 묘사들이 등장한다.[2] 거대한 정육면체 천상의 도시가 있고, 그곳에는 진주 문과 황금길, 최고급 벽옥으로 빛나는 성벽이 있다. 보좌에서 흘러나오는 수정처럼 맑은 강물을 공급받은 생명나무가 열국을 낫게 하는 열매를 맺는다. 솔직히, 나는 개인적으로 저택, 보석, 보좌 같은 것들을 그다지 좋아하지 않기 때문에, 이 그림에 좀 김이 빠진다.

부디 이해해 주시라. 나는 지금 하나님의 계시를 흠보는 것이 아니다. 흠이 있다면 전적으로 내 몫이다. 지금 당장은 나의 타락한 자아에 갇혀 있는 신세니 말이다. 사실인즉, 너무나 경이로운 자비가 우리를 기다리고 있다. 그러나 타락한 이 세상에서의 오랜 여행으로 더럽혀지고 걱정에 잔뜩 짓눌린 우리로서는 그 자비를 향해 마음을 돌리기가 어렵다. 내가 내놓을 수 있는 최고의 것이라고 해봐야 그 영광에 대한 가장 희미한 그림이 전부다. 그것밖에 없기 때문이다.

하지만 우리는 안다. 우리는 이생에서 경험한 것보다 훨씬 나은 것을 누리도록 만들어졌다는 사실이다. 그리고 우리는 그것을 갈망한다. C. S. 루이스가 말한 대로, 그것은 "머나먼 고국에 대한 갈망"이다.[3] 그 나라는 우리의 나라이며, 우리 왕께서 우리 몫으로 준비해 두신 유산이지만,[4] 우리는 아직 그곳에 이르지 못했고, 그곳이 어떤 모습일지 정확히 파악하기는 어렵다.

이런 틈을 메꾸려면 천국이 우리 눈에 어떻게 **보일지**(이것이 우아한 천국 이미지의 요점 아닌가 싶은데, 아쉽게도 개인적으로는 별 감흥이 없다)보다는 천국에서 우리가 어떻게 바뀔지 생각해 보는 것이 더 유용하다고 본다. 기독교 이야기를 따라가다 보면, 천국 자체에 비하면 희미하기 그지없겠지만 천국을 살짝 엿보게 해주는 내용을 만나게 된다. 나는 그 부분에 대해 몇 가지 생각을 보태려 한다.

구원자를 따르는 이들의 미래에 대해 기독교 이야기가 들려주는 몇 가지 내용을 소개해 본다. 물론 하나님의 완전한 자비는 이것 외에도 우리를 위해 모든 것을 바꿔 놓을 것이다.

여기 당신이 생각해 봤으면 하는 첫 번째 사실이 있다. 어떤 사람이 항상 더럽다면, 완전히 깨끗해진 느낌이 어떤지 알기 어렵다. 가끔 좀 덜 더러울 때가 있지만, 항상 어느 정도는 때가 묻고 꾀죄죄하다. 그는 뜨거운 물에 들어가 비누로 잘 문질러 씻으면 얼마나 상쾌한지 절대 모른다.

우리도 비슷한 처지다. 앞서 말한 교환 덕분에 우리는 하나님 앞에서 온전히 깨끗해진 게 **사실**이지만, 깨끗한 **느낌**은 받지 못한다. 우리 대부분은 온전히 깨끗하다고 느껴 본 적이 한 번도 없다. 매일 죄와 접촉하고 더군다나 과거에 죄 지은 기억도 생생해서 용서받은 느낌은 자꾸 훼손되고 그럴수록 더욱 부끄러워진다. 위대한 성인들은 때때로 더럽혀지지 않았다는 느낌을 받았을지 모르지만, 나는 그렇게 느껴 본 적이 없다.

그러므로 우리의 감정이 우리를 가리켜 더러운 죄인이라고 말할 때 하늘 아버지의 신실한 자비—고대 히브리인들은 이것을 그의 '인자'(loving-kindness)라고 불렀다—라는 '사실'을 상기하는 것이 합당하다.

기독교 이야기에서 이것을 자주 볼 수 있다.[5] "또 그들의 죄와 그들의 불법을 내가 다시 기억하지 아니하리라." "너희의 죄가 주홍 같을지라도 눈과 같이 희어질 것이요 진홍같이 붉을지라도 양털같이 희게 되리라.” “여러분은 주 예수 그리스도의 이름……으로 씻겨지고, 거룩하게 되고, 의롭게 되었습니다.” 이처럼 멋진 격려는 이외에도 많다. 이 말씀들은 우리 영혼을 감싸 우리를 위로하고, 우리가 예수님 덕분에 하나님 앞에서 받았지만 여러 실패 때문에 잘 느끼지 못하는 정결함을 떠올려 준다.

그러나 우리가 마침내 집으로 갈 때는 이런 말씀들이 더는 필요하지 않을 것이다. 정결함이 우리 안에 철저히 스며들어 그 외의 다른 것은 전혀 느끼지 못할 것이다. 죄책감, 더러움, 도덕적으로 망가진 데서 오는 고통, 수치심은 온데간데없을 것이다.

여기서 ‘거룩’이라는 단어를 쓰는 것이 주저된다. 이 단어는 (불행히도) 풍부함이 아니라 궁핍을 떠올리게 하는 탓이다. 즉 미덕의 만족이라는 빈약한 목표를 위해 즐거움을 부인한다는 의미로 들린다. 그러나 거룩은 올바른 단어이고 궁핍이 아니라 풍부함, 다함이 없는 유쾌한 선함을 뜻한다. 집에 돌아가는 날, 우리는 그 안에 푹 잠기고 그것으로 채워지고 그것으로 흠뻑 젖을 것이다. 우리는 속속들이 선하면서도 놀랍게도 여전히 우리 자신일 것이다.

기독교 이야기는 이렇게 말한다. "그가 나타나시면 **우리가 그와 같을 줄을 아는 것은 그의 참모습 그대로 볼 것이기 때문이니.**"[6] 그분이 선하시므로 우리도 선할 것이다. 그분이 거룩하시므로 우리도 거룩할 것이다. 우리는 변화 받아 그분의 모습 그대로 될 것이다.[7]

이것이 첫 번째 놀라운 일이다. 자비가 이 일을 가능하게 만든다.

첫 번째에 이어 두 번째 놀라운 일이 펼쳐진다. 그날에 우리에겐 어떤 죄책감도, 더러움도, 망가짐도, 수치도 없을 것이다. 한마디로 죄의식이 없을 거라는 얘기다. 우리는 물론 어느 곳의 그 누구에게도 죄가 없을 것이기 때문이다. 악은 영원히 쫓겨날 것이고 결코 돌아오지 못할 것이다. 그 무엇도 그 누구도 우리를 해치지 못할 것이고, 우리 또한 누구도 해치지 않을 것이다. 하나님이 친히 우리의 눈물을 닦아주시고,[8] 우리의 상처를 치유해 주시고 우리의 괴로움을 끝내 주실 것이다. 우리의 영혼은 안전하고 위로받고 안식할 것이다.

기독교 이야기는 그날 죽음이 폐기되고 밤이 사라지고[9] 하나님의 빛이 우리를 감쌀 거라고 말한다. 나쁜 일들의 결과와 선을 대적하는 모든 원수가 다시는 존재하지 않을 것이다. 우리가 이생에서 느끼는, 견딜 수 없는 괴로움은 우리가 앞으로 풍부하게 누릴 영원하고 막중한 영광[10] 앞에서 하찮은 것으로 쪼그라들 것이다.

그때가 되면 우리는 죄로부터 늘 안전할 것이다. 인간의 악함 때문에 세상이 악해졌고, 인간의 망가짐 때문에 세상이 망가졌지만 이제 그런 일은 절대 다시 벌어지지 않을 것이다. 다시는 우리의 내면이 망가지지 않을 것이기 때문이다. 창조주가 만물을 새롭게 하는 날, 새 하늘과 새 땅,[11] 당신, 나, 모든 사람, 모든 것에 선함이 흘러넘칠 것이고, 그 선함은 우리가 이전에 가졌던 흔들리고 실패할 수 있는 선함이 아닐 것이다. 예수께서는 우리를 위해 다른 순결함을 값 주고 사셨고, 그 교환을 통해 우리에게 그 순결함을 주셨다. 그것은 예수의 선함, 하나님의 선함, 완전한 선함이다. 우리가 선함을 보유하는 것이 아니라 우리의 존재 자체가 선함이 될 것이다. 우리에게 덧붙은 선함이 아니라, 하나님의 선함이라는 온전한 영광이 우리 안에 내장되어 다시는 그 영광에 못 미치는 일이 없을 것이다.[12] 우리는 원하는 대로 자유롭게 행동하게 될 것이다. 우리의 모든 소원은 하나님의 소원처럼 선하고 순결하고 올바를 것이기 때문이다.

그래서 부활의 때에는 죄인도 망가진 사람도 없을 것이고, 그러므로 망가진 세상도 없을 것이다. 자비가 그것을 가능하게 만든다.

부활은 우리의 내면뿐 아니라 겉모습도 바꿔 놓을 것이다. 망가진 육체는 하나도 없을 것이다. 그런데 이 말을 요통이 사라지고 간질이 낫고 저는 사람이 바람처럼 달릴 거라는 뜻으로만 생각하지 말기 바란다. 그 모두가 경이로운 일이고 망가진 육체는 물론 다 고쳐지겠지만, 전체 그림에 비하면 작은 일부에 불과하다. 우리에게 찾아올 변화는 너무나 놀라운 것이어서 천상의 새로운 우리 모습에 비하면 지금 우리 중에서 가장 건강한 사람의 모습도 초라해 보일 것이다.

우리 몸은 손을 좀 보는 정도가 아니라 다시 만들어질 것이다. 지금 우리가 가진 몸은 천국에 적합하지 않기에 그때는 완전히 새로운 몸이 될 것이다.[13] 물론 그 몸도 여전히 우리를 알아보는 우리 몸이겠지만,[14] 그 전과는 전혀 다를 것이다. 기독교 이야기의 저자들은 그 새로움의 영광이 어떨지를 잠깐이라도 보여 주려고 애를 썼다.[15] 우리는 이 세상의 물리적 부담에 익숙해진 나머지 그 부담이 벗겨진 다음에 경험할 존재의 가벼움을 상상할 수가 없다.

우리의 부활은 의미심장할 것이다. 물론 그때 우리의 몸은 이생에서는 있을 수 없는 방식으로 온전해지겠지만, 부활은 몸이 온전해지는 것만을 뜻하는 것이 아니다. 우리의 전 **자아**가 달라지고, 변화되고, 새롭고 완전한 곳에 적합하도록 새롭고 완전해질 것이다.

그리고 또 다른 자비가 있다. 당신이 혹시 그리스도인이라면, 지금은 세상에 없지만 당신이 알았던 모든 참된 신자를 생각해 보라. 부모님과 조부모님, 배우자나 자녀, 가까운 친구들이나 알고 지내던 이들, 깊이 사랑했던 많은 이들을 생각해 보라. 고통스럽게 서서히 떠나간 이들도 있을 것이고, 갑작스럽게 떠나간 이들, 심지어 사고로 떠난 이들도 있을 것이다. 그들은 소중한 존재였으나 이제 떠나고 없다.

친구들과 친척들이 장지에서 고인을 애도하고 추모하면서

유족들에게 "고인은 더 좋은 곳에 계십니다." 혹은 "다시 뵙게 되실 겁니다"라고 말하는 것은 예의 바른 일이다. 그러나 그 말이 모두에게 해당하지는 않는다. 더 좋은 곳에 가지 못하는 이들, 다시는 못 보게 될 이들도 많다. 그것은 우리가 이미 살펴본 하나님의 암울한 약속이다.

그러나 하나님은 다른 약속도 하셨다. 그분의 자비 아래 있는 사람들은 결코 영원히 이별하지 않을 것이다. 재회할 것이다. 사랑하는 사람들과 다시 함께할 것이다. 그리고 이전과는 달리, 과거의 상처나 경쟁심이나 내분 때문에 애정이 손상되는 아픔은 없을 것이다. 최고의 우정까지도 훼손하는 지금의 부정적인 요소는 전혀 없을 것이다. 우리는 그들을 최상의 모습으로 만나게 될 것이고 그들과 함께 끝없는 축제를 누리게 될 것이다.

우리가 주 안에 있는 가까운 이들을 잃어버릴 일은 없다. 우리는 그들과 늘 함께할 것이다. 기독교 이야기는 이 소식을 전하며 그때를 기다리는 우리를 지금 위로한다.[16]

너무나 많은 내용이 더 있지만, 그것들을 다 다루자면 더 많은 책과 내게는 없는 많은 선견지명까지 있어야 할 것이다. 당장에는 이 책의 내용으로 충분할 것이고, 이미 말한 대로 나는 지금까지 말한 내용을 다루면서도 더듬거렸다. 우리의 상상력은 그리 멀리까지 내다보지 못한다. 내생에 적합하지 않은 현생의 이미지들을 사용할 수밖에 없기 때문이다. 내가 내놓은 것은 더없이 희미한 스케치, 아이의 서툰 글씨, 장래의 영광에 대한 창백한 비유일 뿐이다. 글로는 그날의 영광을 제대로 그려 낼 수가 없다. 그저 해 뜨는 방향을 겨우 가리킬 뿐이다. 하지만 지금으로선 이것이 내가 할 수 있는 최선이다.

그런데 한 가지가 더 있다.

왜 그런지 이유는 모르지만, 어떤 유형의 경험과 더불어 심오한 감정의 물결이 밀려드는 것을 느낀 적이 있는가? 그럴 때면 그 감정에 압도된다. 눈물을 쏟거나 환호하거나 경이감에 사로잡혀 말문이 막힌다. 그리고 그 감정에 휩쓸려 아주 잠깐 다른 세계로 옮겨 간다. 그러다 그 순간이 지나가면 다시 우리의 세계로 돌아와 있다.

앞에서 나는 우리 영혼의 강렬한 열망, 이 세상의 어떤 것도 채워 주지 못하는 갈망에 대해 말한 바 있다. 그 갈증이 풀리지 않는 이유는 우리가 다른 세계를 위해 만들어졌기 때문이라고 했다. 하지만 가끔, 우리에게 그 세계를 맛보게 해주는 일이 벌어진다. 그 순간들은 금세 지나가지만 진짜이며, 다른 영역을 들여다보는 창이 된다.

나니아의 옷장처럼, 시간에 매인 세계를 통과하여 초월적인 세계로, 영원의 일부를 접촉하게 되는 곳으로 들어가게 해주는 마법의 문이 있다. 그 문은 사람마다 다르다. 나는 푸치니의 아리아를 들으면 그 아름다움에 얼어붙곤 했다. 이탈리아어를 모르는 나로서는 그 음악이 불러일으키는 강렬한 감정에 지성이 끼어들 여지가 없다. 다른 이들의 경우, 자연과의 조우가 내면의 깊은 곳을 건드리기도 하고, 한 줄의 시구나 짤막한 산문, 또는 스치듯 지나간 어떤 향기가 은밀한 갈망을 촉발한다. 건드려질 뿐 채워지지는 않는 갈망.

그렇게 당신을 건드리는 것이 무엇인지는 모르지만, 나는 우리 모두 그런 것을 경험한다고 확신한다. 그 순간들은 짧고 우리는 평소의 상태로 금세 되돌아간다. 그러나 그 순간들은 진짜다. 우리는 이생에서 경험하는 것보다 훨씬 더 나은 것을 위해 만들어졌다. 우리는 그 사실을 안다. 그리고 그것을 갈망한다. 가끔 뭔가 영원한 것을 아주 희미하게 맛보고 엿보지만, 그것은 금세 사라진다.

다음번에 뭔가—영화의 한 장면이나 포옹, 얼어붙게 만드는 풍경—를 보거나, 뭔가—시, 곡조, 이야기의 한 부분—를 듣거나, 희미한 향을 감지하여 잊고 있었던 먼 옛날로 돌아가거나 미지의 새로운 시간으로 넘어가게 된다면, 그래서 마음 깊은 곳에서 뭔가가 당신을 흔들고 황홀하게 만들어 왠지 모르게 울고 싶어진다면, 바로 그 순간에 하나님이 당신에게 영광을 미리 맛보여 주시는 것인 줄 알면 좋겠다.

언젠가 우리는 그 영광을 온전히 갖게 될 것이다. 전쟁은 마무리될 것이다. 고통은 끝날 것이다. 모든 망가진 것이 고쳐지고, 모든 악이 정복되고, 모든 아름다움이 회복될 것이다. 우리는 다시 한번 "벌거벗으나 부끄러워하지 않게" 될 것이다.

자비를 받은 이들은 평생 찾아 헤매던 집을 갖게 될 것이다. 그곳은 아버지의 집이고, 거기에는 우리가 거할 곳이 많을 것이다.[17] 그리고 아버지는 "와라. 들어와라. 즐겨라. 나와 함께 있자"고 말씀하실 것이다.[18] 그 순간에 우리는 집을 향한 갈망이 언제나 그분을 향한 갈망이었음을 깨닫게 될 것이다(혹시 그때까지 미처 확신하지 못했다면). 우리는 그분을 소유하게 될 것이다.

이것이 실화, 실재에 대한 이 이야기의 끝이다. 그러나 물론 완전한 끝은 아닐 것이다. 그것은 새로운 이야기, 우리가 평생 기다렸던 이야기의 시작에 불과할 것이다. 그러나 그에 대해서는 더 할 말이 없다. 그것은 내 수준을 완전히 넘어서기 때문이다. 그 이야기에서 우리는 가능할 것으로 생각했던 최고의 삶보다 더 나은 삶을 경험하게 될 것이다. 모든 자비보다 더 큰 자비로 우리는 하나님의 소유가 될 것이고, 그분은 우리의 소유가 될 것이기 때문이다. 영원히.

에필로그

나는 이 책을 시작하면서 한 가지 일종의 약속을 했다. 첫째, 세상이 지금 같은 모습인 데는 이유가 있고, 정말 중요한 일들, 삶의 큰 문제들에 대해 "왜?"라는 질문을 던지면 그에 대한 답이 주어질 거라고 말했다.

나는 기독교의 큰 그림, 기독교 세계관—나는 그것을 실재상이라고 했다—을 파악하면 세상의 의미심장한 모든 것, 즉 세상이 어떻게 시작했고 어떻게 끝나며, 그사이에 일어나는 참으로 중요한 모든 일이 서로 어떻게 들어맞는지 알아보는 데 도움이 될 거라고 말했다. 이어서 가장 중요한 질문들을 던지고 그에 대한 대답을 찾으려 할 때, 다른 어떤 세계상도 충분한 답을 제시하지 못함을 하나하나 밝혔다.

나는 실재의 참된 그림이 많은 조각으로 이루어진 직소 퍼즐 같다고 했다. 여느 직소 퍼즐이 그렇듯, 올바른 조각들 전부를 적당한 순서로 맞춰 내야 실재의 전체 그림을 제대로 볼 수 있다. 주요 조각들이 빠지거나 다른 세계관의 "조각들"이 섞여 들면 정확한 그림을 파악할 수 없을 것이다.

세계관을 바라보는 또 다른 방식은 그것을 이야기로 생각하는 것이라는 말도 했다. 모든 세계관은 창조, 타락, 구원, 회복이라는 특정한 구조를 따르고, 모든 좋은 이야기도 비슷한 구조로 되어 있다. 시작, 갈등, 갈등 해소, 결말이다.

나는 기독교 이야기를 죽 따라가면서 그 이야기가 어떻게 퍼슬의 모든 중요한 조각들—우리가 주변 세상을 세심하게 관찰하여 발견하는 것들, 마음 깊은 곳에서 알고 있는 참된 것들, 저자께서만 말씀해 주실 수 있는 (그리고 말씀해 주시는) 여러 다른 것들—을 조합하여 우리로선 생각도 못 했을 이야기로 엮이는지를 보여주고자 했다. 그것은 인간이 스스로 생각해 냈을 법한 이야기가 아니다. 그것은 최고의 이야기꾼께서 모든 사람이 볼 수 있도록 친히 남겨두신 실마리와 그분의 말씀에 귀를 기울일 이들을 위해 들려주신 말씀을 통해 알아낼 수 있는 이야기다. 이 이야기는 완전한 세계관의 모든 올바른 요소와 좋은 이야기의 모든 구성요소를 담고 있다. 더욱이, 이 이야기는 우리가 드라마에서 맡는 역할을 볼 수 있게 도와준다.

나는 두 번째 약속도 했다. 그것은 저자의 도움 없이도 우리 모두가 잡아낼 수 있는 두 가지 '실마리'와 이어져 있다. 첫째, 우리는 세상이 지독히 잘못되었음을 안다. 세상은 제대로 된 상태가 아니다. 둘째, 우리는 우리 자신이 지독히 잘못되었음을 안다. 우리 역시 제대로 된 상태가 아니다. 세상에는 악이 있고, 우리 각 사람 안에도 악이 있다.

나는 바로 이 대목에서 두 번째 약속을 제시했다. 그것은 사람들이 기독교에 대해 제기하는 가장 큰 두 가지 반론과 관련이 있었다. 악의 문제와 기독교 메시지의 '편협함'이다. 나는 우리가 기독교 이야기를 제대로 이해하면, 악과 고통이 내미는 도전장과 기독교 이야기가 유일한 해결책을 제시한다는 주장이 사람들 생각과 달리 문제가 되지 않음을 알게 될 거라고 말했다. 세상의 망가짐과 예수의 유일무이한 역할은 이어져 있다. 둘은 손잡고 같이 간다. 악은 이 이야기에서 이질적이지 않고 오히려 중심이 된다. 참으로, 기독교 이야기 전체는 인간이 어떻게 악해졌는지, 인간의 악함이 세상을 어떻게 악하게 만들었는지, 하나님이 그 둘을 어떻게 바로잡으시는지를 다룬다. 이것이 예수께서 세상에 오신 이유다.

기독교 이야기처럼 분량이 있는 이야기를 전할 때는 간략히 요약하여 기억을 새롭게 하는 것이 유용하다. 그러면 모든 부분이 어떻게 적절히 이어져 전체 이야기가 일관된 구조를 이루는지 보는 데 도움이 된다. 그리고 내가 약속을 지켰는지 확인하는 데도 도움이 된다.

이 이야기는 하나님과 더불어 시작된다. 그분은 주인공이고 이야기의 중심이시며 정당한 주권자, 친히 만드신 모든 것의 통치자, 본인 나라의 왕이시다. 하나님이 창조하신 세상은 우리가 볼 수 있는 것과 볼 수 없는 많은 것들로 이루어진다. 하나님의 세계에서는 둘 다 실재한다. 그는 왕이시지만 아버지시기도 하다. 우리는 그분과 우정을 나누기 위해 만들어졌다. 하나님이 만드신 세상은 선함과 목적이 가득했고 그분이 의도하신 대로 모든 것이 조화로웠다. 어떤 불화나 불행도, 채워지지 않은 욕구도, 무질서도, 고통이나 소외도 없었다.

인간은 온 세상에서 두 번째로 귀하고 중요한 존재다. 인간은 작은 신이 아니라 피조물이지만 그렇다고 하찮은 존재도 아니다. 하나님은 우리를 다른 어떤 피조물과도 구별되게, 아름답게 만드셨다. 우리의 보이지 않는 자아, 영혼의 깊은 곳에는 특별한 흔적, 하나님의 형상이 새겨져 있다. 하나님을 닮은 우리 각 사람은 나이나 크기, 능력이나 외모와 무관하게, 결코 빼앗길 수 없는 경이로움을 지닌다. 인간만이 하나님의 흔적을 지니고 있기에, 각 사람은 절대적 가치, 심오한 존귀함, 궁극적 목적을 가진다. 이 내장된 가치는 우리가 서로에게 잘 대해야 하는 이유 이자 누군가가 "양도할 수 없는 권리"라고 말한 특권을 우리가 가지는 이유다.

인간은 아름답지만 망가지기도 했다. 물리적으로가 아니라 도덕적으로 망가졌다. 우리는 죄를 지었기에 죄책감을 느낀다. 최초의 인간은 그렇지 않았다. 하지만 그는 하나님이 주신 선한 자유를 사용해 악한 일을 했다. 그는 순종을 선택하여 더욱 선해 지는 쪽으로 자유를 사용하지 않았다. 오히려 자유를 사용해 반 역을 선택했고, 그렇게 죽음과 어둠과 노예 상태로 떨어졌다. 자 유를 벗고 속박에 매였고, 타락한 자아와 그를 유혹한 마귀의 노 예가 되었다. 아담과 하와는 우주의 왕께 반역함으로써 자신들 뿐 아니라 온 세상을 망가뜨렸다. 그것이 바로 우리 가운데 악과 고통이 있는 이유다.

하지만 다른 무엇보다 심각한 일은 하나님과 인간의 우정도

깨어졌다는 사실이다. 인간은 불순종으로 인해 하나님과 끊어졌고, 인간의 반역과 배신 때문에 하나님은 진노하셨다. 하지만 하나님은 인간을 멸망시키지 않으셨다. 오히려, 친절하고 은혜로운 겸손의 행위로 친히 하늘에서 내려와 인간 예수 안에서 역사 속으로 들어가셨고 구출 작전을 시작하셨다.

예수에 대해 알아야 할 두 가지 필수적인 사실은 그의 가르침 전반과는 큰 상관이 없다. 그 두 가지는 예수가 누구였는가, 무엇을 이루려고 세상에 왔는가에 대한 것이다. 그 둘은 그리스도의 인격과 사역으로도 알려져 있다.

예수께서는 당신과 나와 똑같은 참된 인간이었다. 그러나 그것이 전부는 아니었다. 그분은 육신이 되신 말씀, 유일무이한 신인(神人), 우리를 위해 하늘에서 내려와 낮아지신 우주의 왕이셨다. 예수께서 오신 것은 사회정의를 전하기 위해서가 아니라, 우리가 살았어야 마땅한 삶을 살고, 그분의 완전한 삶을 우리의 부패한 삶과 교환하시기 위해서였다. 그 교환은 고대 예루살렘 성벽 바깥의 암석층, 그 지역 사람들이 해골을 뜻하는 골고다라 불렸던 곳에 세워진 나무 십자가에서 이루어졌다.

예수께서는 유대인의 왕이라고 주장했다는 이유로 유대인

들의 요청에 따라 로마인들에 의해 십자가에 못 박히셨다. 죄목은 그분이 달린 십자가 꼭대기에 적혀 있었다. 하지만 인간에게 당하는 잔혹함보다 더 큰 고통은 다른 죄목들로 인해 아버지께서 가하시는 형벌이었다. 그 십자가에 함께 '달렸던' 우리의 범죄 때문에 예수는 왕의 분노가 다할 때까지, 그분의 정의가 만족할 때까지, 자신의 임무가 다 이루어질 때까지 형벌을 받으셨다. 예수께서 우리 죄책을 짊어지심으로써 우리는 그분의 무죄함을 갖게 되었고, 그분이 우리의 죄를 대신 지심으로써 우리는 그분의 선함을 가질 수 있게 되었다. 이것이 교환의 내용이었고, 이로 인해 하나님이 은혜로 건네시는 선물을 단순한 신뢰로 받기만 하면 하나님과 우리의 우정이 회복될 수 있게 되었다. 그분을 신뢰할 때 우리의 내면이 새롭게 태어나고 참된 삶의 유일한 근원이신 하나님께 다시 한번 "연결된다."

지금 하나님은 자비의 손을 내밀어 반역자들에게 죄 용서와 사면을 거저 주시겠다고 말씀하신다. 하지만 그분은 악을 처리하는 일을 영원히 미루지는 않으실 것이다. 그분의 오래 참음은 어느 시점에 행동으로 바뀔 것이다. 결국, 모두가 다시 일으킴을 받아 반역자는 완전한 정의를, 회개하는 자는 완전한 자비를 받을 것이다. 하늘과 땅이 다시 만들어지고 다시는 악이 없을 것이다.

그래서 이 이야기는 모두가 영원히 사는 것으로 끝난다. 계속해서 반역하는 이들은 비참함, 어둠, 철저한 고독과 파멸의 장소로 영원히 추방될 것이다. 반역을 그치고 무기를 내려놓고 정당한 왕에게 항복하는 이들, 그분의 사면을 받아들이는 이들, 그분 가족의 일원이 되는 이들은 새로운 세계에서 그분이 처음부터 주기 원하셨던 완전한 삶을 그분과 함께 누리게 될 것이다.

이것이 세상이 어떻게 시작해서 어떻게 끝나는지에 관한 이야기이며, 그사이에 일어나는 대단히 중요한 모든 일에 관한 이야기다. 선함으로 가득했던 시작, 반역, 망가짐, 구출, 교환, 자비, 최후의 정의, 악의 종말, 완전한 선으로의 궁극적 회복, 그리고 (구조자를 신뢰하는 이들을 위한) 마음속 가장 깊은 갈망을 채워 주시는 아버지와의 끝없는 우정.

기독교 이야기에는 하나님, 인간, 예수, 십자가, 부활의 다섯 요소가 있다. 이 이야기가 좀 길기는 하지만 다음 같은 한 문장으로 표현할 수 있다. 우주의 창조주이신 **하나님**이, 반역죄를 지은 **인간**을 형벌에서 구출하시려고, 이 땅에 오셔서 구원자 **예수** 안에서 인성을 취하시고, **십자가**에서 죽었다가 다시 살아나셨으며, 그로 말미암아 그의 자비를 입은 이들은 최후의 **부활** 때 언제나 꿈꾸어 온 완전한 세계에서 왕 되시는 주님과 놀라운 우정을 누릴 것이다.

당신이 그리스도인이라면 이것은 당신의 이야기다. 혹시 그리스도인이 아니라도, 역시 당신의 이야기다. 이 이야기는 종교적 동화가 아니기 때문이다. 이것은 세상의 실제 모습을 보여 주는 이야기다.

이제 당신은 일종의 갈림길에 서 있다. 당신에게는 두 가지 선택지가 있다. 당신의 주권자에게 무릎을 꿇고 그리스도를 의지하여 자비를 구하고, 그분의 아들딸로 받아들여지고, 그분의 소유가 될 수 있다. 아니면 그 선물을 거부하고 심판 날에 홀로 서서 당신이 하나님께 지은 죄의 값을 치를 수도 있다.

나는 바로 지금, 할 수 있을 때 사면을 받아들이고 돌이켜 예수를 따르라고 당신에게 권하고 싶다. 이것은 그저 이야기에 불과한 것이 아니기 때문이다. 이것은 실화이고 유일한 참된 이야기다. 실재에 관한 이야기다.

주

01 혼란

1. 이 이야기가 모든 동화에서 실제로 다루는 본질이라는 생각은 클레이 존스
(Clay Jones)에게서 가져왔다.
2. 기독교가 하나의 실재상이라는 통찰에 대해서는 척 콜슨(Chuck Colson)에게
감사드린다. 그의 정확한 표현은 "기독교는 예수님과의 관계가 전부가 아니
다. 그것은 삶과 실재 전부를 보는 방식이다"(2009년 8월 13일 '포커스 온 더 패밀
리'와의 인터뷰에서).

03 실화

1. 체스터턴(G. K. Chesterton)은 이렇게 말한 바 있다. "물론, 어떤 의미에서는 모
든 지적 개념이 편협하다.……그리스도인은 무신론자가 제한된 것과 같은 의
미에서 제한되어 있을 뿐이다. 기독교가 틀렸다고 생각하면서 여전히 그리스
도인일 수는 없다. 무신론자도 무신론이 틀렸다고 생각하면서 계속해서 무신
론자일 수는 없다." *Orthodoxy* (Nashville: Sam Torode Book Arts, 2011), 19. (『정
통』 아바서원)
2. 내가 여기서 말하는 것은 코끼리를 처음 만난 인도의 여섯 시각장애인에 대

한 고대의 유명한 비유다. 이 비유는 다양한 종교들이 실제로는 서로 충돌하지 않는다고 주장할 때 자주 쓰인다. 각 종교가 신에 대한 큰 진리의 일부를 나타낸다는 것이다. 나는 이 혼동에 대해 "코끼리의 문제"(The Trouble with the Elephant)라는 글을 썼다. str.org에서 제목으로 검색하면 찾을 수 있다.

04 두 가지 장애물

1. "좁은 길"에 대한 예수의 말씀은 마태복음 7:13-14에서 찾을 수 있다. 자신이 "길이요 진리요 생명"이라는 예수의 주장은 요한복음 14:6에서 볼 수 있다. 그의 제자들은 많은 구절에서 예수가 유일한 길이라는 생각을 반복하는데, 대표적인 구절이 사도행전 4:12과 로마서 10:1-4, 9이다. str.org에 실려 있는 소책자 「Jesus, the Only Way—100 Verses」에 이런 구절 100개가 실려 있다.

06 태초에

1. 기독교 이야기를 여는 책 '창세기'의 영어 제목 Genesis는 '시작'을 뜻한다. 이 책은 줄거리에서 가장 중요한 모든 것의 시작을 말해 준다. 세상의 시작, 인간의 시작, 인간 문제의 시작, 그 문제의 해결책의 시작에 대해 말한다. 물론, 세상이 시작할 때 벌어진 흥미로운 일 중에 기독교 이야기가 다루지 않아 답이 없는 채로 남겨진 것들이 많다. 그것은 기독교 이야기가 우리에게 모든 것을 말해 줄 생각이 없기 때문이다. 그래서 전체 줄거리에서 중요한 것들만 말해 준 것이다.
2. 기독교 이야기 중에서 고난받는 이들을 위한 대목으로는 히브리서, 베드로전서, 데살로니가전후서, 요한계시록 등이 있다.
3. 하나님의 소유권에 대한 C. S. 루이스의 요점은 다음 책에서 볼 수 있다. *Mere*

Christianity (New York: Simon & Schuster, 1952), 59(『순전한 기독교』홍성사)

4. 아우구스티누스가 『고백록』에서 밝힌 다음의 유명한 통찰을 내가 살짝 바꿔 표현했음을 알아보는 독자들도 있을 것이다. "당신은 스스로를 위하여 우리를 만드셨기에 당신 안에서 안식을 찾기까지는 우리 마음이 안식하지 못합니다."

5. 물론 우리가 생각하는 것과 동시에 우리 뇌에서 물리적 활동이 일어나고 그 활동은 복잡한 방식으로 우리의 생각과 연결되어 있지만, 그런 물리적 과정들이 우리의 생각과 같은 것은 아니다. 둘은 전혀 다른 특성들을 갖고 있다.

6. "하나님은 거기 계시며 말씀하신다"(He is there, and He is not silent)는 통찰은 프란시스 쉐퍼에게서 가져왔다. 그는 이 제목으로 멋진 책을 썼다.

7. 이것이 웨스트민스터 소교리문답이 다룬 첫 번째 문제라는 데 주목하라. "인간의 제일 되는 목적이 무엇인가? 인간의 제일 되는 목적은 하나님을 영화롭게 하고 그를 영원토록 즐거워하는 것이다."

8. 나사렛 예수는 이렇게 말했다. "수고하고 무거운 짐 진 자들아 다 내게로 오라 내가 너희를 쉬게 하리라. 나는 마음이 온유하고 겸손하니 나의 멍에를 메고 내게 배우라. 그리하면 너희 마음이 쉼을 얻으리니 이는 내 멍에는 쉽고 내 짐은 가벼움이라"(마 11:28-30).

08 물질-주의

1. 이 말은 모든 시대를 통틀어 가장 유명한 과학다큐멘터리일, 천문학자 고(故) 칼 세이건(Carl Sagan)이 진행한 PBS의 「코스모스」첫 부분에 등장한다. 그런데 이상하게도, 이 시리즈를 규정하는 개념은 전혀 과학적이지 않다. 어떤 경험적 분석도 '존재했거나 존재하거나 앞으로 존재할 모든 것'을 원리적으로라도 말해 줄 수 없다. 세이건의 출발점은 과학의 결론이 아니라, 세계의

경계를 물리적 우주의 경계 안에 설정하려는 과학의 추정일뿐이다. 이것은 철학자들이 말하는 형이상학적 입장에 해당하는데, 결국 일종의 종교적 신조를 표현하고 있다는 말이다. 그러나 그가 틀렸다는 뜻은 아니다(틀렸는지 맞는지는 다른 사실 정보들의 진위에 달려 있을 것이다). 그의 진술이 과학이 아니라는 뜻일 뿐이다. 나는 그 선언의 종교적 분위기가 우연의 일치가 아니라고 생각한다. 그것은 '영광송'[Gloria Patri, 성삼위 하나님을 찬양하는 노래. "성부(아버지)와 성자(아들)와 성령께 영광이 있으라! 태초에도, 지금도, 그리고 영원 무궁히 성삼위께 영광! 아멘"—옮긴이]으로 알려진 기독교의 송영을 흉내 낸 것이기 때문이다.

2. 여기서 기본적인 생각은 실재가 "오로지"(nothing but) 자연법칙의 지배만 받는 "오로지" 물리적, 물질적 세계로만 이루어져 있다는 것이기에 C. S. 루이스는 이것을 "오로지주의"(nothing buttery) 견해라고 불렀다.

3. "인류는 목적 없는 자연적 과정의 결과물이다"는 *The Meaning of Evolution* rev. ed. (New Haven: Yale University Press, 1967), 344-345에 실린 조지 게이로드 심슨(George Gaylord Simpson)의 글에 나오는 유명한 문구다.

4. 리처드 도킨스의 이 말은 다음 책에서 볼 수 있다. *River Out of Eden* (New York: Basic Books, 1996), 133. (『에덴 밖의 강』 사이언스북스)

5. "먹어라, 아니면 먹히리라"(eat or be eaten)는 재담의 출처는 유대인 지성인 데니스 프레이저(Dennis Prager)고, 그는 유물론의 한계를 지적하는 대목에서 이 말을 했다.

09 정신-주의

1. Francis Schaeffer, *He Is There and He Is Not Silent* (Wheaton, Ill.: Tyndale,

2001), 8. (프란시스 쉐퍼 전집 1권 『기독교 철학 및 문화관』 중 「거기 계시며 말씀하시는 하나님」 생명의말씀사)

2. 물론 환경에 관심을 갖는 사람이라고 해서 다 '만물이 신' 같은 방식으로 자연을 신성시하지는 않는다.

3. Rhonda Byrne, *The Secret* (New York: Atria Books, 2006), 164. (『시크릿』 살림Biz)

4. 당신의 경우는 어떤지 모르지만, 나는 나사렛 예수조차도 여태 벗어나지 못한 윤회의 고리를 가르치는 종교 체계에 감동하기 어렵다. 내가 이 말을 하는 이유는 예수의 환생이라고 주장하는 구루—이런 영적 접근법의 전문가—들이 드물지 않기 때문이다. 동시대를 사는 그들 모두가 예수의 환생일 수는 없다는 문제는 차치하고라도, 이 주장에는 본질적으로 낙심천만인 요소가 있다. 예수는 지금껏 살았던 인류 중에서 가장 덕스러운 사람이라 할 수 있는데, 그런 그조차도 고통스럽고 지루한 2,000년의 윤회의 고리에서 아직 벗어나지 못했다는 것이다. 나사렛 예수도 2,000년이 지나도록 자신의 업(karma)을 없앨 수 없었다면, 우리 같은 보통 사람들에게 무슨 소망이 있겠는가?

5. '힌두교 정신-주의' 와 '뉴에이지 정신-주의'에 대한 철저한 서술과 중요한 차이점은 다음 책에서 볼 수 있다. James Sire, *The Universe Next Door* (Downers Grove. Ill.: InterVarsity, 2004). (『기독교 세계관과 현대사상』 IVP)

6. Byrne, *The Secret*, 183. (『시크릿』 살림Biz)

7. C. S. 루이스가 "종교의 감동"을 말한 대목은 다음 책에 나온다. *Mere Christianity* (New York: Macmillan, 1943), 21. (『순전한 기독교』 홍성사)

8. 디팩 초프라(Deepak Chopra)가 한 말. 인터넷에서 다음 글을 찾아보라. "Coincidence or Higher Power? Three Experts Weigh In."

10 선택지

1. 하나님은 선하시지만 안전하지 않다는 생각은 C. S. 루이스의 『사자와 마녀와 옷장』(시공주니어)에 등장하는 비버 씨의 대사에서 (다소 간접적으로) 나온다. 하나님의 선함이 위협도 될 수 있다는 것을 이상하게 여길 사람도 있겠지만, 기독교 이야기를 따라가다 보면 그 우려는 해소될 거로 생각한다.

11 아름다운

1. 프란시스 쉐퍼는 인간이 피조계의 다른 무엇과도 근본석으로 다르다는 생각을 가리켜 인간의 '인간다움'이라 부른다.
2. "사람들은 하나님의 진리를 거짓으로 바꾸고, 창조주 대신에 피조물을 숭배하고 섬겼습니다. 하나님은 영원히 찬송을 받으실 분이십니다. 아멘"(롬 1:25, 새번역).
3. 히브리어 단어 '네페쉬'와 '루아흐'(구약성경에서 '영혼'과 '영'으로 번역됨), 그리고 그리스어 단어 '프쉬케'(신약성경에서 '영혼'으로 번역됨)는 모두 동물을 묘사하는 데 사용된다(창 1:30, 전 3:21, 계 8:9). 우리는 경험적으로 애완동물이 개성(생각과 감각과 기초적인 의지력 등을 겸한)을 갖고 있고, 식물처럼 단순한 생물학적 기계가 아니라는 것을 안다. 하지만 동물의 영혼이 인간의 영혼처럼 몸이 죽은 후에도 살아남는다고 믿을 이유는 없는 것 같다. 이 부분에서 인간은 독특한 것 같다.
4. 최근에 인간과 동물의 이 차이를 헷갈려 하는 사람들이 나타나고 있지만, 이 부분에서 그 사람들을 따라갈 이유는 전혀 없다.
5. 유대교 이야기—기독교 이야기의 토대가 된 이야기—도 이 요소를 담고 있다.

6. "주의 앞에는 충만한 기쁨이 있고 주의 오른쪽에는 영원한 즐거움이 있나이다"(시 16:11).

12 망가진

1. 인간의 딜레마를 "고귀함과 잔인함"으로 진술하는 것은 프란시스 쉐퍼에게서 빌려왔다. 출처는 *The Complete Works of Francis Schaeffer*, vol. 2(Wheaton, Ill.: Crossway, 1982)에 실린 *He Is There and He Is Not Silent*의 2장 "The Moral Necessity"이다. (프란시스 쉐퍼 전집 1권 『기독교 철학 및 문화관』 중 「거기 계시며 말씀하시는 하나님」 생명의말씀사)

2. 도덕에 대한 '사회계약'적 설명은 실제로는 상대주의의 일종이다. 상대주의에 대한 보다 철저한 비판은 프란시스 베크위드(Francis Beckwith)와 그렉 쿠클이 쓴 다음 책을 참고하라. *Relativism: Feet Firmly Planted in Mid-Air* (Grand Rapids, Mich.: Baker, 1998).

3. 진화를 통해 다양한 종류의 신념들이 생겨났다는 생각은 내가 볼 때 아주 이상하다. 다윈주의는 거의 다 유전자로 논의를 진행하는데, 유전자는 심적 내용이 아니라 물리적 특성들을 지휘한다. 그렇다면 옳고 그름에 대한 사람의 신념을 유전자가 지시한다는 말이 성립할 수 있는지 분명하지 않다. 그 말이 사실이라면, 눈 색깔을 선택할 수 없는 것처럼 자신의 가치관도 선택할 수 없다는 뜻이 된다. 그것은 사실과 거리가 먼 것이 분명하다.

4. G. K. Chesterton, *Orthodoxy* (Nashville: Sam Torode Book Arts, 2011), 10. (『정통』 아바서원)

5. 물론 엉터리 죄책감이 있을 수 있다. 그러나 그것도 모방의 대상인 진짜 죄책이 있기 때문에 존재하는 것이다.

6. 예수는 "음욕을 품고 여자를 보는 자마다 마음에 이미 간음하였느니라"(마 5:28)라고 말했다. 마음의 간음이 실제 간음과 같지는 않지만, 여전히 심각한 잘못이다.

7. "예수께서 이르시되 '네 마음을 다하고 목숨을 다하고 뜻을 다하여 주 너의 하나님을 사랑하라' 하셨으니 이것이 크고 첫째 되는 계명이요 둘째도 그와 같으니 '네 이웃을 네 자신 같이 사랑하라' 하셨으니 이 두 계명이 온 율법과 선지자의 강령이니라"(마 22:37-40). 다른 곳에서 예수는 자신의 '이웃'에는 철천지원수도 포함된다고 지적했다. 당시 유대인에게는 사마리아인이 그런 존재였다. 누가복음 10:29-37을 보라.

13 상실

1. "하나님이 사람들에게는 영원을 사모하는 마음을 주셨느니라"(전 3:11).

2. "끔찍한 거짓말"(Terrible Lie) 개념은 다음 책에서 나왔다. Sally Lloyd-Jones, *The Jesus Storybook Bible* (Grand Rapids, Mich.: Zondervan, 2009), 28. 이 책은 어린이를 위한 최고 수준의 성경 이야기책이다. (『스토리바이블』 두란노키즈)

3. "인간이 그 자신으로부터 크게 분리된 상태"라는 생각은 다음 책에서 가져왔다. Francis Schaeffer, *Genesis in Space and Time* in *The Complete Works of Francis Schaeffer*, vol. 2 (Wheaton, Ill.: Crossway, 1982), 70. (프란시스 쉐퍼 전집 2권 『기독교 성경관』 중 「창세기의 시공간성」 생명의말씀사)

4. 보이지 않는 세력들과 보이지 않는 영역의 중요성을 분명히 밝힌 대목으로 에베소서 6:10-12이 있다.

5. 욥 5:7.

14 악

1. 고대의 철학자 에피쿠로스는 이 난제를 고전적 형태로 제시했다. "[신이] 악을 막을 의지가 있지만 능력이 없다? 그렇다면 그는 무능하다. 능력이 있지만 그럴 의지가 없다? 그럼 그는 사악하다. 능력도 있고 의지도 있다? 그럼 악은 어디서 온 것인가?"

2. 4장에서 내가 무신론과 악에 대해 언급한 내용을 보라.

3. 물론 하나님은 독신 남자가 결혼하게 만드실 수 있다. 그것이 불가능해 보이는 상황에서도 그렇게 하실 수 있다. 하지만 독신남이 일단 결혼하면 그는 결혼한 미혼 남자가 아닐 것이나. 한때 독신남이었다가 이제 결혼한 사람일 것이다.

4. 이것은 20세기의 유명한 무신론자가 신을 반대하는 논증에서 내세운 주장이다. 다음을 보라. J. L. Mackie, *The Miracle of Theism* (Oxford: Clarendon Press, 1982), 150.

5. 힐스데일 대학(Hillsdale College)의 래리 안(Larry Arnn) 총장은 어린 딸아이가 행복해지고 싶다고 말하자 이렇게 대답했다. "너는 너무 어려서 행복할 수가 없어. 먼저 선해지는 법을 배워야 한단다."

6. 하나님은 인간을 도덕적으로 순수하게—악이 전혀 없는 상태로—창조하셨지만, 하나님이 친히 가지신 고유의 선함을 주신 것은 아니었다. 하나님은 말하자면 속속들이 선하시다. 선함은 그분의 본성과 떼려야 뗄 수 없이 이어져 있다. 하지만 인간은 순종을 통해 점차 미덕을 개발함으로써 선함을 배울 필요가 있었다.

7. 내가 여기서 제안한 갈등 해소를 위한 한 가지 **가능한** 해법은 일종의 '자유의지 변론'이다. 다른 이들은 다른 해법을 내놓았다. 하나님의 선함과 능력과 악의 존재의 문제에 대해 가능한 여러 해결책이 있으니, 그것들 사이에 필연적인 모순이 있는 것은 아님을 알 수 있다. 이 특정한 도전에 성공적으로 응수하

는 데는 그것만으로도 충분하다.

8. 철학자들은 "그럴 만한 가치가 있었나?" 하는 의문—악의 총합과 악의 모든 사례가 더 큰 선으로 정당화될 수 있는지 여부—을 "악의 귀납적 문제"라고 부른다.

9. 코끼리와 벼룩 비유는 그레고리 갠슬(Gregory Ganssle)의 탁월하면서도 이해하기 쉬운 종교철학 개론서 *Thinking about God* (Downers Grove, Ill.: InterVarsity, 2004)에 등장한다.

10. 기독교 이야기에 나오는 요셉의 사례가 그것을 잘 보여 준다. 요셉이 형들과 보디발의 아내 때문에 연이어 불행을 겪지만, 결국 그로 인해 초창기 이스라엘 민족을 기아에서 구해 내는 위치에 오른다. 인생의 후반에 이르러 그는 자신의 고통을 처음과는 전혀 다른 관점에서 바라보았다. "형님들은 나를 해치려고 하였지만, 하나님은 오히려 그것을 선하게 바꾸셔서, 오늘과 같이 수많은 사람의 생명을 구원하셨습니다"(창 50:20, 새번역). C. S. 루이스는 그의 책『말과 소년』(시공주니어)에서 허구의 형태로 이 점을 아주 잘 그려 냈다. 태어날 때부터 괴로움을 겪었던 한 소년이 오랫동안 감내할 수밖에 없었던 "악한" 사건들을 통해 한 왕국을 구하게 된다.

11. 하나님이 선하시고 지혜로우시다는 요점이 어떤 이들에게는 논란의 여지가 있을 수 있다. 지금까지 나는 내가 그렇게 생각하는 이유를 암시하기만 했지 본격적인 논증을 펼치지는 않았다. 간단히 말하면, 하나님의 지혜는 그분이 세상을 만드신 방식으로 유추할 수 있고, 하나님의 선하심은 그분이 우리 마음에 새기신 도덕법칙으로 유추할 수 있다. 그것이 없다면, 애초에 세상이 도덕적으로 망가졌다는 사실도 알 수 없었을 것이다.

12. "우리 이야기는 아직 끝나지 않았다"는 통찰은 비콘힐 아카데미(Beacon Hill Classical Academy)에서 내 딸을 가르치는 훌륭한 교사, 데빈 스미스(Devin Smith)에게서 빌려왔다.

15 진노

1. 이것이 예수가 "네가 거듭나야 하겠다"(요 3:7)라고 말한 이유다. 영혼이 초자연적으로 다시 태어날 때만 하나님의 생명이 우리 안에 다시 흘러들어 올 수 있다.

2. 이 어둠의 군주가 세상을 사로잡은 지배력과 강력한 속임의 영향력에 대해서는 고린도후서 4:3, 디모데후서 2:26, 요한일서 5:19, 요한계시록 12:9과 13:14을 보라.

3. 시편 14:3(새번역).

4. 대다수 미국인이 지옥을 믿지만, 자신이 지옥에 갈 거라고 생각하는 사람은 거의 없는 것 같다.

5. "여호와 하나님이 뱀에게 이르시되 '내가 너로 여자와 원수가 되게 하고 네 후손도 여자의 후손과 원수가 되게 하리니 여자의 후손은 네 머리를 상하게 할 것이요 너는 그의 발꿈치를 상하게 할 것이니라'"(창 3:14-15).

16 역사

1. '민간전승 표절'(folklore plagiarism) 개념은 제임스 프레이저 경(Sir James Frazer)이 1906년에 처음 펴낸 그의 책 『황금가지』(을유문화사)에서 처음 제시했다.

2. 이교적 신비 종교의 인물들에 대한 1차 자료의 출전은 다음과 같다. Ronald Nash, *The Gospel and the Greeks—Did the New Testament Borrow from Pagan Thought?*, 2nd ed. (Phillipsburg, N.J.: P&R Publishing, 2003) (『복음과 헬라문화』 CLC); Lee Strobel, *The Case for the Real Jesus* (Grand Rapids, Mich.: Zondervan, 2007) (『리 스트로벨의 예수 그리스도』 두란노); Komoszewski, Sawyer,

and Wallace, *Reinventing Jesus—How Contemporary Skeptics Miss the Real Jesus and Mislead Popular Culture* (Grand Rapids: Kregel, 2006).

3. Tryggve Mettinger, *The Riddle of Resurrection—"Dying and Rising Gods" in the Ancient Near East* (Stockholm: Almqvist & Wiksell International: 2001), 221.

4. 『무용지물』(*Futility*)은 모건 로버트슨(Morgan Robertson)이 쓴 책의 원래 제목이었다. 이 책은 나중에 『타이탄 호의 파선』(*The Wreck of the Titan*)(First Rate Publishers, 1898)으로 제목이 바뀌었다.

5. 루이스가 실제로 한 말은 이렇다. "누군가가 왜 틀렸는지 설명하기에 앞서 그가 틀렸다는 것을 먼저 보여 주어야 한다." 이 말은 그의 요점에 대한 자세한 설명과 함께 다음 책에서 볼 수 있다. *God in the Dock* (Grand Rapids, Mich.: Eerdmans, 1970), 272-273. (『피고석의 하나님』 홍성사)

6. 사복음서에 나오는 내용이 예수의 생애에 대한 주된 역사적 자료이기는 하지만 그것이 전부는 아니다. 사복음서 외에도 예수를 언급하는 역사적 자료가 적어도 열일곱 개가 있다. 자세한 내용이 궁금하다면 많은 참고 자료 중에서도 다음을 추천한다. Gary Habermas, *The Verdict of History* (Nashville: Thomas Nelson, 1988), 108. 이처럼 일반 자료들에서 볼 수 있는 예수에 대한 중요한 기록은 재활용된 구원자 이론의 종언을 알리는 또 하나의 근거가 된다.

7. Will Durant, *Caesar and Christ*, vol. 3 of *The Story of Civilization* (New York: Simon & Schuster, 1972), 557. (『문명이야기 3-2, 카이사르와 그리스도』 민음사)

8. 누가는 예수와 직접 아는 사이는 아니었지만 목격자들을 통해 그에 대한 이야기를 조사했다. 누가복음 1:1-4을 보라.

9. 요한일서 1:1-3(새번역), 사도행전 26:25-26(현대인의성경)을 보라.

17 신인

1. 예수의 도덕적 신학적 견해는 대부분 독창적인 것이 아니라 고대 히브리 선지자들의 지혜에서 가져온 것이었다.

2. "여호와 하나님이 뱀에게 이르시되……'내가 너로 여자와 원수가 되게 하고 네 후손도 여자의 후손과 원수가 되게 하리니 여자의 후손은 네 머리를 상하게 할 것이요 너는 그의 발꿈치를 상하게 할 것이니라' 하시고"(창 3:14-15).

3. 예수께서는 우리처럼 모든 면에서 유혹을 받으셨으나 죄에 굴복하지 않았다. 죄 있는 상태는 타락 이후 예수를 제외한 모든 인간의 특징이지만, 그것이 우리의 '핵심적 인간성'을 구성하는 것은 아니다.

4. 요한복음 8:58, 마가복음 2:5-10, 요한복음 5:23, 요한복음 5:22, 요한복음 6:35, 요한복음 11:25을 보라.

5. 요한복음 11:25-26.

6. 이 "대담한" 말씀들은 각각 요한복음 8:24, 8:58, 12:45, 3:18에서 볼 수 있다.

7. 베드로의 고백은 마태복음 16:16에서, 예수께서 재판에서 내세우신 주장은 마태복음 26:63-66에서 볼 수 있다.

8. 요한복음 7:46.

9. 마가복음 4:35-41을 풀어 쓴 것.

10. 요한복음 1:1, 3.

11. 요한복음 1:14.

12. 하나님이 인간이 되실 거라는 개념이 히브리성경[구약성경을 말함—옮긴이]에 명시적으로 진술되어 있지는 않지만, 히브리 선지자들의 글에 그에 대한 암시들이 있다. 예를 들면 이사야 9:6(새번역)을 보라. "한 아기가 우리를 위해 태어났다"(예수의 인성). "우리가 한 아들을 모셨다"(예수의 신성). 또는 미가 5:2(새

번역)을 보라. "그러나 너 베들레헴 에브라다야,……이스라엘을 다스릴 자가 네게서 내게로 나올 것이다"(인성). "그의 기원은 아득한 옛날, 태초에까지 거슬러 올라간다"(신성).

13. 더 정확히 말하면, 하나님은 인간으로 변하신 것이 아니다. 인간 예수 안에서 그분의 신성에 인성을 더하셨다.

14. 예수께서 변함없는 신성과 참된 인성의 두 본성을 가진 한 인격이라는 고백은 기원후 451년 칼케돈 공회에서 나온 '칼케돈 신조'다. 신성과 인성의 이 유일무이한 결합을 '위격적 연합'(hypostatic union)이라 부른다.

15. 내가 언급한 위대한 공회들이 숙고한 결과로, 하나님의 본성에 대한 정교한 진술들—니케아 신조, 칼케돈 신조, 아타나시우스 신조 등—이 나왔다.

16. C. S. Lewis, *Mere Christianity* (New York: Simon & Schuster, 1952), 136. (『순전한 기독교』홍성사)

17. John Stott, *The Cross of Christ* (Downers Grove, Ill.: IVP, 1986), 158. (『그리스도의 십자가』IVP)

18. 빌립보서 2:5-8(우리말성경).

18 구출

1. 사회정의라는 용어는 오해의 소지가 있다. 가난한 사람들에게 정의가 필요한 경우는 그들이 모종의 방식으로 부당한 대우를 받았을 때뿐이다. 그때를 제외하면, 기독교 이야기는 어려운 사람들에게 사랑[자선]과 자비를 가르친다. 모든 가난한 사람이 피해자라는 견해는 최근에 만들어진 생각이다. 그것은 예수께서 가르치신 바가 아니고, 기독교 이야기의 일부도 아니다.

2. 요한복음은 12장 8절에서 가난한 사람들을 한번 언급했다. "가난한 자들은 항

상 너희와 함께 있거니와 나는 항상 있지 아니하리라."

3. 산상설교는 마태복음 5:7, 생명의 떡 강화는 요한복음 6장, 감람산 강화는 마태복음 24장, 누가복음 21장, 마가복음 13장에 나오고, 다락방 강화는 요한복음 13:17에 등장한다.

4. 예수께서는 누가복음 4:18-19에서 가난한 사람들을 언급하신다. "주의 성령이 내게 임하셨으니 이는 가난한 자에게 복음을 전하게 하시려고 내게 기름을 부으시고 나를 보내사 포로 된 자에게 자유를, 눈먼 자에게 다시 보게 함을 전파하며 눌린 자를 자유롭게 하고 주의 은혜의 해를 전파하게 하려 하심이라." 하지만 여기서도 해당 절의 나머지 부분과 '복음'에 대한 예수의 이어지는 가르침에 비추어 볼 때, 예수께서 말씀하시는 것이 물질적 혜택이 아니라 영적 혜택임이 분명해 보인다.

5. 누가복음 18:9-14.

6. 위선(마 6:2-3), 과부의 관대함(눅 21:2-3), 삭개오의 회개(눅 19:8), 부자 관원의 혼란(마 19:21), 내세에 대한 교훈(눅 16:20, 22).

7. 히브리서 10:5-7(우리말성경).

8. 마태복음 1:21, 누가복음 2:11, 누가복음 1:76-77(새번역), 요한복음 1:29.

9. 요한복음 3:17, 누가복음 19:10, 누가복음 5:32, 요한복음 10:17-18, 마태복음 20:28.

10. 예수께서는 우리를 아버지로부터 구원하시지만, 그분의 의도는 아버지의 뜻과 어긋나지 않는다. 애초에 사랑 때문에 세상을 구출하러 예수를 보내신 이가 아버지이기 때문이다.

11. 마태복음 10:28; "살아 계신 하나님의 징벌하시는 손에"(히 10:31, 새번역).

12. 적군이 점령한 지역으로 성육신이 쳐들어가는 일종의 침공이라는 생각은 C. S. 루이스의 『순전한 기독교』에서 가져왔다.

13. 히브리서 10:5.

14. 요한복음 21:25.

15. John Stott, *The Cross Of Christ* (Downers Grove, Ill.: IVP, 1986), 231. (『그리스도의 십자가』IVP)

19 발자취

1. 고대 문헌들을 최대한 참고한 현대 달력으로 계산하면 기원전 2-5년 사이에 베들레헴에서 태어나신 것 같다(미 5:2).

2. 천사 가브리엘(눅 1:26-38), 예수께서 탄생하실 때 나타난 하늘의 전령들(눅 2:8-14), 성전에서 시므온과 안나가 한 말(눅 2:21-38), 동방박사들의 방문(마 2:1-2).

3. 예수의 첫 번째 기적은 가나의 혼인 잔치에서 있었다(요 2:11). 예수께서는 평범한 소년으로 자라는 그를 지켜보았던 이웃 사람들을 놀라게 하셨다(눅 4:22, 마 13:54-56).

4. 예수는 "지혜와 키가 자라고, 하나님과 사람에게 더욱 사랑을 받았다"(눅 2:51-52, 새번역).

5. 누가복음 2:46-49을 보라.

6. 요한복음 1:29.

7. 산상설교는 마태복음 5-7장을 보라.

8. 요한복음 2:24-25을 보라.

9. 요한복음 5:18, 7:1, 19을 보라.

10. 유대교 지도자들은 자신이 하나님의 아들이라는 예수의 주장이 당대의 어법에 따르면 신성을 직접적으로 주장하는 것임을 분명히 이해했다. 요한복음

5:18, 10:33을 보라.

11. 종교지도자들이 예수의 능력은 사탄에게서 나왔다고 말하는 대목은 마태복음 12:22-29을 보라.

12. 마태복음 11:20-24을 보라.

13. 예수의 비유들은 회개하지 않는 자들이 그분 말씀의 뜻을 알아듣지 못하게 한다. 마태복음 13:10-17을 보라.

14. 생명의 떡 강화에 대해서는 요한복음 6:1-71을 보라.

15. 군중은 강제로 예수를 왕으로 삼으려 했다. 요한복음 6:15을 보라.

16. 예수의 제자 중 하나가 "마귀"라는 구절은 요한복음 6:70을 보라.

17. 자신의 죄를 겸손하게 인정하는 세리와 종교인의 영적 교만을 대비시킨 누가복음 18:9-14을 보라.

18. 마태복음 23:27을 보라.

19. 예수께서 그리스도시라는 베드로의 신앙고백은 마태복음 16:16에서 볼 수 있다.

20. [산에서의] 모습 변화는 마태복음 17:1-8에 나와 있다.

21. 마가복음 9:9-10을 보라.

22. 요한복음 11:47-53을 보라.

23. 요한복음 10:17-18을 보라.

20 교환

1. 예수의 두 손바닥에 못이 박혔다고 생각하는 사람이 많지만, 고고학적 증거에 따르면 이것은 당시 관행이 아니었다. 손바닥에 못을 박아서는 체중을 버틸 수가 없었을 것이다. 하지만 "손"을 말하는 성경 구절(예를 들어 요 20:20)에는 문제가 없다. 당시에는 손목도 손의 일부로 여겨졌기 때문이다.

2. 요한복음 19:19. "그 위에 있는 죄패에 유대인의 왕이라 썼고"(막 15:26).

3. http://bible.org/question/what-does-greek-word-8216itetelestaii'-mean

4. 골로새서 2:13-14(새번역).

5. 큰 심판에 대해서는 요한계시록 20:11-15을 보라.

6. "사람들은 심판 날에 자기가 말한 온갖 쓸데없는 말을 해명해야 할 것이다"(마 12:36, 새번역).

7. "감추어진 것은 드러나지 않을 것이 없고 숨겨진 것은 알려지지 않을 것이 하나도 없다"(마 10:26, 우리말성경).

8. "자신의 행위대로 심판을 받는 각 사람이 유죄로 드러난다." 요한계시록 20:13-15을 보라.

9. "주님의 판결은 옳으시며 주님의 심판은 정당합니다"(시 51:4하).

10. "예수를 향하여 섰던 백부장이 그렇게 숨지심을 보고 이르되 '이 사람은 진실로 하나님의 아들이었도다' 하더라"(막 15:39).

11. 요한복음 19:30.

12. 이것은 존 스토트의 번역이다. 과거에 완료된 행동의 결과가 현재에도 계속 이어지는 것을 보여 주는 동사의 완료 시제를 잘 담아 내고 있다. John Stott, *The Cross of Christ* (Downers Grove, Ill.: InterVarsity Press, 2006), 84. (『그리스도의 십자가』 IVP)

13. 고린도후서 5:21.

14. 베드로전서 3:18.

15. 에베소서 1:7(새번역).

16. 이 멋진 사례를 먼 옛날 어디선가 들었는데 출처가 기억이 나지 않아 제대로 밝힐 수가 없다. 그저 그분에게 감사하다고 말할 뿐이다.

17. 이사야 53:4-6.

18. Augustus Toplady(1740–1778), "From Whence This Fear and Unbelief."
19. 요한복음 3:16을 보라.
20. 에베소서 2:8–9을 보라.

21 신뢰

1. 다른 사람의 견해를 잘못 표현해 놓고 진짜 견해 대신에 왜곡한 내용을 근거로 공격하는 오류를 공식 용어로는 '허수아비 공격의 오류'라고 한다.

2. 사도행전 2:22, 사도행전 1:3, 요한복음 10:38, 요한복음 20:30–31. 강조 표시는 저자가 추가한 것이다. 이 마지막 구절은 예수께서 '의심하는 도마'를 만나신 직후에 등장한다. 그 만남은 증거를 보여 달라는 도마의 요청을 무시하지 않음으로, 예수께서 맹목적 신앙을 옹호하시는 것이 아님을 분명히 보여준다. 도마는 친구들의 증언을 믿을 이유가 충분했기 때문에, 예수의 상처를 직접 만져 봐야만 믿겠다는 그의 요구는 다소 지나친 감이 있었다.

3. 고대 그리스도인들은 이 과정을 기술하기 위해 지식, 동의, 신뢰라는 3중의 정의를 사용했다. 그리고 그 단어들을 각각 노티티아(*notitia*), 아센수스(*assensus*), 피두키아(*fiducia*)라고 불렀다.

4. 신앙과 이성, 증거에 대한 논의는 다음 책에서 가져왔다. Gregory Koukl, *The Ambassador's Guide to Postmodernism* (Signal Hill, Calif.: Stand to Reason, 2009).

5. 신앙을 이런 식으로 제시한 사람은 데이비드 호너(David Horner)가 처음인 것 같다. 이성과 신앙이 대립한다고 생각하는 사람이 있다면 다음을 숙고해 보라. 신앙의 반대는 이성이 아니라 불신이다. 이성의 반대는 신앙이 아니라 불합리성이다. 이성적 신앙을 갖는 것은 분명히 가능하고 불합리한 불신을 갖는 것도 가능하다. (이 사실을 지적해 준 서밋선교회(Summit Ministries)의 데이비드 노에벨

(David Noebel)에게 감사를 전한다.)

6. 고린도전서 15:14-19을 보라.

7. 예수께서는 신앙보다 진리에 대해 더 많은 말씀을 하셨다. 요한복음 4:24, 요한복음 8:32, 요한복음 17:17, 요한복음 18:37, 요한복음 1:14, 요한복음 14:6을 보라.

8. C. S. Lewis, *Mere Christianity* (New York, Scribner, 1952), 114. (『순전한 기독교』 홍성사)

9. 로마서 5:1-2를 보라.

10. 이것이 만족(propitiation)이라는 단어의 의미다. 하나님의 진노가 다 쏟아져 하나님의 정의가 만족되었다. 요한일서 2:1-2를 보라.

22 네 가지 사실

1. 일부 학자들은 기원후 30년이라는 쪽을 선호한다.

2. 사복음서가 예수의 가까운 동료들이 썼다는 증거는 다음 두 책을 포함해 여러 책에서 볼 수 있다. Richard Bauckham, *Jesus and the Eyewitnesses* (Grand Rapids. Mich.: Eerdmans, 2006). (『예수와 그 목격자들』 새물결플러스) Michael Kruger, *Canon Revisited—Establishing the Origins and Authority of the New Testament Books* (Wheaton, Ill.: Crossway, 2012).

3. 이 책들이 예수에 대한 역사적 정보의 유일한 출처는 아니지만 주된 자료인 것은 분명하다.

4. 13장의 앞부분, "기독교 이야기에는 동산과 나무와 뱀이 등장한다"로 시작하는 단락에서 그 경고를 볼 수 있다.

5. 사복음서의 역사적 신빙성을 내세우는 논증을 펼치는 많은 책들이 있는데, 그

중 몇 권을 소개해 본다. Gary Habermas, *The Historical Jesus* (Joplin, Mo.: College Press, 1996); William Lane Craig, *Reasonable Faith* (Wheaton, Ill.: Crossway, 2008); Craig Blomberg, *The Historical Reliability of the Gospels* (Downers Grove, Ill.: InterVarsity, 1987).(『복음서의 역사적 신빙성』, 솔로몬 역간)

6. 빈 무덤에 대해서는 75퍼센트의 의견 일치가, 다른 세 가지 사실에 대해서는 사실상 99퍼센트의 동의가 이루어졌다. 이런 접근 방식의 탁월한 요약으로는 다음을 보라. Habermas and Licona, *The Case for the Resurrection of Jesus* (Grand Rapids, Mich.: Kregel, 2004), 43-80, William Lane Craig, *Reasonable Faith*, Third Edition (Wheaton, Ill.: Crossway, 2008), 348-400.

7. Habermas and Licona, 60.

8. Gary Habermas, 158-167을 보라.

9. 마가복음 15:44-45을 보라.

10. 요한복음 19:38-40을 보라.

11. Habermas and Licona, 70을 보라.

12. 마가복음 28:13을 보라.

13. William Lane Craig, 373.

14. William Lane Craig, 381.

15. 사도행전 2:32.

16. 로마서 1:4, 로마서 4:25, 로마서 8:1, 34(새번역).

23 그 사이에

1. 신명기 29:29.

2. 베드로후서 3:9을 보라.

3. 마태복음 28:20을 보라.

4. 요한복음 16:33.

5. 이 생각은 C. S. 루이스의 『영광의 무게』(홍성사)에서 가져왔다.

6. 이것을 이렇듯 통찰력 있게 표현해 준 조쉬 러니언(Josh Runyon)에게 감사를 전한다. 나는 그 표현을 홀리 오드웨이(Holly Ordway)가 자신의 영적 여정을 담아낸 탁월한 회고록 *Not God's Type* (Chicago: Moody, 2010)에서 발견했다.

24 완전한 정의

1. 이 책의 20장을 보라.

2. 인간에게 저지른 모든 죄는 인간을 만드신 창조주께 저지른 죄다. 시 51:3-4을 보라.

3. 찰스 디킨스의 『크리스마스 캐럴』 도입부에서 에벤에셀 스크루지를 찾아온 고통 받는 유령.[생전에 스크루지의 동업자였다—옮긴이]

4. 요한복음 5:22, 사도행전 10:42을 보라.

5. 요한복음 3:17을 보라.

6. 요한계시록 20:11-13, 15(새번역)을 보라.

7. 데살로니가후서 1:9(새번역)을 보라.

8. 야고보서 1:17을 보라.

9. 마태복음 8:12을 보라.

10. 누가복음 16:23-24을 보라.

11. 마가복음 9:48을 보라.

12. Dominique Bouhours 1628-1702, *Pensées Chretiennes*. 다음 책에서 재인용. Hugh Hewitt, *The Embarrassed Believer* (Nashville: Word Publishing,

1998), 142-143.

13. Richard Wurmbrand, *Tortured for Christ* (London: Hodder & Stoughton, 1967), 34. (『그리스도를 위한 고난』 서울유에스에이)

14. C. S. Lewis, *Mere Christianity* (New York: Simon & Schuster, 1943), 24.(『순전한 기독교』 홍성사)

25 완전한 자비

1. 로마서 8:23을 보라.

2. 요한계시록 21:10부터 22:1-2까지를 보라.

3. C. S. Lewis, *The Weight of Glory, and Other Addresses* (New York: Harper-Collins, 1949), 29.

4. 베드로전서 1:3-9을 보라.

5. 히브리서 10:17, 이사야 1:18, 고린도전서 6:11(새번역)을 보라.

6. 요한일서 3:2.

7. 로마서 8:29을 보라.

8. 요한계시록 21:4을 보라.

9. 요한계시록 21:23-25과 요한계시록 21:4을 보라.

10. 고린도후서 4:16-18을 보라.

11. 요한계시록 21:1을 보라.

12. 사도 바울은 죄가 하나님의 영광에 미치지 못하는 것이라고 알려 준다(롬 3:23). 부활한 후에 우리가 다시는 죄를 짓지 않는다면, 우리는 언제나 하나님의 영광을 드러내게 될 것이다.

13. 고린도전서 15:50을 보라.

14. 누가복음 24:39을 보라.

15. 고린도전서 15:40-49, 요한일서 3:2을 보라.

16. 데살로니가전서 4:13-18을 보라.

17. 요한복음 14:2-3을 보라.

18. 시편 23:6을 보라.

감사의 글

이 책이 독자들에게 조금이라도 유익을 끼친다면 그 공로를 인정받아야 할 사람들이 많다. 그중 세 작가의 영향이 많은 이들의 눈에도 띄었을 것이다. 탁월한 기독교 사상가였던 그들은 한 사람의 그리스도인인 나의 생각에 심오한 영향을 끼쳤고, 이 책과 나의 인생에도 큰 영향을 끼쳤다. 그들은 C. S. 루이스, 프란시스 쉐퍼, J. P. 모어랜드다. 나는 그들 각자에게 정말 큰 신세를 졌다.

그리고 '스탠드 투 리즌'Stand to Reason, 그렉 쿠클이 설립한 기독교변증단체―옮긴이 의 네 구성원의 탁월한 편집 실력에 헤아릴 수 없는 빚을 졌다. 다들 멋지게 나를 격려해 주었을 뿐 아니라 이 책의 최종 형태를 잡기까지 각기 독특하고 독보적인 방식으로 기여해 주었다. 낸시 울리치는 편집의 여러 측면과 특히 표현을 다듬는 데 대단한 능력을 발휘했고, 에이미 홀은 단어선택, 구조, 논리적 흐름을 정리하는 작업을 도왔고, 멜린다 페너는 여러 방면에서 지혜와 통찰력을 발휘했고, 오션 윌슨은 원고 교정 작업에서 예리한 눈썰

미를 과시했다.

마이클 호튼(Michael Horton), 게리 하버마스(Gary Habermas), 프레드 샌더스(Fred Sanders), 더글러스 그로타이스(Douglas Groothuis), 마이클 리코나(Michael Licona)는 이 책의 결정적인 부분들에 귀중한 학문적 의견을 제공해 주었다. 해당 분야의 최고 전문가에게 조언을 들은 나는 정말 운이 좋은 사람이다.

라이언 파즈더와 존더반 출판사의 유능한 편집팀이 언제나 나를 열정적으로 도왔다. 그들은 전문가다웠고 통찰력이 넘쳤고 협조와 격려를 아끼지 않았고 (감사하게도) 참을성이 많았다. 그들은 함께 일하기 정말 좋은 동료였고 제안에 늘 열려 있었으며 최고의 책을 만들기 위해 부수적인 수고를 기꺼이 감수했다.

비할 데 없이 소중한 나의 출판저작권 대리인 마크 스위니는 책을 쓰고 출판하는 모든 과정을 훨씬 수월하게 만들어 주었다. 그는 전 과정 내내 온화한 코치처럼 나를 이끌어 주었다. 전진하도록 독려하고 거친 길을 평탄하게 해주고 문제를 해결해주고 조언을 해주고 계속 진행하라고 격려했다.

그러나 최고의 감사를 바쳐야 할 대상은 "나의 여인들", 아내 스티스 앤과 두 딸 애나베스 노엘, 에바 레이다. 책을 쓰고 출

판하는 과정에서 나를 참아주고 내 책을 만날 장래의 독자들에게
많은 시간 동안 "나를 양보한" 그들에게 깊은 감사를 전한다.